English Usage
A Guide for Italian Students

English Usage
A Guide for Italian Students

Michael Swan
Adattamento e traduzione di Maria Grazia Dandini

Oxford University Press 1997

Oxford University Press, Great Clarendon Street, Oxford OX2 6DP

Oxford New York
Athens Auckland Bangkok Bogota Bombay
Buenos Aires Calcutta Cape Town Dar es Salaam
Delhi Florence Hong Kong Istanbul Karachi
Kuala Lumpur Madras Madrid Melbourne
Mexico City Nairobi Paris Singapore
Taipei Tokyo Toronto

and associated companies in
Berlin Ibadan

OXFORD and OXFORD ENGLISH
are trade marks of Oxford University Press.

ISBN 0 19 432936 4

© Oxford University Press 1997

Illustrations by Marie-Hélène Jeeves

English Usage: A Guide for Italian Students is an adaptation of *Basic English Usage* by Michael Swan, first published by Oxford University Press in 1984.

No unauthorized photocopying

All rights reserved. No part of this publication may be reproduced, stored in a retrieval system, or transmitted, in any form or by any means, electronic, mechanical, photocopying, recording or otherwise, without the prior written permission of Oxford University Press.

This book is sold subject to the condition that it shall not, by way of trade or otherwise, be lent, resold, hired out, or otherwise circulated without the publisher's prior consent in any form of binding or cover other than that in which it is published and without a similar condition including this condition being imposed on the subsequent purchaser.

Designed by Mike Brain

Typeset by Hope Typesetting Services

Printed in Hong Kong

Indice generale

Introduzione	5
Elenco delle voci	7
Alfabeto fonetico	12
English Usage for Italian Students	13
Indice analitico	325

Introduzione

Scopo del libro

Si tratta di una guida pratica dei più comuni problemi della grammatica e dell'uso della lingua inglese. È scritta per quegli studenti che desiderano approfondire lo studio dell'inglese ed evitarne gli errori più comuni.

Livello

Questa edizione italiana presenta le spiegazioni e la traduzione degli esempi in italiano ed è adatta per studenti di livello pre-intermedio. Per coloro che desiderassero approfondire e ampliare la conoscenza dei problemi si consiglia dello stesso autore *Practical English Usage* pubblicato anch'esso da Oxford University Press.

Lingua presentata

La varietà di lingua descritta nel manuale è l'inglese standard attualmente usato in Gran Bretagna e vengono presentati esempi realistici di lingua parlata e scritta nei registri formale e informale. Le forme errate sono indicate così: '(NON *I have seen him yesterday.*)' Vengono offerti anche alcuni esempi dell'uso dell'inglese americano, ma nel manuale non sono trattate in modo sistematico le caratteristiche di questa varietà linguistica.

Nelle spiegazioni grammaticali è stato usato il più possibile un linguaggio semplice e colloquiale. La terminologia grammaticale indispensabile si rifà ai modelli correnti maggiormente usati nella scuola italiana ('aggettivo', 'avverbio', 'pronome', 'soggetto', 'complemento', ecc.)

Nella traduzione in italiano degli esempi si è cercato di usare la lingua più appropriata per trasmetterne l'uso vivo e più corrente. Per quanto possibile trattandosi di frasi acontestualizzate, ci si è sforzati di presentare la frase italiana non come traduzione letterale dell'inglese, ma come un esempio del corrispondente uso effettivo italiano.

   es. *I can do it!*
      Ce la faccio! (NON *Posso farlo!*)

Gli studenti hanno così a disposizione un vasto repertorio di frasi significative italiane con il loro corrispettivo inglese, molto utile per affrontare i problemi della trasposizione da una lingua all'altra.

Introduzione

Organizzazione

Questo libro non è una grammatica nella forma tradizionale, ma piuttosto un dizionario di 'problemi' della lingua inglese. Questi sono elencati in voci separate e ogni voce presenta l'informazione necessaria su un particolare punto grammaticale o lessicale, non la trattazione completa dell'argomento. Le voci sono presentate in ordine alfabetico e numerate successivamente. L'indice analitico alla fine del volume indica in quale voce si può trovare un punto linguistico particolare. (C'è anche un elenco delle voci alle pagine 7–12.)

Come usare il libro

Se volete una spiegazione su un punto particolare, cercate nell'indice analitico. Di solito un punto grammaticale compare sotto diversi nomi. Per esempio, se volete informazioni sull'uso di *I* e *me*, le potete trovare sotto '*I*, **me** ecc.', '*me* e *I*' o '**pronomi personali**'.

Ringraziamenti

Michael Swan ringrazia le molte persone i cui consigli e critiche lo hanno aiutato nella stesura del libro.

Gli autori desiderano ringraziare Deborah Speers e David Lott, il cui apporto è stato fondamentale per questa edizione italiana.

Commenti

Gli autori sarebbero lieti di ricevere osservazioni e suggerimenti dagli studenti e dagli insegnanti che usano questo libro, oltre alla segnalazione di eventuali errori od omissioni. Potete scrivere presso ELT Division, Oxford University Press, Great Clarendon Street, Oxford OX2 6DP.

Elenco delle voci

1. abbreviazioni
2. *about to*
3. *above, on* e *over*
4. *across, over* e *through*
5. *afraid*
6. *after* (congiunzione)
7. *after* (preposizione); *afterwards* (avverbio)
8. *after all*
9. gli aggettivi (1): introduzione
10. gli aggettivi (2): terminanti in *-ly*
11. gli aggettivi (3): ordine nella frase
12. gli aggettivi (4): posizione
13. gli aggettivi (5): sostantivati
14. *agree*
15. *alive, living, lively* e *live*
16. *all (of)* con nomi e pronomi
17. *all* con i verbi
18. *all, everybody* e *everything*
19. *all* e *every*
20. *all* e *whole*
21. *all right*
22. *allow, let* e *leave*
23. *almost* e *nearly*
24. *also, as well* e *too*
25. *although* e *though*
26. come tradurre 'altro'
27. *among* e *between*
28. come tradurre 'anche/neanche'
29. come tradurre 'ancora'
30. *and*
31. *and* dopo *try, wait, go*, ecc.
32. *another*
33. *any*
34. *any* e *no*: avverbi
35. *appear*
36. come tradurre 'appena'
37. *(a)round* e *about*
38. gli articoli (1): *a* e *an*; pronuncia di *the*
39. gli articoli (2): *a/an*
40. gli articoli (3): *the*
41. gli articoli (4): nomi usati in senso generale
42. gli articoli (5): regole particolari ed eccezioni
43. *as, because* e *since*: frasi causali
44. *as*: espressioni particolari
45. *as* e *like*
46. *as if* e *as though*
47. *as much/many . . . as*
48. *as well as*
49. *as, when* e *while*
50. *ask*
51. *at, in* e *on* (luogo)
52. *at, in* e *on* (tempo)
53. *at all*
54. gli ausiliari
55. gli avverbi (1): posizione (regole generali)
56. gli avverbi (2): posizione (regole particolari)
57. gli avverbi (3): con o senza *-ly*
58. *be* con l'ausiliare *do*
59. *be*: usi particolari
60. *be* + infinito
61. *because* e *because of*
62. *before* (avverbio)
63. *before* (congiunzione)
64. *before, in front of* e *opposite*
65. *begin* e *start*
66. *big, large* e *great*
67. *born*
68. *both (of)* con nomi e pronomi
69. *both* con i verbi
70. *both . . . and . . .*

Elenco delle voci

71 (Great) Britain, the United Kingdom, the British Isles e England
72 *broad* e *wide*
73 *but* e *except*
74 *by* e *with*
75 *by*, *within* e *in*
76 *can* (1): forme
77 *can* (2): capacità
78 *can* (3): possibilità e probabilità
79 *can* (4): permesso, offerte, richieste e ordini
80 *can* (5): con *remember, understand, speak, play, see, hear, feel, taste* e *smell*
81 come tradurre 'che'
82 *close* e *shut*
83 come tradurre 'come'
84 il comparativo di uguaglianza
85 comparativo e superlativo (1): *-er/est* e *more/most*
86 comparativo e superlativo (2): uso di *-er/est*, ecc.
87 comparativo e superlativo (3): gli avverbi
88 comparativo e superlativo (4): i modificatori
89 comparativo e superlativo (5): *less*, ecc.
90 il condizionale
91 il congiuntivo
92 le contrazioni
93 la costruzione enfatica con *if* e *what*
94 *country*
95 *dare* ('osare')
96 le date
97 i determinanti
98 il discorso indiretto (1): introduzione
99 il discorso indiretto (2): tempi verbali e avverbi
100 il discorso indiretto (3): le domande
101 il discorso indiretto (4): ordini, richieste, consigli, ecc.
102 *do*: verbo ausiliare
103 *do* + *-ing*
104 *do* e *make*
105 *each*
106 *each* e *every*
107 *each other* e *one another*
108 *either*: determinante
109 *either . . . or . . .*
110 ellissi (omissione di parole)
111 *else*
112 *enjoy*
113 *enough*
114 le esclamazioni
115 espressioni tipiche della vita quotidiana e sociale
116 l'età
117 *even*
118 *ever* e *never*
119 *every* e *everyone*
120 *except* e *except for*
121 *expect, wait* e *look forward*
122 *explain*
123 *fairly, quite, rather* e *pretty*
124 falsi amici (*false friends*)
125 *far* e *a long way*
126 come tradurre 'fare'
127 *farther* e *further*
128 *fast*
129 *feel*
130 *(a) few* e *(a) little*
131 *fewer* e *less*
132 come tradurre 'fino a', 'fin(o) da' e 'finché'
133 *for*: scopo
134 *for* + oggetto + infinito
135 *for, since* e *from*
136 la forma *-ing*

137	la forma *-ing* dopo *to*	170	*have (got) to*
138	la forma interrogativa (1): regole generali	171	*hear* e *listen (to)*
		172	*help*
139	la forma interrogativa (2): domande orali	173	*here* e *there*
		174	*holiday* e *holidays*
140	la forma interrogativa (3): negativa	175	*home* e *house*
141	la forma interrogativa (4): reply questions	176	*hope*
		177	*hour, time, weather* e *tense*
142	la forma interrogativa (5): question tags	178	*how* e *what . . . like?*
		179	*if*: frasi condizionali
143	la forma negativa	180	*if . . . could/might*
144	la forma negativa: due negazioni	181	*if only*
145	la forma progressiva	182	*if so* e *if not*
146	la forma progressiva con *always*	183	*ill* e *sick*
147	il futuro (1): introduzione	184	l'imperativo
148	il futuro (2): present progressive e *going to*	185	*in* e *into*
		186	*in case*
149	il futuro (3): *shall* e *will* (previsioni)	187	*indeed*
150	il futuro (4): *shall* e *will* (rapporti interpersonali)	188	l'infinito (1): negativo, progressivo, passato, passivo
151	il futuro (5): simple present	189	l'infinito (2): uso
152	il futuro (6): future perfect	190	l'infinito (3): dopo *who, what, how,* ecc.
153	il futuro (7): future progressive		
154	genere (maschile, femminile e neutro)	191	l'infinito (4): di scopo
		192	l'infinito (5): senza *to*
155	*get* + nome, aggettivo, participio passato, avverbio o preposizione	193	l'infinito (6): o forma *-ing*?
		194	l'inglese britannico e l'inglese americano
156	*get* (+ oggetto) + forma verbale		
157	*get* e *go*: movimento	195	*instead* e *instead of*
158	come tradurre 'già'	196	inversione fra soggetto e ausiliare
159	*go*: *been* e *gone*	197	inversione fra soggetto e verbo
160	*go* con significato di 'diventare'	198	*it* (1): anticipatore del soggetto
161	*go* + *-ing*	199	*it* (2): anticipatore dell'oggetto
162	*had better*	200	*it's time*
163	*half (of)*	201	*just*
164	*happen*	202	*last* e *the last*
165	*have* (1): introduzione	203	*left*
166	*have* (2): verbo ausiliare	204	*let's*
167	*have (got)* (3): possesso, relazione, ecc.	205	le lettere
		206	*like*
168	*have* (4): azioni	207	*likely/unlikely*
169	*have* (5): + oggetto + verbo	208	*long* e *a long time*

Elenco delle voci

209 *look*
210 *look (at)* e *watch*
211 *marry* e *divorce*
212 *may* e *might* (1): forme
213 *may* e *might* (2): probabilità
214 *may* e *might* (3): permesso
215 *mind*
216 come tradurre 'molto'
217 *more (of)* e *most (of)*: determinanti
218 *much, many, a lot*, ecc.
219 *much (of), many (of)*: determinanti
220 *must* (1): forme
221 *must* (2): dovere
222 *must* (3) e *have to; mustn't, haven't got to, don't have to, don't need to* e *needn't*
223 *must* (4): deduzione
224 *need*
225 *neither (of)*: determinante
226 *neither, nor* e *not . . . either*
227 *neither . . . nor . . .*
228 *next* e *the next*
229 *no* e *none*
230 *no* e *not*
231 *no* e *not a / not any*
232 *no more, not any more, no longer, not any longer*
233 nome + nome
234 nomi e aggettivi di nazionalità
235 nomi numerabili e non numerabili
236 i numeri
237 *once*
238 *one* al posto di un nome
239 *one* e *you*: pronomi personali indefiniti
240 le ore
241 ortografia (1): l'iniziale maiuscola
242 ortografia (2): *ch* e *tch, k* e *ck*
243 ortografia (3): raddoppio della consonante finale
244 ortografia (4): *-e* finale
245 ortografia (5): il punto nelle abbreviazioni
246 ortografia (6): il trattino
247 ortografia (7): *ie* e *ei*
248 ortografia (8): *-ise* e *-ize*
249 ortografia (9): *-ly*
250 ortografia (10): *y* e *i*
251 ortografia e pronuncia
252 *other* e *others*
253 *ought*
254 *own*
255 parole simili
256 i participi: presente (*-ing*) e passato (*-ed*)
257 i participi usati come aggettivi
258 i participi nelle frasi dipendenti
259 il passato (1): introduzione
260 il passato (2): simple past
261 il passato (3): pronuncia della desinenza *-ed*
262 il passato (4): past progressive
263 il passato (5): present perfect simple
264 il passato (6): present perfect progressive
265 il passato (7): past perfect simple e progressive
266 il passato (8): tempi con *this is the first time . . .*, ecc.
267 il passato (9): con valore di presente o di futuro
268 il passivo (1): introduzione
269 il passivo (2): forme verbali
270 il passivo (3): costruzione personale
271 come tradurre 'perché'
272 *play* e *game*
273 il plurale dei nomi (1): ortografia
274 il plurale dei nomi (2): pronuncia
275 il plurale dei nomi (3): forme irregolari
276 come tradurre 'portare'

277 i possessivi (1): nome + 's (costruzione)
278 i possessivi (2): nome + 's (uso)
279 i possessivi (3): con i determinanti (*a friend of mine*, ecc.)
280 i possessivi (4): *my* e *mine*, ecc.
281 le preposizioni (1): dopo parole ed espressioni particolari
282 le preposizioni (2): davanti a parole ed espressioni particolari
283 le preposizioni (3): espressioni in cui si possono omettere
284 le preposizioni (4): in fine di frase
285 preposizioni e avverbi (adverb particles)
286 il presente (1): introduzione
287 il presente (2): simple present
288 il presente (3): present progressive
289 i pronomi personali (*I, me, it*, ecc.)
290 i pronomi: uso delle forme soggetto e complemento
291 i pronomi relativi (1): regole generali
292 i pronomi relativi (2): come tradurre 'ciò che', 'il che'
293 i pronomi relativi (3): *whose*
294 i pronomi relativi (4): frasi attributive e appositive
295 i pronomi riflessivi
296 pronuncia: forme toniche e forme atone
297 punteggiatura
298 *quite*
299 *remember* e *remind*
300 le richieste
301 le risposte brevi (short answers)
302 *road, street* e *way*
303 *the same*
304 *say* e *tell*
305 *see*
306 *seem*
307 segnali del discorso
308 come tradurre 'sentire'
309 *shall*
310 *should* (1): regole generali
311 *should* (2): *should, ought* e *must*
312 *should* (3): *should* e *would*
313 *should* (4): dopo *why* e *how*
314 *should* (5): *(If I were you) I should* . . .
315 come tradurre 'si'
316 *since* (congiunzione temporale): tempi verbali
317 singolare e plurale (1): nomi singolari terminanti in -*s*
318 singolare e plurale (2): nomi singolari col verbo plurale
319 singolare e plurale (3): espressioni plurali con verbi singolari
320 singolare e plurale (4): *anybody*, ecc.
321 *small* e *little*
322 *smell*
323 *so* e *not* con *hope, believe*, ecc.
324 *so am I, so do I*, ecc.
325 come tradurre 'solo'
326 *some* e *any*
327 *some* e *any*: uso ed omissione
328 *some*: usi particolari
329 *somebody* e *anybody, something* e *anything*, ecc.
330 *sound*
331 *still, yet* e *already*
332 *such* e *so*
333 *suggest*
334 *surely*
335 *take*: significati principali
336 *take* (con espressioni di tempo)
337 *tall* e *high*
338 *taste*
339 le telefonate
340 i tempi nelle frasi dipendenti
341 *that*: omissione
342 *there is*
343 *think*

Elenco delle voci

344 *this* e *that*
345 titoli di cortesia
346 *too*
347 *travel*, *journey* e *trip*
348 *unless* e *if not*
349 *used to*
350 *(be) used to* + nome o *-ing*
351 il verbo (1): introduzione
352 il verbo (2): verbi copulativi
353 il verbo (3): verbi irregolari
354 il verbo (4): verbi modali
355 il verbo (5): verbi composti
356 il verbo (6): verbi con due oggetti
357 il verbo (7): verbi seguiti dal complemento predicativo dell'oggetto
358 come tradurre 'volere'
359 *way*
360 *well*
361 *what* (nelle frasi interrogative)
362 *whether* e *if*
363 *whether . . . or . . .*
364 *which*, *what* e *who* nelle frasi interrogative
365 *who ever*, *what ever*, *how ever*, ecc.
366 *whoever*, *whatever*, *whichever*, *however*, *whenever* e *wherever*
367 *will*
368 *wish*
369 *worth* + *-ing*
370 *would*
371 *would rather*

Alfabeto fonetico

Vocali e dittonghi

i: s*ea*t /si:t/, f*ee*l /fi:l/
ɪ   s*i*t /sɪt/, *i*n /ɪn/
e   s*e*t /set/, *a*ny /'enɪ/
æ   s*a*t /sæt/, m*a*tch /mætʃ/
ɑ: m*a*rch /mɑ:tʃ/, *a*fter /'ɑ:ftə(r)/
ɒ   p*o*t /pɒt/, g*o*ne /gɒn/
ɔ: p*o*rt /pɔ:t/, l*aw* /lɔ:/
ʊ   g*oo*d /gʊd/, c*ou*ld /kʊd/
u: f*oo*d /fu:d/, gr*ou*p /gru:p/
ʌ   m*u*ch /mʌtʃ/, fr*o*nt /frʌnt/

ɜ: t*ur*n /tɜ:n/, w*or*d /wɜ:d/
ə   *a*nother /ə'nʌðə(r)/
eɪ t*a*ke /teɪk/, w*ai*t /weɪt/
aɪ m*i*ne /maɪn/, l*igh*t /laɪt/
ɔɪ *oi*l /ɔɪl/, b*oy* /bɔɪ/
əʊ n*o* /nəʊ/, *'o*pen /'əʊpən/
aʊ h*ou*se /haʊs/, n*ow* /naʊ/
ɪə h*ear* /hɪə(r)/, d*eer* /dɪə(r)/
eə wh*ere* /weə(r)/, *air* /eə(r)/
ʊə t*our* /tʊə(r)/

Consonanti

p   *p*ull /pʊl/, cu*p* /kʌp/
b   *b*ull /bʊl/, ro*b* /rɒb/
f   *f*erry /'ferɪ:/, cou*gh* /kɒf/
v   *v*ery /'verɪ:/, li*v*e /lɪv/
θ   *th*ink /θɪŋk/, ba*th* /bɑ:θ/
ð   *th*ough /ðəʊ/, wi*th* /wɪð/
t   *t*ake /teɪk/, se*t* /set/
d   *d*ay /deɪ/, re*d* /red/
s   *s*ing /sɪŋ/, ri*c*e /raɪs/
z   *z*oo /zu:/, day*s* /deɪz/
ʃ   *sh*ow /ʃəʊ/, wi*sh* /wɪʃ/
ʒ   plea*s*ure /'pleʒə(r)/

tʃ *ch*eap /tʃi:p/, ca*tch* /kætʃ/
dʒ *j*ail /dʒeɪl/, bri*dge* /brɪdʒ/
k   *k*ing /kɪŋ/, *c*ase /keɪs/
g   *g*o /gəʊ/, ru*g* /rʌg/
m   *m*y /maɪ/, co*m*e /kʌm/
n   *n*o /nəʊ/, o*n* /ɒn/
ŋ   si*ng* /sɪŋ/, fi*ng*er /'fɪŋgə(r)/
l   *l*ove /lʌv/, ho*l*e /həʊl/
r   *r*ound /raʊnd/, ca*rr*y /'kærɪ:/
w   *w*ell /wel/
j   *y*oung /jʌŋ/
h   *h*ouse /haʊs/

'indica la parte della parola che viene accentata. Esempio: /'lɪmɪt/.

1 abbreviazioni

1. Nell'inglese britannico le abbreviazioni si scrivono, di solito, senza il punto.

    Mr (NON *Mr.*) = *Mister*
    Ltd = *Limited*
    kg = *kilogram*
    the BBC = *the British Broadcasting Corporation*
    the USA = *the United States of America*
    NATO = *the North Atlantic Treaty Organisation*

2. Le abbreviazioni formate con le iniziali di varie parole vengono pronunciate, di solito, con l'accento sull'ultima lettera.

    the BBC /ðə biːbiːˈsiː/   *the USA* /ðə juːesˈeɪ/

    Alcune abbreviazioni si pronunciano come un'unica parola. Con queste, di solito, non si usa l'articolo.

    NATO /ˈneɪtəʊ/ (NON *the NATO*)

2 *about to*

> *be* + *about* + *to* + infinito

Esprime un futuro molto vicino e corrisponde all'italiano 'essere sul punto di', 'stare per'.

*Don't go now — we're **about to have supper**.*
Non uscire adesso: stiamo per cenare.

*I was **about to go to bed** when the telephone rang.*
Ero sul punto di andare a letto quando squillò il telefono.

▶ Per altri modi di esprimere il futuro, cfr. 147–153.

3 *above, on* e *over*

Corrispondono alle preposizioni italiane 'su', 'sopra'.

1. *On* si usa generalmente nei casi in cui vi è contatto fra due cose.

    *There's a glass **on** the table.*
    C'è un bicchiere sul tavolo.

2. *Above* e *over* si possono entrambi usare nei casi in cui si vuol dire 'più in alto rispetto a' e quando non vi è contatto fra due cose.

A
B

    *A is **above/over** B.*

    *The snow came up **above/over** our knees.*
    La neve ci arrivava fin sopra al ginocchio.

    *There's a spider on the ceiling just **above/over** your head.*
    C'è un ragno sul soffitto, proprio sopra la tua testa.

3 *Above* si usa anche quando una cosa non è direttamente sopra un'altra.

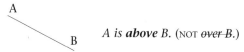 *A is **above** B.* (NOT *over B*.)

*We've got a little house **above** the lake.*
Abbiamo una casetta su in alto sopra il lago.

4 *Over* si usa quando una cosa ne copre un'altra completamente, con o senza contatto

 *A is **over** B.*

*There's cloud **over** the South of England.*
È nuvolo sull'Inghilterra meridionale.

*He spread a flowery cloth **over** the table.*
Stese una tovaglia a fiori sul tavolo.

e quando una cosa passa sopra un'altra.

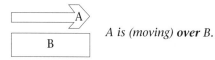 *A is (moving) **over** B.*

*The plane was flying **over** the Channel.*
L'aereo stava volando sulla Manica.

5 Per esprimere 'più di', si usa generalmente *over*.

*'How old are you?' '**Over** thirty.'*
'Quanti anni hai?' 'Più di trenta.'

*He's **over** two metres tall.*
È alto più di due metri.

*There were **over** fifty people at the party.*
C'erano più di cinquanta persone alla festa.

Ma si usa *above* in certe espressioni, specialmente quando si pensa a una scala verticale.

Per esempio: ***above** zero* = sopra lo zero (per temperatura)
 ***above** sea-level* = sopra il livello del mare
 ***above** average* = al sopra della media
(In questo caso l'opposto di *above* è *below*.)

▶ Per la differenza tra *over* e *across*, cfr. 4.
Per altri significati di *above*, *on* e *over*, consultare un buon dizionario.

4 *across, over* e *through*

1. *Across* e *over* con verbi di stato indicano una posizione: 'dall'altra parte di'.

    *His house is just **over/across** the road.*
    La sua casa è dall'altra parte della strada.

2. *Across*, *over* e *through* con verbi di moto indicano un movimento nello spazio e corrispondono al verbo italiano 'attraversare'. In questo caso, il verbo inglese serve a specificare meglio il modo o il mezzo dell'attraversare.

    *He jumped **over/across** the stream.*
    Attraversò il ruscello con un salto.

    *The river's too wide to swim **across**.*
    Il fiume è troppo largo per attraversarlo a nuoto.

In particolare si usa:
over quando si scavalca, si passa sopra a qualche cosa

*Why is that woman climbing **over the wall**?*
Perché quella donna sta scavalcando il muro?

across quando si attraversa una superficie

*It took him six weeks to walk **across the desert**.*
Gli ci vollero sei settimane per attraversare il deserto a piedi.

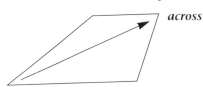

e *through* quando ci si muove in uno spazio tridimensionale.

*I walked **through the wood**.*
Attraversai (a piedi) il bosco.

5 *afraid*

1. *Be afraid (of)* significa 'temere' e nell'inglese informale si usa più frequentemente di *fear*.

    *Don't **be afraid**. I'm not going to hurt you.*
    Non temere. Non ti farò del male.

    ***Are you afraid of** the dark?*
    Hai paura del buio?

    ▶ Può essere seguito dall'infinito o dalla forma *-ing* (cfr. 193.8).

2. *I'm afraid* significa spesso *I'm sorry, but . . .* e si usa per temperare un rifiuto, una brutta notizia, ecc.

    ***I'm afraid** I can't help you.*
    Mi dispiace di non poterti aiutare.

    ***I'm afraid** your wife's had an accident.*
    Mi dispiace, tua moglie ha avuto un incidente.

    I'm afraid not e *I'm afraid so* si usano spesso nelle risposte.

    *'Can you lend me a pound?' **'I'm afraid not.'***
    'Puoi prestarmi una sterlina?' 'No, mi dispiace.'

    *'Are you going to be late?' 'Yes, **I'm afraid so.**'*
    'Arriverai in ritardo?' 'Temo proprio di sì.'

6 *after* (congiunzione)

> frase + *after* + frase
> *after* + frase + frase

1. La congiunzione *after* è generalmente seguita da un tempo verbale finito (mentre in italiano abbiamo, di solito, l'infinito).

    *I went to America **after I left** school.*
    ***After I left** school, I went to America.*
    (NON . . . ~~after/After to have left school~~ . . .)
    Dopo aver finito la scuola, andai in America.

2. In una frase con *after* si usa il tempo presente se ha significato futuro (cfr. 340).

    *I'll telephone you **after I talk** to Jane.* (NON . . . ~~after I'll talk~~ . . .)
    Ti telefonerò dopo aver parlato con Jane.

3. Nelle frasi con *after* si usano spesso i tempi **perfect**. Si può usare il **present perfect** (*have* + participio passato) invece del presente e il **past perfect** (*had* + participio passato) invece del passato.

    ***After I've done** my homework, I usually watch television.*
    Di solito, dopo aver fatto i compiti, guardo la televisione.

    *I'll telephone you **after I've talked** to Jane.*
    Ti telefonerò dopo aver parlato con Jane.

    *I went to America **after I had left** school.*
    Andai in America dopo aver finito la scuola.

Di solito non c'è molta differenza di significato, ma i tempi **perfect** rafforzano l'idea che una cosa era finita prima che ne iniziasse un'altra.

4 *After* è seguito molto spesso dalla forma *-ing*.

After completing this form, return it to the Director's office.
Dopo aver compilato questo modulo, consegnatelo all'ufficio del direttore.

He wrote his first book after visiting Mongolia.
Scrisse il suo primo libro dopo essere stato in Mongolia.

7 *after* (preposizione); *afterwards* (avverbio)

Oltre che congiunzione (cfr. 6), *after* è preposizione. In tal caso, è seguito da un nome.

*We ate in a restaurant **after** the film.*
Cenammo al ristorante dopo il film.

After non si usa come avverbio. In tal caso, si usano, invece, *afterwards*, *then* o *after that*.

*We went to the cinema and **afterwards** (**then** / **after that**) we ate in a restaurant.* (NON . . . *and after we ate in a restaurant*.)
Andammo al cinema e dopo cenammo al ristorante.

8 *after all*

1 *After all* dà l'idea che ci si aspettava che succedesse qualcosa e invece è accaduto qualcos'altro.

*I'm sorry. I thought I could come and see you this evening, but I'm not free **after all**.*
Mi dispiace. Pensavo di poterti venire a trovare stasera, ma invece non sono libero.

*I expected to fail the exam, but I passed **after all**.*
Mi aspettavo di essere bocciato all'esame, ma invece sono stato promosso.

Con questo significato si trova, di solito, alla fine della frase.

2 Si può anche usare *after all* all'inizio della frase col significato di 'dopotutto'.

*It's not surprising you're hungry. **After all**, you didn't have breakfast.*
Non c'è da stupirsi che tu abbia fame. Dopotutto, non hai fatto colazione.

9 gli aggettivi (1): introduzione

In inglese l'aggettivo è invariabile e perciò non ha mai la *-s* del plurale. Quando accompagna un nome, lo precede sempre.

*Do you want the **big box** or the **small boxes**?*
Vuoi la scatola grande o le scatole piccole?

Tranne casi particolari (cfr. 11), l'aggettivo si usa raramente da solo col nome sottinteso. Se non si vuole ripetere il nome si possono usare *one* e *ones* (cfr. 238).

> Give me the **big one**, please. (NON ~~Give me the big, please.~~)
> Dammi quella grande, per favore.

10 gli aggettivi (2): terminanti in -*ly*

1 Molti avverbi terminano in -*ly*, per esempio *happily, nicely*.
Ma alcune parole terminanti in -*ly* sono aggettivi, non avverbi.
I principali sono *friendly, lovely, lonely, ugly, silly, cowardly, likely, unlikely*.

> *She gave me a **friendly** smile.*
> Mi rivolse un sorriso amichevole.
>
> *Her singing was **lovely**.*
> Il suo canto era bello.

Da questi aggettivi non si può formare l'avverbio corrispondente, ma bisogna usare altri modi.

> *She smiled at me **in a friendly way**.* (NON ~~She smiled at me friendly.~~)
> Mi sorrise amichevolmente.
>
> *He gave a **silly** laugh.* (NON ~~He laughed silly.~~)
> Rise scioccamente.

2 *Daily, weekly, monthly, yearly* e *early* sono sia aggettivi che avverbi.

> *It's a **daily** paper.*
> È un (giornale) quotidiano.
>
> *It comes out **daily**.*
> Esce ogni giorno.
>
> *He had an **early** breakfast.*
> Fece colazione di buon mattino.
>
> *I got up **early**.*
> Mi alzai presto.

11 gli aggettivi (3): ordine nella frase

Davanti a un nome, gli aggettivi seguono un ordine preciso, anche se le regole sono spesso complicate e talvolta incerte. Ecco le principali:

1 Gli aggettivi che indicano colore, origine, materiale e scopo seguono questo ordine:

colore	origine	materiale	scopo	nome
red	Spanish	leather	riding	boots

= stivali da equitazione spagnoli di cuoio rosso

> *a **Venetian glass** ashtray* (NON ~~a glass Venetian ashtray~~)
> un portacenere di vetro veneziano
>
> *a **brown German** beer-mug* (NON ~~a German brown beer-mug~~)
> un boccale per la birra tedesco marrone

2 Gli altri aggettivi indicanti forma, dimensione, età, ecc. precedono quelli indicati sopra, ma è difficile dare delle regole precise.

> *a **big black** cat* (NON *a black big cat*)
> un grosso gatto nero
>
> *the **round glass** table* (NON *the glass round table*)
> il tavolo rotondo di vetro
>
> *a **huge old** tree* (NON *an old huge tree*)
> un vecchio albero enorme

▶ Per *and* con gli aggettivi, cfr. 30.1.
Per la virgola con gli aggettivi, cfr. 297.1.

12 gli aggettivi (4): posizione

> aggettivo + nome
> soggetto + verbo copulativo (*be*, *seem*, *look*, ecc.) + aggettivo
> oggetto + verbo + oggetto + aggettivo

1 La maggior parte degli aggettivi può occupare tre posizioni nella frase:

a   davanti a un nome

> *She married an **American businessman**.* (NON *... a businessman American.*)
> Sposò un uomo d'affari americano.
>
> *We've just bought a **new car**.* (NON *... a car new.*)
> Abbiamo appena comprato una macchina nuova.

b   dopo un verbo copulativo (*be*, *seem*, *look*, *appear*, *feel*, ecc. Cfr. 352.)

> *That dress **is new**, isn't it?*
> Quell'abito è nuovo, vero?
>
> *That man **looks rich**.*
> Quell'uomo sembra ricco.

c   dopo un complemento oggetto

> *Those new glasses make **her more attractive**.*
> I nuovi occhiali la rendono più bella.
>
> *I found **their friends very interesting**.*
> (NON *I found very interesting their friends.*)
> Ho trovato molto interessanti i loro amici.

2 Alcuni aggettivi possono precedere un nome, ma non si trovano, di solito, dopo un verbo: per esempio *elder*, *eldest* (cfr. 255.5) e *little* (cfr. 321). Dopo un verbo si usano *older*, *oldest* e *small*.

> *My **elder** brother lives in Newcastle.*
> Mio fratello maggiore abita a Newcastle.
>
> MA *He's three years **older** than me.*
> Ha tre anni più di me.
>
> *He's a funny **little** boy.*
> È un buffo ragazzino.
>
> MA *He looks very **small**.*
> Sembra molto piccolo.

3 Alcuni aggettivi possono seguire un verbo, ma di solito non precedono un nome. I più comuni sono *ill* (cfr. 183), *well* (cfr. 360), *afraid*, *alive*, *alone*, *asleep*. Davanti ai nomi si usano *sick*, *healthy*, *frightened*, *living*, *lone*, *sleeping*.

> *He looks **ill**.*
> Sembra malato.

MA *He's a **sick** man.*
È un uomo malato.

> *Your mother's very **well**.*
> Tua madre sta molto bene.

MA *She's a very **healthy** woman.*
È una donna in ottima salute.

> *She's **asleep**.*
> È addormentata.

MA *a **sleeping** baby*
un bimbo addormentato

4 Nelle espressioni di misura, l'aggettivo segue il nome indicante la misura.

> *two metres **high*** (NON *high two metres*)
> alto due metri

> *ten years **old***
> di dieci anni

> *two miles **long***
> lungo due miglia

13 gli aggettivi (5): sostantivati

Certi aggettivi si possono usare con l'articolo *the* per indicare delle persone in una particolare condizione.

> *He's collecting money for **the blind**.*
> Raccoglie soldi per i ciechi.

È da notare che questa struttura ha un significato plurale generale: *the blind* significa 'tutti i ciechi', non 'il cieco' o 'alcuni ciechi'.
Le più frequenti espressioni di questo tipo sono:

the dead	*the unemployed*
i morti	i disoccupati
the sick	*the young*
i malati	i giovani
the blind	*the old*
i ciechi	i vecchi
the deaf	*the handicapped*
i sordi	gli handicappati
the rich	*the mentally ill*
i ricchi	i malati di mente
the poor	
i poveri	

Nella lingua parlata informale si dice, di solito, *old people*, *young people*, ecc. invece di *the old*, *the young*.
Con queste espressioni non si può usare il possessivo *-'s*.

>   *the problems of the **poor*** OPPURE ***poor people's** problems*
>   (NON *the poor's problems*)
>   i problemi dei poveri

▶ Per espressioni come *the Irish*, *the French*, cfr. 234.

14 *agree*

1 *Agree* significa 'essere d'accordo'.

>   *I **agree** with you.* (NON *I am agree with you.*)
>   Sono d'accordo con te.
>
>   *We **don't agree**.* (NON *We are not agree.*)
>   Non siamo d'accordo.

2 *Agree* può essere seguito dall'infinito (= 'acconsentire a') o dalla congiunzione *that* (= 'convenire').

>   *He **agreed to send** me a cheque.*
>   Acconsentì a mandarmi un assegno.
>
>   *She **agreed that** I was right.*
>   Convenne che avevo ragione.

15 *alive, living, lively* e *live*

Alive e *living* significano 'vivo', 'vivente'.
Alive si usa come predicato; come attributo bisogna usare *living* (cfr. 12.3).

>   *My grandfather is still **alive**.*
>   Mio nonno è ancora vivo.
>
>   *He's the greatest **living** poet.*
>   È il più grande poeta vivente.

Lively significa 'vivace' e si usa come attributo o come predicato.

>   *A **lively** little girl.*
>   Una ragazzina vivace.

Live significa 'vivo', specialmente per gli animali, e si usa come attributo.

>   *A **live** fish.*
>   Un pesce vivo.

Si usa anche per indicare una trasmissione dal vivo, in diretta.

>   *This broadcast comes to you **live** from New York.*
>   Questa trasmissione vi arriva in diretta da New York.

16 *all (of)* con nomi e pronomi

1. Si può usare *all (of)* davanti ai nomi e ai pronomi.
   Se il nome è preceduto da un determinante (per esempio *the*, *my*, *this*), si possono usare sia *all* che *all of*.

   All (of) my friends like riding.
   A tutti i miei amici piace cavalcare.

   She's eaten all (of) the cake.
   Ha mangiato tutta la torta.

   Se il nome non è preceduto da un determinante si usa *all*.

   All children are naughty sometimes. (NON *All of children* . . .)
   Tutti i bambini a volte sono birichini.

   Davanti a un pronome personale si usa *all of* e il pronome è sempre complemento.

   All of them can come tomorrow. (NON *All they* . . .)
   Possono venire tutti domani.

   All of us are tired. (NON *All we* . . .)
   Siamo tutti stanchi.

   Mary sends her love to all of us.
   Mary manda i suoi saluti a tutti noi.

2. Si può mettere *all* dopo i pronomi personali complemento.

   I've invited them all.
   Li ho invitati tutti.

   Mary sends her love to us all.
   Mary manda i suoi saluti a tutti noi.

   I've made you all something to eat.
   Ho fatto qualcosa da mangiare per tutti voi.

▶ Per l'uso dell'articolo *the* con *all*, cfr. 42.2.

17 *all* con i verbi

All può trovarsi vicino a un verbo. In questo caso, segue il verbo *be* e gli ausiliari e precede gli altri verbi.

1.
   ausiliare + *all*
   am/are/is/was/were + *all*

   We can all swim.
   Sappiamo tutti nuotare.

   They have all finished.
   Hanno finito tutti.

   We are all tired.
   Siamo tutti stanchi.

2 $\boxed{all + \text{altro verbo}}$

*You **all look** tired.* (NON *You look all tired.*)
Sembrate tutti stanchi.

*The buses **all stop** at the railway station.* (NON *... stop all ...*)
Gli autobus si fermano tutti alla stazione ferroviaria.

18 *all*, *everybody* e *everything*

Corrispondono ai pronomi 'tutti', 'tutto'.

1 Di solito non si usa *all* da solo come pronome per indicare 'tutti', bensì *everybody*.

All the people stood up.
***Everybody** stood up.* (NON *All stood up.*)
Tutti si alzarono.

2 *All* può significare 'tutto', come *everything*, ma soltanto quando è accompagnato da una frase relativa (= *all (that) ...*). Confrontare:

***All (that)** I have is yours.* (OPPURE ***Everything** ...*)
Tutto quello che ho è tuo.

***Everything** is yours.* (NON *All is yours.*)
È tutto tuo.

*She lost **all** she owned.* (OPPURE *... **everything** she owned.*)
Perse tutto quello che possedeva.

*She lost **everything**.* (NON *She lost all.*)
Perse tutto.

Spesso *all* + frase relativa ha il significato di 'nient'altro', 'tutto quello che'.

*This is **all** I've got.*
È tutto quello che ho. / Non ho nient'altro.

***All** I want is a place to sleep.*
Non voglio nient'altro che un posto per dormire.

Notare l'espressione *That's all* = 'Questo è tutto'. ('È finito, non c'è altro.')

19 *all* e *every*

1 *All* (= 'tutti') e *every* (= 'ogni') hanno più o meno lo stesso significato, ma la frase con *every* è, di solito, più forte e indica la totalità assoluta senza eccezioni.

Abbiamo due strutture diverse:

$\boxed{all + \text{plurale}}$	$\boxed{every + \text{singolare}}$
***All children** need love.* Tutti i bambini hanno bisogno d'amore.	***Every child** needs love.* Ogni bambino ha bisogno d'amore.
***All cities** are noisy.* Tutte le città sono rumorose.	***Every city** is noisy.* Ogni città è rumorosa.

2 Davanti a un determinante (per esempio *the, my, this*), si può usare *all*, ma non *every*.

| *all* + determinante + plurale | *every* + singolare |

*Please switch off **all the lights**.*   *Please switch off **every light**.*
Per piacere, spegni tutte le luci.

*I've written to **all my friends**.*   *I've written to **every friend I have**.*
Ho scritto a tutti i miei amici.   (NON . . . *every my friend*)

3 Con i nomi non numerabili si può usare *all*, ma non *every*.

*I like **all** music.* (NON . . . *every music*.)
Mi piace tutta la musica.

Si può usare *all* con certi nomi numerabili singolari col significato di 'tutto intero'. Confrontare:

*She was here **all day**.*   *She was here **every day**.*
È stata qui tutto il giorno.   È stata qui tutti i giorni / ogni giorno.

4 Notare la differenza di significato tra:

a **Not all** *the students passed the exam.* / **Not every** *student passed the exam.*
Non tutti gli studenti hanno passato l'esame.

b *No students passed the exam.* / **None of the** *students passed the exam.*
Nessuno studente ha passato l'esame.

Per l'uso di *no* e *none*, cfr. 229.

5 Di solito *all* e *every* non si usano da soli, senza un nome.
Si usano invece *all of it / them* e *every one*.

'*She's eaten **all the cakes**.*' '*What? **All of them**?*' '*Yes, **every one**.*'
'Ha mangiato tutti i dolci.' 'Cosa? Tutti?' 'Sì, tutti.'

▶ Per la differenza tra *all* e *whole*, cfr. 20.
Per altre regole su *all*, cfr. 16–18.
Per la differenza tra *every* e *each*, cfr. 106.

20 *all* e *whole*

| *all* + determinante + nome
| determinante + *whole* + nome |

1 *Whole* significa 'tutto intero'. Sia *whole* che *all* si possono usare con i nomi singolari; il significato è simile, ma la costruzione della frase è diversa. Confrontare:

*Julie spent **all the summer** at home.*
*Julie spent **the whole summer** at home.*
Julie ha passato tutta l'estate a casa.

all my life
my whole life
tutta la mia vita

2 Con i nomi numerabili singolari si usa più spesso *whole*.

*She wasted **the whole lesson**.* (È più comune di . . . *all the lesson*.)
Ha sprecato tutta la lezione.

3 Di solito, invece, con i nomi non numerabili si usa *all*.

*She's drunk **all the milk**.* (NON . . . *the whole milk*.)
Ha bevuto tutto il latte.

Ci sono, tuttavia, delle eccezioni: per esempio *the whole time* (= 'tutto il tempo'), *the whole truth* (= 'tutta la verità').

4 Davanti ai nomi propri, ai pronomi e ai determinanti si usano *the whole of* o *all (of)*.

***The whole of** / **All of** Venice was under water.* (NON *Whole Venice* . . .)
Venezia era tutta sotto il livello dell'acqua.

*I've just read **the whole of** 'War and Peace'.* (OPPURE . . . ***all of** 'War and Peace'*.)
Ho appena letto tutto 'Guerra e Pace'.

*I didn't understand **the whole of** / **all of** it.*
Non l'ho capito tutto.

21 *all right*

1 *All right* significa 'va bene', 'd'accordo' e si usa spesso nelle risposte (come *OK*). Nell'inglese britannico si scrive generalmente come due parole separate, ma nell'inglese americano si può scrivere *alright*.

*'Let's go out.' '**All right**, I'm coming.'*
'Usciamo!' 'Va bene, vengo.'

2 Quando segue il verbo *be*, spesso significa 'star bene di salute'

*I'm **all right** now, thank you.*
Adesso sto bene, grazie.

oppure 'andar bene' ('essere buono', 'essere a posto', ecc.).

*Everything will be **all right**.*
Andrà tutto bene.

*Is your coffee **all right**?*
Va bene / È buono il tuo caffè?

22 *allow, let* e *leave*

1 *Allow* significa 'lasciare', 'dare il permesso di fare qualcosa'. Si usa spesso nella forma passiva e sostituisce le forme mancanti di *may* con questo significato.

*My mother doesn't **allow** me to smoke.*
Mia madre non mi lascia fumare.

*Dogs are not **allowed** here.*
È vietato l'ingresso ai cani.

*He won't be **allowed** to go in because he hasn't been invited.*
Non potrà entrare perché non è stato invitato.

2 *Let* significa 'lasciare', 'permettere' (meno formale di *allow*). È sempre seguito dal complemento oggetto e dall'infinito senza *to* e non si può usare nella forma passiva.

> *Please **let** me think.* (NON . . . ~~let me to think~~ / . . . ~~thinking~~.)
> Per favore, lasciami pensare.
>
> ***Let** him drive the car — you are so tired.*
> Lascia che guidi lui: tu sei così stanco.

3 *Leave* significa 'lasciare un luogo', 'partire'. Può essere seguito dal complemento oggetto o da *for* per indicare la destinazione.

> *What time are you **leaving**?*
> A che ora parti?
>
> *I **left** Manchester at five o'clock.*
> Sono partito da Manchester alle cinque.
>
> *We're **leaving** for London in ten minutes.*
> Partiamo per Londra fra dieci minuti.

Leave significa 'lasciare un oggetto (talvolta dimenticare) o una persona'.

> *I **left** my rings in the bathroom.*
> Ho lasciato i miei anelli nel bagno.
>
> *I **left** Peter in the pub at eight o'clock.*
> Ho lasciato Peter al pub alle otto.

23 *almost* e *nearly*

1 Non c'è, di solito, molta differenza tra *almost* e *nearly*.

> *I've **nearly** finished. / I've **almost** finished.*
> Ho quasi finito.

Talvolta *almost* è un po' 'più vicino' di *nearly*.

2 Quando non c'è l'idea di una misurazione o progressione nel tempo o nello spazio si usa *almost*.

> *Our cat understands everything — he's **almost** human.* (NON . . . ~~nearly human~~.)
> Il nostro gatto capisce tutto: è quasi umano.
>
> *My aunt's got a strange accent — she **almost** sounds foreign.*
> Mia zia ha uno strano accento: sembra quasi straniera.

3 Di solito non si usa *nearly* con le parole negative: *never, nobody, no-one, nothing, nowhere, no* e *none*. Si usa *almost*, oppure *hardly* con *ever, anybody*, ecc. (Cfr. 143.5, 326.3.)

almost never (NON *nearly never*)   *hardly ever*
quasi mai

almost nobody   *hardly anybody*
quasi nessuno

almost nothing   *hardly anything*
quasi niente

24 *also, as well* e *too*

| frase + *as well* |
| frase + *too* |
| soggetto + *also* + verbo . . . |
| soggetto + *be* + *also* + complemento |

1 *As well* e *too*, di solito, si trovano alla fine della frase e hanno lo stesso significato.

She not only sings; she plays the piano **as well**.
Non solo canta, suona anche il piano.

We all went to Brighton yesterday. John came **too**.
Ieri siamo andati tutti a Brighton. È venuto anche John.

As well e *too* possono riferirsi a parti diverse della frase a seconda del significato che si vuol dare. Quando si parla, si fa cadere l'accento della frase sulla parola a cui *as well* o *too* si riferiscono. La frase: *We have meetings on Sundays as well* può avere tre significati diversi, anche se *as well* si trova sempre alla fine della frase:

a **We** *have meetings on Sundays as well.*
Anche noi facciamo le riunioni di domenica. (come gli altri)

b *We have* **meetings** *on Sundays as well.*
La domenica facciamo anche delle riunioni. (oltre ad altre cose)

c *We have meetings on* **Sundays** *as well.*
Facciamo riunioni anche di domenica. (oltre agli altri giorni)

2 *Too* e *as well* si usano spesso nelle risposte brevi.

'She's nice.' 'I think so **too**.*'*
'È carina.' 'Lo penso anch'io.'

'I've got a headache.' 'I have **as well**.*'*
'Ho mal di testa.' 'Anch'io.'

Nella lingua parlata molto informale si usa spesso *Me too* come risposta breve.

'I'm going home.' **'Me too**.*'*
'Sto andando a casa.' 'Anch'io.'

Nello stile più formale si direbbe *I am too* oppure *So am I* (cfr. 324).

3 *Also* si mette, di solito, prima del verbo (per la posizione esatta con gli ausiliari, cfr. 56.3).

> *I don't like him. I **also think** he's dishonest.*
> Non mi piace. Penso anche che sia disonesto.
>
> *She sings, and she **also plays** the piano.*
> Canta e suona anche il piano.

Also segue le forme del verbo *be*.

> *I'm hungry, and **I'm also** very tired.*
> Ho fame e sono anche molto stanco.

Also si può riferire a diverse parti della frase come *as well* e *too*. Non si usa nelle risposte brevi.

> *'I'm hungry.' 'I am too.' / 'So am I.' / 'Me too.' / 'I am as well.'* (NON '*I also.*')

4 All'inizio di una frase si può usare *also* seguito da una virgola con riferimento all'intera frase.

> *It's a nice house, but it's very small. **Also**, it needs a lot of repairs.*
> È una bella casa, ma è molto piccola. E poi ha bisogno di molte riparazioni.

5 *Also*, *as well* e *too* non si usano, di solito, nelle frasi negative. Si usano invece *not . . . either, neither, nor* (cfr. 226). Confrontare:

*He's there **too**.*	*He isn't there **either**.*
C'è anche lui.	Non c'è neanche lui.
*I like you **as well**.*	*I don't like you **either**.*
Anche tu mi piaci.	Neanche tu mi piaci.
*I do **too**.*	***Nor** do I.*
Anch'io.	Neanch'io.

▶ Per la traduzione di 'anche/neanche', cfr. 28.
Per *as well as*, cfr. 48.

25 *although* e *though*

```
(al)though + frase + frase
frase + (al)though + frase
frase + though
```

1 Queste due parole si possono usare come congiunzioni e hanno lo stesso significato. *Though* è informale.

> *(**Al**)**though** I don't agree with him, I think he's honest.*
> Sebbene non sia d'accordo con lui, penso che sia onesto.
>
> *She went on walking, (**al**)**though** she was terribly tired.*
> Continuò a camminare benché fosse stanchissima.
>
> *I'll talk to him, (**al**)**though** I don't think it'll do any good.*
> Gli parlerò, anche se non credo che servirà.

Per rafforzare un contrasto si usa *even though*. (Non si dice *even although*.)
> **Even though** I didn't understand the words, I knew what he wanted.
> Anche se non capivo le parole, sapevo che cosa voleva.

2 Si può usare *though* col significato di *however* (= 'però', 'tuttavia').
Si trova, di solito, alla fine di una frase nella lingua parlata informale.
> 'Nice day.' 'Yes. Bit cold **though**.'
> 'Bella giornata.' 'Sì. Un po' fredda, però.'

▶ Per la differenza tra *even* e *even though*, cfr. 117.3.
Per *even though* e *even so*, cfr. 117.3, 4.
Per *as though*, cfr. 46.

26 come tradurre 'altro'

L'aggettivo/pronome indefinito 'altro' si può rendere in inglese con:

1 *other*

Other significa 'diverso'. Quando è un aggettivo, ovviamente, non ha plurale.
> *Where are the **other** photos?* (NON . . . *the others photos?*)
> Dove sono le altre foto?
>
> *Have you got any **other** colours?*
> Ha degli altri colori?

Quando *other* si usa come pronome, e cioè senza un nome, può avere il plurale.
> *Some grammars are easier to understand than **others**.*
> Alcune grammatiche sono più facili da capire di altre.
>
> *I'll be late. Can you tell the **others**?*
> Arriverò in ritardo. Puoi dirlo agli altri?

Quando *other* è singolare e preceduto dall'articolo *a/an*, si scrive *another* (cfr. 32).

2 *(an)other, different* e *new*

Si usano spesso col significato di 'diverso'.
> *This nail is broken. Give me **a new** / **another** one.*
> Questo chiodo è rotto. Dammene un altro.
>
> *I don't like this chair. I want **a different** / **another** one.*
> Questa sedia non mi piace. Ne voglio un'altra.

3 *another* e *(some) more*

Significano 'ancora'. *Another* è seguito da nomi numerabili al singolare.
> *Would you like **another** potato?*
> Vuoi un'altra patata?

(Some) more è seguito da nomi non numerabili e plurali.
> *Would you like **(some) more** wine/potatoes?*
> Vuoi dell'altro vino / ancora delle patate?

4 *further*

Significa 'in più'.

> *Could you get **further** information about the house?*
> Potresti procurarti delle altre informazioni sulla casa?

5 *else*

Si usa dopo *somebody, something,* ecc. e dopo *what, who, where, how, why, little* e *much* (cfr. 111.1).

> *There's **nothing else** you can do.*
> Non c'è nient'altro che tu possa fare.

> ***Who else** did you see at the meeting?*
> Chi altro hai visto alla riunione?

6 Notare l'espressione *nothing but* (= 'nient'altro che'). Cfr. 73.

> *He does **nothing but** watch TV all day.*
> Non fa nient'altro che guardare la TV tutto il giorno.

27 *among* e *between*

1 *Between* indica una posizione fra due o più persone o cose chiaramente distinte fra loro.
Si usa, invece, *among* se ci si riferisce a un gruppo, una folla, una massa più o meno indistinta di persone o cose. Confrontare:

> *She was **between** Alice and Mary.*
> Era fra Alice e Mary.

> *She was **among** a crowd of children.*
> Era fra una folla di bambini.

> *Our house is **between** the wood, the river and the village.*
> La nostra casa è fra il bosco, il fiume e il paese.

> *The house is hidden **among** the trees.*
> La casa è nascosta fra gli alberi.

between

among

2 *Between* si usa anche per indicare che ci sono cose (o gruppi di cose) sui due lati.

> *a little valley **between** high mountains*
> una piccola valle fra alte montagne

> *I saw something **between** the wheels of the car.*
> Vidi qualcosa fra le ruote della macchina.

3 Si dice *divide between* e *share between* con i nomi singolari. Si dice *between* o *among* con i nomi plurali.

> He **divided** his money **between** his wife, his daughter and his sister.
> Divise i suoi soldi fra la moglie, la figlia e la sorella.
>
> I **shared** the food **between/among** all my friends.
> Divisi il cibo fra tutti i miei amici.

28 come tradurre 'anche/neanche'

'Anche' e 'neanche' si possono rendere in inglese con:

1 *as well*, *too* e *also*

Aggiungono un'informazione a qualcosa detta prima. *As well* e *too* si trovano, di solito, alla fine della frase, mentre *also* è più formale e si trova, di solito, all'interno della frase (cfr. 24).

> I was there **as well**.
> I was there **too**.   ⎫ C'ero anch'io.
> I was **also** there.   ⎭

2 *even/not even*

Si usano per rafforzare un fatto o un'idea, spesso in contrasto con le aspettative (cfr. 117.1, 2).

> I cleaned the whole house — I **even** washed the curtains.
> Ho pulito tutta la casa: ho lavato anche/perfino le tende.
>
> She didn't **even** send me a postcard.
> Non mi ha neanche mandato una cartolina.

Even though si riferisce a un fatto reale in contrasto con un altro.

> **Even though** it was raining, I enjoyed the match.
> Anche se pioveva, mi sono divertito alla partita.

Even if si riferisce, invece, a una situazione ipotetica.

> **Even if** I had a lot of money, I wouldn't buy a yacht.
> Anche se avessi molti soldi, non mi comprerei uno yacht.

Per *even*, cfr.117.

3 *so am I, so do I*, ecc.

Se i soggetti di due frasi si riferiscono allo stesso verbo, nella seconda si può usare *so* + l'ausiliare che compare nella prima (o *do/does/did* se non c'è un ausiliare) + il soggetto della frase (cfr. 323).

> They're happy and **so am I**.
> Loro sono contenti e io anche.
>
> 'I love horses.' '**So does** my father.'
> 'Io amo i cavalli.' 'Anche mio padre.'

4 neither/nor am I, neither/nor do I, ecc.

Se la prima frase è negativa, all'inizio della seconda si usano *neither* o *nor* seguiti da un ausiliare alla forma affermativa (cfr. 226).

*'I don't like dogs.' '**Neither does** my mother.'*
'Non mi piacciono i cani.' 'Neanche a mia madre.'

Oppure nella seconda frase si può usare la costruzione:

> soggetto + ausiliare negativo + *either*

*'I don't like dogs.' 'My mother doesn't **either**.'*

29 come tradurre 'ancora'

L'avverbio 'ancora' si può rendere in inglese con:

1 *still*

Significa 'tuttora' ed esprime continuità nel presente, passato o futuro (cfr. 331.1).

*Are you **still** there?*
Sei ancora lì?

*I was **still** on holiday in September.*
In settembre ero ancora in vacanza.

2 *yet*

Significa 'finora' e si usa quasi sempre nelle frasi negative o interrogative. Nelle frasi interrogative, però, significa 'già' (cfr. 331.2).

*The doctor hasn't come **yet**.*
Il dottore non è ancora venuto.

*Is the nurse here **yet**?*
È già qui l'infermiera?

Per la traduzione di 'già', cfr.158.

3 *again*

Significa 'di nuovo'.

*If you do that **again**, I'll send you away.*
Se lo farai ancora, ti manderò via.

4 *more* (quantità) e *longer* (tempo)

Si riferiscono a un'aggiunta.

*This cake is delicious — could I have some **more**?*
Questa torta è squisita: posso averne ancora?

*I decided to stay a little **longer**.*
Decisi di fermarmi ancora un po'.

5 *even* e *still*

Si usano come rafforzativi nei comparativi.

*This one is beautiful, but it's **even** more expensive than yours.*
Questo è bello, ma è ancora più caro del tuo.

30 *and*

1. Di solito non si usa *and* con gli aggettivi davanti a un nome.

    *Thanks for your **nice long** letter.* (NON . . . ~~your nice and long letter~~.)
    Grazie per la tua bella (e) lunga lettera.

    *a **tall dark handsome** cowboy*
    un bel cowboy alto e bruno

    Ma si usa *and* quando gli aggettivi si riferiscono a parti diverse della stessa cosa.

    *red **and** yellow socks*   *a metal **and** glass table*
    calze rosse e gialle   un tavolo di metallo e vetro

2. Nelle espressioni formate da due parole, spesso si mette prima la più breve.

    young and pretty   *cup and saucer*
    giovane e carina   tazza e piattino

    Alcune espressioni comuni con *and* hanno un ordine fisso che non si può cambiare.

    hands and knees (NON ~~knees and hands~~)
    mani e ginocchia

    knife and fork
    forchetta e coltello

    bread and butter
    pane e burro

    men, women and children
    uomini, donne e bambini

    fish and chips
    pesce e patate fritte

    Notare che, di solito, *and* si pronuncia /ənd/ e non /ænd/ (cfr. 296).

    ▶ Per l'ellissi di *and* in espressioni come *the bread and (**the**) butter*, cfr. 110.2.
    Per *and* dopo *try, wait, go, come*, ecc., cfr. 31.

31 *and* dopo *try, wait, go,* ecc.

1. Nel linguaggio informale si usa spesso *try and . . .* invece di *try to . . .*

    ***Try and** eat something — you'll feel better if you do.*
    Cerca di mangiare qualcosa: ti sentirai meglio se lo farai.

    *I'll **try and** phone you tomorrow morning.*
    Cercherò di telefonarti domani mattina.

Questa struttura si può usare solo con la forma *try*. Non è possibile con *tries*, *tried* o *trying*. Confrontare:

Try and eat something.
I tried to eat something. (NON ~~I tried and ate something~~.)

Di solito si dice *wait and see*, non *wait to see*.

'What's for lunch?' '**Wait and see.**'
'Che cosa c'è per pranzo?' 'Aspetta e vedrai.'

2 Si dice spesso *come and, go and, run and, hurry up and, stay and* . . . .
Il significato è lo stesso di *come, go*, ecc. + infinito di scopo (cfr. 191).

Come and have a drink.
Vieni a bere qualcosa.

Stay and have dinner.
Fermati a cena.

Hurry up and open the door.
Sbrigati ad aprire la porta.

Questa struttura si può usare anche con le forme *comes, came, going, went*, ecc.

He often **comes and** spends the evening with us.
Viene spesso a passare la serata con noi.

She **stayed and** played with the children.
Si fermò a giocare con i bambini.

32 *another*

another + nome singolare
another + *few*/numero + nome plurale

1 *Another* si scrive come una sola parola.

He's bought **another** car. (NON . . . ~~an other car~~.)
Ha comprato un'altra macchina.

2 Normalmente si usa *another* soltanto con i nomi singolari numerabili. Confrontare:

Would you like **another** potato?
Vuoi un'altra patata?

Would you like **some more** meat? (NON . . . ~~another meat?~~)
Vuoi ancora della carne?

Would you like **some more** peas? (NON . . . ~~another peas?~~)
Vuoi degli altri piselli?

3 Ma si può usare *another* con un nome plurale nelle espressioni con *few* o con un numerale.

I'm staying for **another few weeks**.   We need **another three chairs**.
Starò ancora qualche settimana.   Ci vogliono ancora tre sedie.

▶ Per la traduzione di 'altro', cfr. 26.
Per *another* + possessivo, cfr. 279.
Per *one another*, cfr. 107.

33 *any*

Any può significare 'qualunque', 'qualsiasi'. In tal caso, si può usare anche nelle frasi affermative.

> '*When shall I come?*' '***Any** time.*'
> 'Quando devo venire?' 'A qualunque ora.'

> '*Could you pass me a knife?*' '*Which one?*' '*It doesn't matter. **Any** one.*'
> 'Puoi passarmi un coltello?' 'Quale?' 'Non importa. Uno qualsiasi.'

> *Can I use **any** kind of paint on the door, or do I need something special?*
> Posso usare qualsiasi tipo di vernice per la porta, o ce ne vuole uno particolare?

Con lo stesso significato si possono usare *anybody*, *anyone*, *anything* e *anywhere*.

> *She goes out with **anybody** who asks her.*
> Esce con chiunque glielo chieda.

> '*What would you like to eat?*' '*It doesn't matter. **Anything** will do.*'
> 'Che cosa vuoi mangiare?' 'Non importa. Qualsiasi cosa andrà bene.'

> '*Where can we sit?*' '***Anywhere** you like.*'
> 'Dove possiamo sederci?' 'Ovunque vogliate.'

▶ Per l'uso di *any* e *no* come avverbi, cfr. 34.
Per altri usi di *any* e *some*, cfr. 326.
Per *not any* e *no*, cfr. 231.

34 *any* e *no*: avverbi

```
any/no + comparativo
any/no different
any/no good/use
```

1 *Any* e *no* possono rafforzare dei comparativi (cfr. anche 88.2).

> *You don't look **any older** than your daughter.*
> Non sembri affatto più vecchia di tua figlia.

> *I can't go **any further**.*
> Non posso andare oltre.

> *I'm afraid the weather's **no better** than yesterday.*
> Temo che il tempo non sia affatto migliore di ieri.

2 *Any* e *no* si usano anche con *different*.

> *This school isn't **any different** from the last one.*
> Questa scuola non è affatto diversa da quella precedente.

> '*Is John **any better**?*' '***No different**. Still very ill.*'
> 'John sta un po' meglio?' 'Sempre uguale. Sta ancora molto male.'

3 Notare le espressioni *any good/use* e *no good/use*.

> *Was the film **any good**?*
> Era bello il film?

*This watch is **no use**. It keeps stopping.*
Questo orologio non serve a nulla. Continua a fermarsi.

35 *appear*

1 *Appear* può significare 'sembrare'. In questo caso, è un verbo copulativo (cfr. 352) ed è seguito da un aggettivo o da un nome. Si usa spesso la costruzione col verbo *be* (= *appear to be*), specialmente davanti a un nome.

> soggetto + *appear (to be)* + aggettivo

*He **appeared** very angry.*
Sembrava molto arrabbiato.

> soggetto + *appear to be* + nome

*She **appears to be** a very religious person.*
Sembra una persona molto religiosa.

2 *Appear* può anche significare 'apparire' o 'comparire'.

*Mary **appeared** unexpectedly this morning and asked me for some money.*
Mary è comparsa inaspettatamente stamattina e mi ha chiesto dei soldi.

36 come tradurre 'appena'

'Appena' si può rendere in inglese con:

1 *just*

Significa 'da poco'.

*They have (only) **just** left home.*
Sono appena usciti di casa.

2 *as soon as*

Significa '(non) appena', 'al più presto'.

*We'll be there **as soon as** possible.*
Saremo là appena possibile.

***As soon as** I get the money, I'll buy a new computer.*
Appena prendo i soldi, mi compro un computer nuovo.

3 *hardly, scarcely*

Significano 'a malapena', 'a stento'.

*It was so dark that we could **scarcely** see the path.*
Era così buio che potevamo appena vedere il sentiero.

*We had **hardly** got there, when it began to rain.*
Eravamo appena arrivati che cominciò a piovere.

▶ Per la posizione di *just* nella frase, cfr. 56.3.
Per l'uso dei tempi con *as soon as*, cfr. 340.1.
Per l'inversione con *hardly*, cfr. 196.4.

37 *(a)round* e *about*

1. Di solito si usa *round* per indicare un movimento o una posizione in un cerchio o in una curva.

    *We all sat **round** the table.*
    Ci sedemmo tutti intorno al tavolo.

    *I walked **round** the car and looked at the wheels.*
    Girai intorno alla macchina e guardai le ruote.

    *'Where do you live?' 'Just **round** the corner.'*
    'Dove abiti?' 'Appena girato l'angolo.'

2. Si usa *round* anche quando si parla di visitare un luogo o distribuire qualcosa a ciascuno in un gruppo.

    *We walked **round** the old part of the town.*
    Girammo per tutta la parte vecchia della città.

    *Can I look **round**?*
    Posso dare un'occhiata in giro?

    *Could you pass the cups **round**, please?*
    Fai passare le tazze, per favore?

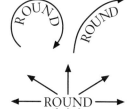

3. Si usano *around* e *about* per indicare movimenti e posizioni che non sono molto precisi e definiti: 'qua e là', 'in giro', 'qui intorno'.

    *The children were running **around/about** everywhere.*
    I bambini correvano dappertutto.

    *Stop standing **around/about** and do some work.*
    Smetti di startene lì e lavora.

    *'Where's John?' 'Somewhere **around/about**'.*
    'Dov'è John?' 'È qui intorno da qualche parte.'

Si usano anche in espressioni che indicano una perdita di tempo o un'attività sciocca.

*Stop fooling **around/about**. We're late.*
Smettila di perdere tempo. Siamo in ritardo.

Around e *about* possono anche significare 'circa', 'più o meno'.

*There were **around/about** fifty people there.*
C'erano circa cinquanta persone.

*'What time shall I come?' '**Around/about** eight.'*
'A che ora devo venire?' 'Intorno alle otto.'

Notare che nell'inglese americano si usa generalmente *around* per tutti questi significati.

38 gli articoli (1): *a* e *an*; pronuncia di *the*

1. In inglese esistono due forme di articolo indeterminativo:

   a si usa davanti ai nomi che iniziano per consonante
   > **a** *rabbit*

   an si usa davanti ai nomi che iniziano per vocale
   > **an** *elephant*

   L'articolo determinativo, anche se ha una sola forma scritta *the*, si pronuncia /ðə/ davanti ai nomi che iniziano per consonante
   > **the** *sea* /ðə'si:/

   /ði:/ davanti ai nomi che iniziano per vocale
   > **the** *air* /ði'eə(r)/

2. *An* e *the* /ði:/ si usano anche davanti ai suoni vocalici che sono scritti come consonanti.
   > **an** *hour* /ən'auə(r)/ (l'*h* è muta)
   > **an** *MP* /ən em'pi:/   **the** *MP* /ði em'pi:/ (la pronuncia della *M* è /**em**/)

   Al contrario, *a* e *the* /ðə/ si usano davanti ai suoni consonantici anche se sono scritti come vocali.
   > **a** *university* /ə ju:ni'vɜ:səti/   **the** *university* /ðə ju:ni'vɜ:səti/
   > **a** *one pound note* /ə wʌn paʊnd nəʊt/

39 gli articoli (2): *a/an*

1. *A/an* corrisponde agli articoli indeterminativi italiani 'un/uno/una' e, come in italiano, si usa soltanto davanti a un nome singolare numerabile.
   > *She's* **a** *beautiful woman.*   *They're beautiful* **women**.
   > È una bella donna.   Sono delle belle donne.

   Con *a/an* non si possono usare altri determinanti. (Cfr. 279.)
   > *He's* **a** *friend of mine.* (NON He's a my friend.)
   > È un mio amico.

   Notare che *another* si scrive in una sola parola.
   > *Would you like* **another** *beer?* (NON . . . an other beer?)
   > Vuoi un'altra birra?

   Attenzione a non confondere l'articolo indeterminativo (*a/an*) con l'aggettivo numerale (*one*).
   > *Give me* **a** *pen, please.*
   > Dammi una penna, per favore. (= una qualsiasi)
   > *You can borrow* **one** *book, if you like.*
   > Puoi prendere un libro, se vuoi. (= soltanto uno)

   ▶ Per la differenza tra *a* e *an*, cfr. 38.
   Per l'uso di *some* con i nomi plurali e non numerabili, cfr. 326.
   Per l'uso di *a/an* per generalizzare, cfr. 41.2.

40 gli articoli (3): *the*

1. *The* corrisponde agli articoli determinativi italiani 'il/lo/la/i/gli/le' e si usa con i nomi singolari, plurali e non numerabili.

   the water (non numerabile)　　*the* table (numerabile singolare)
   l'acqua　　　　　　　　　　　　il tavolo

   the stars (plurale)
   le stelle

2. Non si usa *the* con i possessivi.

   This is **my** *house.* (NON . . . *the my house*.)
   Questa è la mia casa.

   Generalmente non si usa *the* con i nomi propri. (Per le eccezioni, cfr. 42.)

   Mary *lives in Texas.* (NON *The Mary lives in the Texas*.)
   Mary vive nel Texas.

   Di solito non si usa *the* per indicare cose in generale: *the books* indica alcuni libri ben precisi, non i libri in generale. (Cfr. 41.)

   Books *are expensive.* (NON *The books are expensive*.)
   I libri sono cari.

▶ Per la pronuncia di *the*, cfr. 38.

41 gli articoli (4): nomi usati in senso generale

1. Con i nomi plurali o non numerabili, non si usa l'articolo *the* se si vuole parlare in generale di una categoria di persone o cose, per esempio 'tutti i libri', 'tutte le persone' o 'tutta la vita'. Confrontare:

   Did you remember to buy **the books**?
   Ti sei ricordato di comprare i libri? (= certi libri particolari che ti ho chiesto di comprare)

   Books *are expensive.* (NON *The books are expensive*.)
   I libri sono cari. (= tutti i libri in generale)

   I'm studying **the life** *of Beethoven.*
   Sto studiando la vita di Beethoven. (= una vita particolare)

   Life *is hard.* (NON *The life is hard*.)
   La vita è dura. (= la vita in generale)

   'Where's **the cheese**?' 'I ate it.'
   'Dov'è il formaggio?' 'L'ho mangiato.' (particolare)

   Cheese *is made from milk.*
   Il formaggio si fa col latte. (generale)

   Could you put **the light** *on?*
   Potresti accendere la luce? (particolare)

   Light *travels at 300,000 km a second.*
   La luce viaggia a 300.000 km al secondo. (generale)

Notare che si può usare un nome in senso generale anche se è preceduto da un aggettivo o da un altro nome che lo qualifica.

Short skirts are fashionable this year. (NON ~~The short skirts~~ . . .)
Quest'anno sono di moda le gonne corte. (= tutte le gonne corte)

I don't like rye bread. (NON . . . ~~the rye bread~~.)
Non mi piace il pane di segale. (= tutto il pane di segale)

2 Per indicare un'intera categoria si può usare un suo rappresentante, cioè un nome singolare preceduto dall'articolo *a/an*.

A baby deer can stand as soon as it is born.
Un cerbiatto sa stare in piedi appena nato. (= tutti i cerbiatti)

A child needs plenty of love.
Un bambino ha bisogno di molto amore. (= tutti i bambini)

Un nome numerabile singolare preceduto dall'articolo *the* si può usare in senso generale. Questo avviene, di solito, con gli strumenti scientifici, le invenzioni e gli strumenti musicali.

Life would be quieter without the telephone.
La vita sarebbe più tranquilla senza il telefono.

The violin is more difficult than the piano.
Il violino è più difficile del piano.

3 Queste espressioni d'uso comune hanno un significato generale:

the town	*the country*	*the sea*	*the mountains*	*the rain*
la città	la campagna	il mare	la montagna	la pioggia
the wind	*the sun*	*the snow*		
il vento	il sole	la neve		

I prefer the mountains to the sea.
Preferisco la montagna al mare.

I hate the rain, but I like the snow.
Odio la pioggia, ma mi piace la neve.

Would you rather live in the town or the country?
Preferiresti vivere in città o in campagna?

We usually go to the seaside for our holidays.
Di solito andiamo in vacanza al mare.

I like lying in the sun.
Mi piace stare sdraiato al sole.

I like the noise of the wind.
Mi piace il rumore del vento.

42 gli articoli (5): regole particolari ed eccezioni

1 Si usa l'articolo *the* con i nomi geografici che indicano:

mari (*the* Atlantic)
catene di montagne (*the* Himalayas)
arcipelaghi (*the* West Indies)
fiumi (*the* Rhine)
deserti (*the* Sahara)

e con i nomi di:
- alberghi (**the** Grand Hotel)
- cinema e teatri (**the** Odeon, **the** Playhouse)
- musei e gallerie (**the** British Museum, **the** National Gallery)

Notare che i nomi di singole montagne a volte hanno l'articolo, a volte no.

Everest   *the Gran Paradiso*   *Mont Blanc*

2   Si può omettere *the*:

a   dopo *both* e dopo *all* quando c'è un numero

*Both **(the) children** are good at maths.*
Entrambi i bambini sono bravi in matematica.

*All **(the) eight** students passed the exam.*
Tutti e otto gli studenti passarono l'esame.

b   nelle espressioni *all day* (= 'tutto il giorno'), *all night* (= 'tutta la notte'), *all week* (= 'tutta la settimana'), *all summer/winter* (= 'tutta l'estate'/'tutto l'inverno'), *all year* (= 'tutto l'anno') e con i nomi delle stagioni.

in spring/in the spring   *in summer/in the summer*
in primavera   in estate/d'estate

3   In genere non si usa l'articolo *the*:

a   nelle seguenti espressioni comuni

to school   *at school*   *from school*   *to/at/from university/college*
to/at/in/into/from church   *to/in/into/out of bed/prison/hospital*
to/at/from work   *to/at sea*   *to/in/from town at/from home*
for/at/to breakfast/lunch/dinner/supper   *at night*
by car/bus/bicycle/plane/train/tube/boat
on foot   *go to sleep*   *watch television(TV)*   *on TV*

b   davanti ai nomi che seguono una forma possessiva (cfr. 277)

***John's** coat* (NON *the John's coat*)
la giacca di John

***America's** economic problems*
i problemi economici dell'America

c   con gli strumenti musicali quando si parla di jazz o musica pop

*This recording was made with Miles Davis **on trumpet**.*
Questa registrazione è stata fatta con Miles Davis alla tromba.

d   con gli sport e i giochi

play football   *play chess*
giocare a calcio   giocare a scacchi

e   con i titoli professionali e onorifici

Queen Elizabeth   *President Lincoln*   *Dr Wood*
La Regina Elisabetta   Il Presidente Lincoln   Il dottor Wood

Mrs Green
La signora Green

gli articoli (5): regole particolari ed eccezioni

- f con le malattie

    *I think I've **got measles**.* *She **has appendicitis**.*
    Penso di avere il morbillo. Ha l'appendicite.

    Notare che le espressioni seguenti sono generalmente precedute dall'articolo *a*.

    cold *headache* *temperature*
    raffreddore mal di testa febbre

    *I've got **a cold**, **a temperature** and **a headache**.*
    Ho il raffreddore, la febbre e il mal di testa.

- g con nomi geografici che indicano

    continenti (*Africa*)
    regioni (*Berkshire*)
    città (*Oxford*); fa eccezione **The** *Hague* (= 'L'Aja')
    strade (*New Street*)
    laghi (*Lake Michigan*)
    paesi e stati (*Brazil*), a meno che ci sia nel loro nome una parola come repubblica, stato, ecc. (**the** *People's Republic of China*, **the** *USA*); fa eccezione anche **the** *Netherlands* (= 'I Paesi Bassi').

4 Si usa l'articolo *a/an*:

- a con i nomi che indicano una professione

    *His father is **a doctor**.* (NON *His father is doctor*.)
    Suo padre fa il medico.

    *I don't want to be **a nurse**.* (NON *... to be nurse*.)
    Non voglio fare l'infermiera.

- b nelle esclamazioni dopo *what* con un nome singolare numerabile

    *What **a lovely dress**!* (NON *What lovely dress!*)
    Che bel vestito!

- c in espressioni che indicano la frequenza, la quantità, il prezzo, la velocità

    *twice **a week*** *70 miles **an hour***
    due volte la settimana 70 miglia all'ora

    *£2 **a dozen***
    due sterline la dozzina

5 Di solito gli articoli *a/an* e *the* si omettono in particolari stili della lingua scritta:

titoli di giornali	*man killed on mountain*
avvisi, ecc.	*super cinema, ritz hotel*
istruzioni	*Open packet at other end*
voci del dizionario	**palm** *inner surface of hand between wrist and fingers*
liste	*take car to garage; buy buttons; pay phone bill*
appunti	*J. thinks company needs new office*

▶ Per l'uso degli articoli con le abbreviazioni, cfr. 1.
Per l'uso di *the* nel doppio comparativo, cfr. 86.5.
Per *a* con *few* e *little*, cfr. 130.
Per *a* con *hundred*, *thousand*, ecc., cfr. 236.8.

43 *as*, *because* e *since*: frasi causali

Queste congiunzioni introducono una frase causale.
Di solito, se si vuole mettere in risalto la causa, si usa la frase causale con *because* dopo la frase principale.

> *I lost my job **because I was ill**.*
> Ho perso il lavoro perché ero malato.
>
> *I'm leaving **because I'm fed up**!*
> Me ne vado perché sono stufo!

Se, invece, la causa è già nota oppure non è la cosa più importante, si usano le causali con *as* e *since* (più formale), spesso prima della frase principale.

> ***As it's raining again**, we shall have to stay at home.*
> Poiché piove di nuovo, dovremo stare a casa.
>
> ***Since he had not paid his bill**, his electricity was cut off.*
> Poiché non aveva pagato la bolletta, gli tagliarono la corrente.

44 *as*: espressioni particolari

1 *As* si usa spesso in espressioni come *as you know* (= 'come sai'), *as we agreed* (= 'come d'accordo') e *as you suggested* (= 'come hai proposto/consigliato').

> *We visited Bath, **as you suggested**.*
> Siamo andati a Bath, come ci hai consigliato.
>
> ***As you know**, I'm now working for the sales department.*
> Come sai, adesso lavoro al reparto vendite.

2 *As long as* ha due significati:

a 'finché', 'per tutto il tempo che'
Introduce una frase dipendente temporale che, quando ha significato di futuro, richiede un tempo presente (cfr. 340.1).

> *I'll stay with you **as long as** you are here.*
> (NON . . . *as long as you will be here*.)
> Rimarrò con te finché starai qui.

b 'purché', 'a condizione che'

> *You can take my car **as long as** you don't smash it up.*
> Puoi prendere la mia macchina, purché tu non la sfasci.

3 *As far as* indica una distanza: = 'fino a'.

> *We walked **as far as the park**.*
> Siamo andati a piedi fino al parco.

As far as I know (= 'per quanto ne so') esprime un complemento di limitazione.

> ***As far as I know**, he has left a large fortune.*
> Per quanto ne so, ha lasciato una fortuna.

▶ Per *the same as*, cfr. 303
Per *such as*, cfr. 83.2

45 *as* e *like*

1 **somiglianza**

Per indicare che delle persone o cose sono simili, si possono usare *like* o *as*.

a   *Like* è una preposizione e precede un nome, un pronome complemento o la forma *-ing*.

> *like* + nome/pronome/*-ing*

*He ran **like the wind**.* (NON *... as the wind*.)
Corse come il vento.

*She's dressed just **like me**.*
È vestita proprio come me.

*It's **like getting** blood out of a stone.*
È come cavar sangue da una rapa.

Si usa *like* anche per fare degli esempi

*He's good at some subjects, **like mathematics**.* (NON *... as mathematics*.)
È bravo in alcune materie, come la matematica.

*I want to do something nice, **like going to a party**.*
Ho voglia di fare qualcosa di bello, come andare a una festa.

o per indicare delle caratteristiche.

*It's **like him** to lose his keys.*
È da lui perdere le chiavi. (È una sua caratteristica.)

b   *As* è una congiunzione e può essere seguita da una frase dipendente o da un complemento indiretto introdotto da preposizione.

> *as* + frase dipendente
> *as* + complemento indiretto

*Nobody knows her **as I do**.*
Nessuno la conosce come la conosco io.

*We often drink tea with the meal, **as they do** in China.*
Spesso beviamo il tè durante i pasti, come fanno in Cina.

*In 1939, **as in 1914**, everybody wanted war.*
Nel 1939, come nel 1914, tutti volevano la guerra.

*On Friday, **as on Tuesday**, the meeting will be at 8.30.*
Venerdì, come martedì, la riunione sarà alle 8,30.

Nell'inglese informale, e specialmente nell'inglese americano, si usa spesso *like* invece di *as*.

*Nobody loves you **like I do**.*
Nessuno ti ama come me.

▶ Per *like* = *as if*, cfr. 46.3.
Per *as much/many ... as*, cfr. 47.
Per *as ... as* = comparativo, cfr. 84.
Per *the same as*, cfr. 303.
Per particolari espressioni con *as*, cfr. 44.

2 funzione

Per parlare della funzione, del ruolo, della professione di una persona o dell'uso di un oggetto si usa *as*.

*He worked **as a waiter** for two years.* (NON *... like a waiter*.)
Ha lavorato due anni come cameriere.

*Please don't use your plate **as an ashtray**.*
Per favore, non usare il piatto come portacenere.

46 *as if* e *as though*

> *as if/though* + soggetto + verbo presente o passato
> *as if/though* + soggetto + verbo passato con significato presente

1 *As if* e *as though* hanno lo stesso significato: 'come se'.

*I felt **as if/though** I was dying.*
Mi sentivo morire/come se stessi morendo.

*It looks **as if/though** it's going to rain.*
Sembra che stia per piovere.

2 Per dare l'idea dell'irrealtà, dopo *as if/though* si può usare un tempo passato (con significato di presente) che corrisponde a un congiuntivo imperfetto italiano. Confrontare:

*He looks as if **he's** rich.*   *She talks as if **she was** rich.*
Sembra che sia ricco. (Forse lo è.)   Parla come se fosse ricca. (Ma non lo è.)

Con questo significato, nello stile formale si può usare *were* invece di *was*.

*She talks as if **she were** rich.*

3 Spesso si usa *like* invece di *as if/though*, specialmente nell'inglese americano. È molto informale.

*It looks **like** it's going to rain.*

47 *as much/many . . . as . . .*

Si usano *as much . . . as . . .* con i nomi non numerabili e *as many . . . as . . .* con i nomi plurali per esprimere un comparativo di uguaglianza nel confronto di quantità.

*I don't have **as much** free time **as** you.*
Non ho tanto tempo libero come te.

*There were not **as many** students **as** I expected.*
Non c'erano tanti studenti quanti mi aspettavo.

Si usano spesso nell'espressione *as much/many . . . as possible* che significa 'il più possibile'. Confrontare:

*We need **as much** time **as possible**.*
Abbiamo bisogno di quanto più tempo possibile.

*We need **as many** cars **as possible**.*
Abbiamo bisogno di quante più macchine possibile.

As much/many si può anche usare senza un nome.

> *I ate **as much as** I wanted.*
> Ho mangiato (tanto) quanto ho voluto.
>
> *Rest **as much as** possible.*
> Riposati il più possibile.
>
> *'Can I borrow some books?' 'Yes, **as many as** you like.'*
> 'Posso prendere qualche libro in prestito?' 'Sì, quanti ne vuoi.'

48 *as well as*

> nome/aggettivo/avverbio + *as well as* + nome/aggettivo/avverbio
> frase + *as well as* + *-ing* . . .
> *As well as* + *-ing* . . . + frase

1 *As well as* significa 'oltre a', 'non solo . . ., ma anche . . .'.

> *He's got a car **as well as** a motorbike.*
> Ha la macchina oltre alla moto.
>
> *She's clever **as well as** beautiful.*
> Non è solo bella, ma anche intelligente.

2 Quando *as well as* è seguito da un verbo, si usa la forma *-ing*.

> *Smoking is dangerous, **as well as making** you spend lots of money.*
> Fumare fa male, oltre a far spendere molti soldi.
>
> ***As well as breaking** his leg, he hurt his arm.*
> (NON *As well as he broke his leg*, . . .)
> Oltre a rompersi la gamba, si è fatto male al braccio.

Notare la differenza tra:

> *She sings **as well as playing** the piano.*
> Oltre a suonare il piano, canta.
>
> *She sings **as well as she plays** the piano.*
> Canta bene come suona il piano. (Fa bene le due cose.)

49 *as, when* e *while*

1
> *As/when/while A was happening, B happened.*
> *B happened as/when/while A was happening.*

As/When/While A was happening

AAAAAAAAAAAAAAAAAAAAAA (B) AAAAAAAAAAAAAAAAAAAAAA

B happened.

Per indicare che un'azione si stava svolgendo quando ne è accaduta un'altra, si possono usare *as, when* o *while*. Di solito si usa il **past progressive** (*was/were* + *-ing*) per l'azione più lunga (cfr. 262).

> ***As I was walking** down the street, I saw John driving a Porsche.*
> Mentre stavo camminando per la strada, vidi John che guidava una Porsche.

*The telephone rang **when I was having** a bath.*
Il telefono squillò quando stavo facendo il bagno.

***While they were playing** cards, somebody broke into the house.*
Mentre giocavano a carte, qualcuno entrò in casa di nascosto.

As, when e *while* si possono usare nello stesso modo anche col presente.

*Please don't interrupt me **when I'm speaking**.*
Per piacere non interrompermi quando sto parlando.

*I often get good ideas **while I'm shaving**.*
Spesso mi vengono delle buone idee mentre mi faccio la barba.

2 | *While A was happening, B was happening.*
While A happened, B happened. |

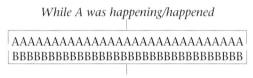

Per indicare che due azioni si sono svolte contemporaneamente per un certo tempo, si usa, di solito, *while* + **past progressive** o **past simple**.

***While you were reading** the newspaper, I **was working**.*
Mentre tu leggevi il giornale, io lavoravo.

*John **cooked** supper **while I watched** TV.*
John preparava la cena mentre io guardavo la TV.

È possibile usare anche i tempi presenti.

*After supper, I **wash up while** Mary **puts** the children to bed.*
Dopo cena, io lavo i piatti mentre Mary mette a letto i bambini.

3 | *As A happened, B happened.*
B happened as A happened. |

Se due azioni brevi sono avvenute contemporaneamente, si usa *as* + **past simple**.

***As** I opened my eyes I heard a strange voice.*
Quando aprii gli occhi udii una voce sconosciuta.

*The doorbell rang just **as** I picked up the phone.*
Il campanello della porta suonò proprio mentre alzavo la cornetta del telefono.

50 ask

1. ask *for* = chiedere per farsi dare qualcosa
   ask (senza *for*) = chiedere per farsi dire qualcosa

   *Don't **ask** me for money.* (NON *Don't ask me money.*)
   Non chiedermi dei soldi.

   *Don't **ask** me my name.* (NON *Don't ask me for my name.*)
   Non chiedermi il mio nome.

   ***Ask** for the menu.*
   Chiedi il menu.

   ***Ask** the price.*
   Chiedi il prezzo.

2. Se è indicata la persona a cui si chiede, questa segue immediatamente il verbo *ask* senza preposizione.

   *I'll **ask** that man the time.* (NON *I'll ask the time to that man.*)
   Chiederò l'ora a quell'uomo.

   ***Ask** him.* (NON *Ask to him.*)
   Chiedi a lui.

3. Dopo *ask* si può usare una frase con l'infinito per chiedere (a qualcuno) di fare qualcosa.

   ask + infinito

   *I **asked** to go home.*
   Chiesi di andare a casa.

   ask + persona + infinito

   *I **asked** John to buy some bread.*
   Chiesi a John di comprare del pane.

   ask + *for* + nome/pronome + infinito passivo

   *I **asked** for the parcel to be sent to my home address.*
   Chiesi che il pacco fosse spedito a casa mia.

51 *at, in* e *on* (luogo)

1. *At* indica la posizione in un punto.

   *It's very hot **at** the centre of the earth.*
   Fa molto caldo al centro della terra.

   *Turn right **at** the next traffic lights.*
   Gira a destra al prossimo semaforo.

   Può indicare anche un luogo grande, ma che noi pensiamo come un punto: una tappa di un viaggio, un punto d'incontro, un luogo dove avviene qualcosa.

   *You have to change trains **at** Didcot.*
   Devi cambiare treno a Didcot.

   *Let's meet **at** the station.*
   Incontriamoci alla stazione.

   *The plane stops for an hour **at** Frankfurt.*
   L'aereo ferma per un'ora a Francoforte.

2 *On* indica la posizione su una linea.

> *His house is **on** the way from Aberdeen to Dundee.*
> La sua casa si trova sulla strada che va da Aberdeen a Dundee.
>
> *Stratford is **on** the River Avon.*
> Stratford è sul fiume Avon.

Può indicare anche la posizione su una superficie.

> *Come on — supper's **on** the table!*
> Venite: la minestra è in tavola.
>
> *There's a big spider **on** the ceiling.*
> C'è un grosso ragno sul soffitto.
>
> *I'd prefer that picture **on** the other wall.*
> Preferirei quel quadro sull'altra parete.

3 *In* indica una posizione in uno spazio tridimensionale (quando qualcosa è circondato da ogni lato).

> *I don't think he's **in** his office.*
> Non credo che sia nel suo ufficio.
>
> *Let's go for a walk **in** the woods.*
> Andiamo a fare una passeggiata nei boschi.
>
> *I last saw her **in** the car park.*
> L'ultima volta l'ho vista nel parcheggio.

4 Si usa *on* (e *off*) con gli autobus, gli aerei e i treni.

> *He's arriving **on** the 3.15 train.*
> Arriva col treno delle 3,15.
>
> *There's no room **on** the bus; let's get off again.*
> Non c'è posto sull'autobus, scendiamo di nuovo.

5 Negli indirizzi si usa *at* se c'è il numero di casa.

> *She lives **at** 73 Albert Street.*
> Abita in Albert Street numero 73.

Si usa *in* se c'è solo il nome della via.

> *She lives **in** Albert Street.*
> Abita in Albert Street.

Si usa *on* per il numero del piano.

> *She lives in a flat **on** the third floor.*
> Abita in un appartamento al terzo piano.

6 Imparare queste espressioni:

> ***in** the sky*   ***in** the sun/rain*   ***in** the street*   ***in** the newspaper*
> nel cielo   sotto il sole/la pioggia   per la strada   sul giornale
>
> ***in** bed/hospital/prison/church*
> a letto/all'ospedale/in prigione/in chiesa
>
> ***at** home/school/work/university* (*college*)
> a casa/a scuola/al lavoro/all'università
>
> ***on** page 53*   ***on** the left/right*
> a pagina 53   a sinistra/destra

Notare che, di solito, *at* si pronuncia /ət/, non /æt/ (cfr. 296).

52 *at*, *in* e *on* (tempo)

> *at* + ore o momenti precisi
> *in* + parti del giorno
> *on* + giorni
> *at* + weekend e vacanze
> *in* + periodi più lunghi

1 ore

*I usually get up **at six o'clock**.*
Di solito mi alzo alle sei.

*I'll meet you **at 4.15**.*
Ti incontrerò alle 4,15.

*Phone me **at lunch time**.*
Telefonami all'ora di pranzo.

Nell'inglese informale si dice *What time . . ?* (***At** what time . . ?* è corretto, ma poco usato.)

***What time** does your train leave?*
A che ora parte il tuo treno?

2 parti del giorno

*I work best **in the morning**.*
Lavoro meglio di mattina.

*three o'clock **in the afternoon***
le tre del pomeriggio

*We usually go out **in the evening**.*
Di solito usciamo la sera.

Eccezione: ***at** night*

Si usa *on* quando si indica di quale mattino, pomeriggio, ecc. si parla o se si vuole descrivere un mattino, pomeriggio, ecc.

*See you **on Monday morning**.*
Ci vediamo lunedì mattina.

*It was **on a cold afternoon** in early spring.*
Accadde un freddo pomeriggio all'inizio della primavera.

3 giorni

*I'll phone you **on Tuesday**.*
Ti telefonerò martedì.

*My birthday's **on March 21st**.*
Il mio compleanno è il 21 marzo.

*They're having a party **on Christmas Day**.*
Faranno una festa il giorno di Natale.

Nella lingua parlata informale talvolta si omette *on*. (Questo è molto comune nell'inglese americano.)

*I'm seeing her **Sunday morning**.*
La vedrò domenica mattina.

Notare l'uso del plurale (*Sundays, Mondays,* ecc.) quando si parla di azioni ripetute.

> *We usually go to see Granny **on Sundays**.*
> Di solito andiamo a trovare la nonna la domenica.

4 weekend e vacanze

Si usa *at* per indicare le vacanze di Natale, Capodanno, Pasqua e *Thanksgiving* (USA).

> *Are you going away **at Easter**?*
> Andate via a Pasqua?

Ma si usa *on* per indicare un giorno preciso delle vacanze.

> *It happened **on Easter Monday**.*
> Accadde il lunedì di Pasqua.

Per il weekend gli inglesi usano *at* e gli americani usano *on*.

> *What did you do **at the weekend**?*
> Che cosa hai fatto nel weekend?

5 periodi più lunghi

> *It happened **in the week** after Christmas.*
> Accadde la settimana dopo Natale.
>
> *I was born **in March**.*
> Sono nato a marzo.
>
> *Kent is beautiful **in Spring**.*
> Il Kent è bello in primavera.
>
> *He died **in 1616**.*
> Morì nel 1616.
>
> *Our house was built **in the 15th Century**.*
> La nostra casa fu costruita nel XV secolo.

6 espressioni senza preposizione

Non si usano preposizioni davanti a *next, last, this, one, any, each, every, some* e *all* nelle espressioni di tempo.

> *See you **next week**.*
> Arrivederci alla prossima settimana.
>
> *Are you free **this morning**?*
> Sei libera stamattina?
>
> *Let's meet **one day**.*
> Vediamoci uno di questi giorni.
>
> *Come **any time**.*
> Vieni a qualsiasi ora.
>
> *I'm at home **every evening**.*
> Sono a casa tutte le sere.
>
> *We stayed **all day**.*
> Ci fermammo tutto il giorno.

Non si usano preposizioni davanti a *yesterday, the day before yesterday, tomorrow, the day after tomorrow*.

> *What are you doing **the day after tomorrow**?*
> Che cosa fai dopodomani?

Notare che, di solito, *at* si pronuncia /ət/, non /æt/ (cfr. 296).

53 *at all*

1 Spesso si usa *at all* per rafforzare una frase negativa.
> *I **don't** like her **at all**.*
> Non mi piace affatto.
>
> *This restaurant is **not at all** expensive.*
> Questo ristorante non è per niente caro.

2 *At all* si usa anche con *hardly*, nelle domande e dopo *if*.
> *She **hardly** eats anything **at all**.*
> Non mangia quasi nulla.
>
> *Do you sing **at all**?*
> Sai cantare (almeno un po')?
>
> *I'll come in the morning if I come **at all**.*
> Se vengo, vengo di mattina.

3 *Not at all* si può usare come replica cortese a qualcuno che ringrazia (= 'prego').
> '*Thanks for your help.*' '***Not at all**.*'
> 'Grazie del tuo aiuto.' 'Prego.'

▶ Notare che in inglese non sempre si risponde ad espressioni di ringraziamento.

54 gli ausiliari

I verbi ausiliari sono molto importanti in inglese perché ci sono solo due tempi verbali semplici (**simple present** e **simple past** alla forma affermativa); tutti gli altri si formano con l'aiuto degli ausiliari.

Gli ausiliari si dividono in due gruppi:

a *be, have, do* svolgono importanti funzioni grammaticali: *be* serve per costruire le forme progressive e il passivo, *have* per formare i tempi **perfect**, *do* per fare la forma interrogativa e negativa dei tempi **simple**.

b *can, could, may, might, must, will, would, shall, should, ought* (**modal auxiliaries**) danno particolari significati ai verbi che accompagnano: indicano, per esempio, la possibilità o la probabilità o la necessità di un'azione.

Be, have, do possono anche essere verbi ordinari.

I verbi ausiliari hanno le seguenti caratteristiche:
- accompagnano un altro verbo
- forma interrogativa = ausiliare + soggetto
- forma negativa = soggetto + ausiliare + *not*
- si usano: nelle **short answers** (cfr. 301)
  nelle **reply questions** (cfr. 141)
  nelle **question tags** (cfr. 142)

55 gli avverbi (1): posizione (regole generali)

Tipi diversi di avverbi occupano posizioni diverse nella frase. Ecco alcune regole generali: per maggiori particolari, cfr. 56. (Queste regole si applicano sia agli avverbi che alle locuzioni avverbiali formate da due o più parole.)

1 verbo e complemento oggetto

Di solito non si mettono gli avverbi fra un verbo e il suo complemento oggetto.

... avverbio + verbo + oggetto

I **very much** like my job. (NON *I like very much my job.*)
Mi piace molto il mio lavoro.

verbo + oggetto + avverbio

She speaks English **well**. (NON *She speaks well English.*)
Parla bene l'inglese.

2 posizione iniziale, intermedia e finale

Normalmente ci sono tre posizioni possibili per gli avverbi:

a all'inizio della frase

   Yesterday morning something very strange happened.
   Ieri mattina è accaduto qualcosa di molto strano.

b all'interno della frase (vicino al verbo; per la posizione esatta, cfr. 56)

   My brother **completely** forgot my birthday.
   Mio fratello si è dimenticato completamente del mio compleanno.

c alla fine della frase

   What are you doing **tomorrow**?
   Che cosa fai domani?

La maggior parte delle locuzioni avverbiali (formate da due o più parole) si trova soltanto all'inizio o alla fine della frase. Confrontare:

He got dressed **quickly**.   He **quickly** got dressed.
Si vestì in fretta.
(*Quickly* può stare in posizione finale o intermedia.)

He got dressed **in a hurry**. (NON *He in a hurry got dressed.*)
Si vestì in fretta.
(*In a hurry* non può stare in posizione intermedia.)

3 tipi di avverbi e loro posizione

a posizione iniziale

Si trovano in posizione iniziale quegli avverbi che introducono la frase collegandola a ciò che precede. Anche gli avverbi di tempo si possono trovare all'inizio della frase.

However, not everybody agreed. (avverbio 'di collegamento')
Comunque, non tutti si trovarono d'accordo.

Tomorrow I've got a meeting in Cardiff. (avverbio di tempo)
Domani ho una riunione a Cardiff.

b posizione intermedia

Si trovano in posizione intermedia: gli avverbi di frequenza indefinita (cfr. 56.2); gli avverbi di focalizzazione (cfr. 56.3); gli avverbi di certezza (cfr. 56.4) e di completezza (cfr. 56.5); alcuni avverbi di modo (cfr. 56.6).

*He's been everywhere — he's **even** been to Antartica.* (focalizzazione)
È stato dappertutto: è perfino stato nell'Antartide.

*It will **probably** rain this evening.* (certezza)
Probabilmente stasera pioverà.

*I've **almost** finished painting the house.* (completezza)
Ho quasi finito di dipingere la casa.

*My boss **often** travels to America.* (frequenza indefinita)
Il mio capo va spesso in America.

*He **quickly** got dressed.* (modo)
Si vestì in fretta.

c posizione finale

Si trovano generalmente alla fine della frase gli avverbi di modo, di luogo e di tempo. (Per maggiori particolari, cfr. 56.6-9.)

*She brushed her hair **slowly**.*
Si spazzolò i capelli lentamente.

*The children are playing **upstairs**.*
I bambini stanno giocando di sopra.

*I phoned Alex **this morning**.*
Ho telefonato ad Alex stamattina.

56 gli avverbi (2): posizione (regole particolari)

(Leggere prima la sezione 55.)

1 avverbi 'di collegamento'

Collegano una frase a ciò che precede.
Esempi: *however, then, next, besides, anyway*
Posizione: iniziale

*Some of us wanted to change the system; **however** not everybody agreed.*
Alcuni di noi volevano cambiare l'impianto; non tutti, però, furono d'accordo.

*I worked without stopping until five o'clock. **Then** I went home.*

Lavorai senza interruzione fino alle cinque. Poi andai a casa.

Next, I want to say something about the future.
Inoltre, voglio dire qualcosa sul futuro.

2 frequenza indefinita

Indicano la frequenza con cui avviene qualcosa.
Esempi: *always, ever, usually, normally, often, frequently, sometimes, occasionally, rarely, seldom, never*
Posizione: intermedia (dopo gli ausiliari e il verbo *be*, prima degli altri verbi).

> ausiliare + avverbio

I **have never** seen a whale.
Non ho mai visto una balena.

You **can always** come and stay with us if you want to.
Puoi sempre venire a stare da noi, se vuoi.

Have you **ever** played American football?
Hai mai giocato a football americano?

> *be* + avverbio

My boss **is often** bad-tempered.
Il mio capo è spesso di cattivo umore.

I**'m seldom** late for work.
Raramente arrivo in ritardo al lavoro.

> avverbio + altro verbo

We **usually go** to Scotland in August.   It **sometimes gets** very windy here.
Di solito andiamo in Scozia in agosto.   A volte qui c'è molto vento.

Quando ci sono due ausiliari, questi avverbi, di solito, stanno dopo il primo.

We **have never been invited** to one of their parties.
Non siamo mai stati invitati a una delle loro feste.

She **must sometimes have wanted** to run away.
Qualche volta deve aver avuto voglia di scappare.

Usually, normally, often, frequently, sometimes e *occasionally* si possono trovare all'inizio della frase quando si vuole metterli in rilievo.
Always, never, rarely, seldom e *ever* non possono iniziare la frase.

Sometimes I think I'd like to live somewhere else.
Qualche volta penso che vorrei vivere altrove.

Usually I get up early.
Di solito mi alzo presto.
(NON *Always I get up early. Never I get up early.*)

Ma *always* e *never* possono iniziare una frase imperativa.

Always look in your mirror before starting to drive.
Guarda sempre lo specchietto prima di partire con la macchina.

Never ask her about her marriage.
Non chiederle mai del suo matrimonio.

Gli avverbi di frequenza definita come *daily, weekly*, ecc. si comportano come gli avverbi di tempo (cfr. 56.8).

3 avverbi di focalizzazione

Rafforzano o mettono in risalto una parte della frase.
Esempi: *also, just, even, only, mainly, mostly, either, neither, nor*
Posizione: intermedia (dopo gli ausiliari e il verbo *be*; davanti agli altri verbi).

> ausiliare + avverbio

*He's been everywhere — he's **even** been to Antartica.*
È stato dappertutto; è stato perfino nell'Antartide.

*I'**m only** going for two days.*
Vado soltanto per due giorni.

> be + avverbio

*She's my teacher, but she'**s also** my friend.*
È la mia insegnante, ma è anche un'amica.

*The people at the meeting **were mainly** scientists.*
Le persone al convegno erano soprattutto scienziati.

> avverbio + altro verbo

*Your bicycle **just needs** some oil — that's all.*
La tua bicicletta ha solo bisogno di un po' d'olio: tutto qui.

*She **neither** said thank you **nor looked** at me.*
Non mi ha né ringraziato né guardato.

Too e *as well* appartengono a questo tipo di avverbi, ma si trovano alla fine della frase (cfr. 24).
Either si colloca alla fine della frase dopo *not* (cfr. 226).

4 avverbi di certezza

Esprimono il grado di certezza o incertezza di qualcosa.
Esempi: *certainly, definitely, clearly, obviously, probably, really*
Posizione: intermedia (dopo gli ausiliari e il verbo *be*; davanti agli altri verbi.)

> ausiliare + avverbio

*It **will probably** rain this evening.*
Probabilmente stasera pioverà.

*The train **has obviously** been delayed.*
Evidentemente il treno ha subito un ritardo.

> be + avverbio

*There is **clearly** something wrong.*
Chiaramente c'è qualcosa che non va.

*She's **definitely** older than him.*
Lei è decisamente più vecchia di lui.

> avverbio + altro avverbio

*He **probably thinks** you don't like him.*
Probabilmente lui pensa di non piacerti.

*I **certainly feel** better today.*
Oggi mi sento certamente meglio.

Maybe e *perhaps*, di solito, si trovano all'inizo della frase.

> **Perhaps** *her train is late.*
> Forse il suo treno è in ritardo.
>
> **Maybe** *I'm right, and maybe I'm wrong.*
> Forse ho ragione e forse ho torto.

5 avverbi di completezza

Indicano la completezza o meno di un'azione.
Esempi: *completely, practically, almost, nearly, quite, rather, partly, sort of, kind of, hardly, scarcely*
Posizione: intermedia (dopo gli ausiliari e il verbo *be*; davanti agli altri verbi.)

> ausiliare + avverbio
>
> *I* **have completely** *forgotten your name.*
> Ho completamente dimenticato il tuo nome.
>
> *Sally* **can practically** *read.*
> Sally praticamente sa leggere.

> be + avverbio
>
> *It* **is almost** *dark.*
> È quasi buio.
>
> *The house* **is partly** *ready.*
> La casa è pronta (solo) in parte.

> avverbio + altro verbo
>
> *I* **kind of hope** *she wins.*
> Spero quasi che vinca.

6 avverbi di modo

Indicano in che modo avviene o si fa qualcosa.
Esempi: *angrily, happily, fast, slowly, suddenly, well, badly, nicely, noisily, quietly, hard, softly*
Posizione: spesso alla fine della frase, specialmente se si vuole accentuare l'avverbio. Gli avverbi in *-ly* possono avere la posizione intermedia se l'avverbio è meno importante del verbo e dell'oggetto. Si possono trovare anche all'inizio della frase.

> posizione finale
>
> *He drove off* **angrily**.
> Con rabbia mise in moto la macchina e partì.
>
> *You speak English* **well**.
> Parli bene l'inglese.
>
> *She read the letter* **slowly**.
> Lesse la lettera lentamente.

> posizione intermedia
>
> *She* **angrily** *tore up the letter.*
> Strappò la lettera con rabbia.
>
> *I* **slowly** *began to feel better again.*
> Cominciai lentamente a riprendermi.

> **posizione iniziale**
>
> ***Suddenly*** *I had an idea.*
> Improvvisamente mi venne un'idea.

Nelle frasi passive gli avverbi di modo precedono spesso il participio passato. Questo accade generalmente con avverbi che indicano come si fa una cosa (per esempio *well, badly*).

> **avverbio + participio passato**
>
> *Everything has been **carefully checked**.*
> Tutto è stato controllato attentamente.
>
> *I thought it was very **well written**.*
> Pensai che era molto ben scritto.
>
> *The conference was **badly organized**.*
> Il convegno era mal organizzato.

7 avverbi (ed espressioni) di luogo

Indicano il luogo di un'azione.
Esempi: *upstairs, around, here, there, in, out, away, abroad, to bed, in London, out of the window*
Posizione: alla fine della frase. Talvolta anche all'inizio, specialmente nella forma letteraria.

> *The children are playing **upstairs**.*
> I bambini stanno giocando di sopra.
>
> *Come and sit **here**.*
> Vieni a sederti qui.
>
> *Don't throw orange peel **out of the window**.*
> Non buttare le bucce d'arancia fuori dalla finestra.
>
> *She's sitting **at the end of the garden**.*
> È seduta in fondo al giardino.
>
> ***At the end of the garden*** *there was a very tall tree.*
> In fondo al giardino c'era un albero altissimo.

Gli avverbi di movimento precedono quelli di stato.

> *The children are running **around in the garden**.*
> I bambini stanno correndo su e giù nel giardino.

Here e *there* spesso iniziano la frase. In tal caso, determinano una costruzione particolare.

> **Here/There + verbo + soggetto**
>
> ***Here*** *comes your bus.* (NON *Here your bus comes*.)
> Ecco che arriva il tuo autobus.
>
> ***There's*** *Alice.*
> Ecco là Alice.

Se il soggetto è un pronome, segue immediatamente *here* e *there*.

> *Here **it** comes.* (NON *Here comes it*.)
> Eccolo che arriva.
>
> *There **she** is.* (NON *There is she*.)
> Eccola là.

8 avverbi (ed espressioni) di tempo

Indicano quando avviene un'azione.
Esempi: *today, afterwards, in June, last year, daily, weekly, every year, finally, before, eventually, already, soon, still, last.*
Posizione: generalmente alla fine, ma anche all'inizio della frase. Alcuni possono stare in posizione intermedia (vedere più avanti). Gli avverbi di frequenza indefinita (*often, ever,* ecc.) vanno in posizione intermedia (cfr. 56.2).

*I'm going to London **today**.*
***Today** I'm going to London.*
Oggi vado a Londra.

*She has a new hair style **every week**.*
***Every week** she has a new hair style.*
Ogni settimana ha una pettinatura nuova.

Gli avverbi in *-ly* possono stare in posizione intermedia, come pure *already, soon* e *last*. *Still* e *just* si trovano sempre in posizione intermedia.

*So you **finally** got here.*
Così alla fine ci sei arrivato.

*I've **already** paid the bill.*
Ho già pagato il conto.

*We'll **soon** be home.*
Saremo presto a casa.

*When did you **last** see your father?*
Quando hai visto tuo padre per l'ultima volta?

*I **still** love you.*
Ti amo ancora.

*She's **just** gone out.*
È appena uscita.

9 modo, luogo, tempo

Alla fine di una frase gli avverbi seguono, di solito, questo ordine: modo, luogo, tempo.

*I went **there at once**.* (NON *I went at once there.*)
Andai subito là.

*Let's go **to bed early**.* (NON *. . . early to bed.*)
Andiamo a letto presto.

*I worked **hard yesterday**.*
Ieri ho lavorato molto.

*She sang **beautifully in the town hall last night**.*
Ha cantato benissimo ieri sera al municipio.

Con i verbi di movimento gli avverbi di luogo precedono spesso quelli di modo.

*She went **home quickly**.*
Andò a casa in fretta.

10 posizione enfatica

Gli avverbi che vanno in posizione intermedia possono precedere gli ausiliari e il verbo *be* nella forma enfatica. Confrontare:

*She **has** certainly made him angry.*
*She certainly **HAS** made him angry!*
L'ha fatto certamente arrabbiare!

*I'**m** really sorry.   I really **AM** sorry.*
Mi dispiace davvero.

'*Polite people **always** say thank you.*'   '*I **always** DO say thank you.*'
'Le persone cortesi ringraziano sempre.'   'Ma io ringrazio sempre!'

11 altre posizioni

Alcuni avverbi possono trovarsi vicino alle parole od espressioni a cui si riferiscono. I principali sono *just, almost, only, really, even, right, terribly*.

*I'll see you in the pub **just before eight o'clock**.*
Ci vediamo al pub poco prima delle otto.

*I've read the book **almost to the end**.*
Ho letto il libro fin quasi alla fine.

***Only you** could do a thing like that.*
Solo tu potevi fare una cosa simile.

*I feel **really tired**.*
Sono proprio stanca.

*He always wears a coat, **even in summer**.*
Porta sempre il cappotto, anche d'estate.

57 gli avverbi (3): con o senza -*ly*

1 Molti avverbi di modo si formano dall'aggettivo aggiungendo la desinenza -*ly*.

*She sang **beautifully**. (beautiful + -ly)*
Cantò magnificamente.

*We'll have to think **quickly**. (quick + -ly)*
Dovremo pensare velocemente.

2 Alcuni avverbi hanno due forme: una uguale all'aggettivo, l'altra con la desinenza -*ly*. I due avverbi hanno spesso significato diverso. Ecco un elenco dei più comuni:

*Come **close**.*
Vieni vicino.

*I want to study it **closely**.*
Voglio studiarlo attentamente.

*Throw it as **high** as you can.*
Lancialo più in alto che puoi.

*It's **highly** amusing.*
È molto divertente.

*He's **just** gone out.*
È appena uscito.

*He was **justly** punished for his crimes.*
Fu giustamente punito per le sue colpe.

*I hate arriving **late**.*
Odio arrivare in ritardo.

*I haven't seen them **lately**.*
Non li ho visti ultimamente.

*He opened the door **wide**.*	*He has travelled **widely**.*
Aprì la porta completamente.	Ha viaggiato in lungo e in largo.
*Stay **near**.*	*It's **nearly** time to leave.*
Stai vicino.	È quasi ora di partire.
*Don't work so **hard**!*	*I **hardly** knew her.*
Non lavorare tanto!	La conoscevo appena.
*Which one did you like **most**?*	*My friends are **mostly** writers.*
Quale ti è piaciuto di più?	I miei amici sono soprattutto scrittori.

3   Gli avverbi *loud* e *slow* usano la stessa forma degli aggettivi, senza differenza di significato, solo nello stile informale. Confrontare:

*Drive **slow** — I think we're nearly there.*
Vai piano: penso che siamo quasi arrivati.

*Don't shout so **loud**!*
Non gridare così forte!

*Could you please speak a little more **slowly/loudly**?* (più formale)
Potrebbe parlare un po' più lentamente/forte per favore?

L'avverbio *fast* ha un'unica forma. Cfr. 128.

▶ Per le regole d'ortografia degli avverbi con *-ly*, cfr. 249.

58 *be* con l'ausiliare *do*

do + be + aggettivo/nome
don't + be + aggettivo/nome

1   Si usa *Don't be . . .* per dare consigli e ordini.

Don't be afraid.   **Don't be** a fool!
Non temere.   Non essere sciocco!

Nelle frasi affermative, di solito, si usa *Be*.

Be careful!
Sta' attento!

Ma per dare maggiore forza al consiglio o all'ordine, si usa *Do be*.

Do be careful, please!   **Do be** quiet, for God's sake!
Fa' attenzione, per piacere!   Sta' zitto, per amor di Dio!

2   Negli altri casi con *be* non si usa *do*.

I am not often lonely. (NON *I do not often be lonely.*)
Non mi capita spesso di sentirmi solo.

59 *be*: usi particolari

1. In inglese si usa spesso il verbo *be* + aggettivo per indicare uno stato o una condizione particolare; corrisponde all'italiano 'avere + nome'.

	afraid		paura
	ashamed		vergogna
	cold/hot		freddo/caldo
be	*hungry/thirsty*	= avere	fame/sete
	right/wrong		ragione/torto
	sleepy		sonno

   In qualche caso, *be* corrisponde all'italiano 'stare'.

be	*well/fine*	=	stare	bene
	ill			male

2. Il verbo *be* si usa per esprimere l'età (cfr. 116).

be + numero	*be* + numero + *years old*
*He **is** thirty-five.*	*He **is** thirty-five years old.*
Ha trentacinque anni.	Ha trentacinque anni.

3. Si usa *be* per indicare:

   il prezzo

   > *'How much **is** it?' 'It's two pounds.'*
   > 'Quanto costa?' 'Costa due sterline.'

   la distanza

   > *'How far **is** Oxford from London?' 'It's fifty-seven miles.'*
   > 'Quanto dista Oxford da Londra?' 'Dista cinquantasette miglia.'

   la misura

   > *It's four metres long/deep/tall.*
   > È lungo/profondo/alto quattro metri.

   la professione

   > *'What's his job?' 'He's a postman.'*
   > 'Che lavoro fa?' 'Fa il postino.'

4. *be*: forma progressiva

I am being/you are being, ecc. + aggettivo/nome

   La forma *be* + *being*, col verbo *be* al presente o al passato, si può usare per descrivere l'atteggiamento di qualcuno, ma quasi mai il suo stato d'animo.

You're being stupid.	*I was being careful.*
Ti stai comportando da stupido.	Agivo con cautela.

   MA

   > *I'm happy just now.* (NON *I'm being happy just now.*)
   > In questo momento sono felice.

   > *I was very depressed when you phoned.* (NON *I was being very depressed.*)
   > Quando hai telefonato, ero molto depresso.

60 *be* + infinito

> *I am to ..., you are to ...,* ecc.

1. Questa struttura si usa nello stile formale per indicare dei programmi, specialmente se sono ufficiali.

    *The President **is to visit** Nigeria next month.*
    Il Presidente visiterà la Nigeria il mese prossimo.

    *We **are to get** a 10 per cent wage rise in June.*
    In giugno avremo un aumento di salario del 10 per cento.

2. Si usa questa struttura anche per dare ordini. I genitori la usano spesso con i figli.

    *You **are to eat** all your supper before you watch TV.*
    Devi mangiare tutta la cena prima di guardare la TV.

    *She can go to the party, but she's **not to be** back late.*
    Può andare alla festa, ma non deve tornare tardi.

3. Si trova spesso *be* + infinito passivo negli avvisi e nelle istruzioni.

    *(This form is) **to be filled in** in ink.*
    (Questo modulo è) da compilare a penna.

    Talvolta il soggetto e il verbo *be* si possono sottintendere.

    ***To be taken** three times a day after meals.*
    Da prendersi tre volte al giorno dopo i pasti.

▶ Per altri modi di esprimere il futuro, cfr. 147–153.

61 *because* e *because of*

> frase + *because* + frase
> *because* + frase, + frase
> *because of* + nome/pronome

Because (= 'perché', 'poiché') è una congiunzione causale.

*I was worried **because** Mary was late.*
Ero preoccupato perché Mary era in ritardo.

***Because** I was tired, I went home.*
Poiché ero stanco, sono andato a casa.

Because of (= 'a causa di') è una preposizione.

*I was late **because of** the rain.*
Arrivai in ritardo a causa della pioggia.

▶ Per la differenza tra *as*, *because* e *since*, cfr. 43.

62 *before* (avverbio)

1. L'avverbio *before* può significare 'prima di adesso' e si usa con il **present perfect** (*have* + participio passato).

   ***Have** you seen this film **before**?*
   Hai già visto questo film? (= L'hai mai visto prima?)

   *I've never **been** here **before**.*
   Non sono mai stato qui (prima di adesso).

   Può anche significare 'prima di allora' e si usa con il **past perfect** (*had* + participio passato).

   *She realized that she **had seen** him **before**.*
   Capì che l'aveva già visto.

2. Con espressioni come *three days before, a year before, a long time before*, il significato è 'prima di allora' e si usa il **past perfect**.

   *When I went back to the school that I **had left eight years before**, everything was different.*
   Quando ritornai alla scuola che avevo lasciato otto anni prima, tutto era diverso.

63 *before* (congiunzione)

1. La congiunzione *before* (= 'prima di/che') è generalmente seguita da un verbo coniugato, mai dall'infinito.

   > frase + *before* + frase
   > *before* + frase, + frase

   Se nella frase principale c'è un presente, dopo *before*, di solito, c'è un presente.

   *He usually puts out all the lights **before he leaves** the office.*
   (NON *... before to leave the office*.)

   OPPURE

   ***Before he leaves** the office, he usually puts out all the lights.*
   (NON *Before to leave the office, ...*)
   Di solito spegne tutte le luci prima di lasciare l'ufficio.

   Notare la virgola nella seconda costruzione.

   Se nella frase principale c'è un passato, dopo *before*, di solito, c'è un passato.

   *I bought a lot of new clothes **before I went** to America.*
   ***Before I went** to America, I bought a lot of new clothes.*
   (NON *... before/Before to go to America ...*)
   Prima di andare in America, mi sono comprato molti vestiti nuovi.

   Se nella frase principale c'è un futuro, dopo *before* ci sarà un presente.

   *I'll telephone you **before you leave**.* (NON *... before you will leave.*)
   Ti telefonerò prima che tu parta.

2 Nello stile formale, spesso si usa la forma *-ing* dopo *before*.

> *Please put out all the lights **before leaving** the office.*
> Per piacere spegni tutte le luci prima di lasciare l'ufficio.
>
> ***Before beginning** the book, he spent five years on research.*
> Prima di cominciare il libro, ha impiegato cinque anni a fare delle ricerche.

64 *before, in front of* e *opposite*

1 La preposizione *before* (= 'prima di') si riferisce al tempo.

> *I must move my car **before nine o'clock**.*
> Devo spostare la macchina prima delle nove.

2 *In front of* (= 'davanti a') e *opposite* (= 'di fronte a') si riferiscono allo spazio. *In front of* è l'opposto di *behind* (= 'dietro').

> *My car is parked **in front of the post office**.*
> La mia macchina è posteggiata davanti all'ufficio postale.

Opposite significa 'di fronte', ma dall'altra parte di una strada, un fiume, una stanza, ecc. Anche *facing* ha lo stesso uso.

> *There's a pub **opposite** (facing) my house.* (NON . . . ~~in front of my house~~.)
> C'è un pub di fronte a casa mia.

in front of   opposite

Notare la differenza tra *in front of* (opposto = *behind*) e *in/at the front of* (opposto = *in/at the back*).

> *I always prefer to travel **in/at the front** of the train.*
> Preferisco sempre viaggiare nella parte davanti del treno.

65 *begin* e *start*

1 Di solito non c'è differenza tra *begin* e *start*.

> *I **started/began** teaching when I was twenty-four.*
> Cominciai ad insegnare quando avevo ventiquattro anni.
>
> *If John doesn't come soon, let's **start/begin** without him.*
> Se John non arriva tra poco, cominciamo senza di lui.

Si preferisce *start* quando si parla di un'attività che si svolge regolarmente, che finisce e ricomincia.

> It's **starting** to rain.
> Comincia a piovere.
>
> What time do you **start** teaching tomorrow morning?
> A che ora inizi le lezioni domattina?

Si preferisce *begin* quando si parla di azioni lunghe e lente e quando si usa uno stile più formale.

> Very slowly, I **began** to realize that there was something wrong.
> Molto lentamente, cominciai a capire che qualcosa non andava.
>
> We will **begin** the meeting with a message from the President.
> Cominceremo la riunione con un messaggio del Presidente.

2 *Start* (ma non *begin*) si usa col significato di:

a 'partire', 'mettersi in viaggio'

> I think we ought to **start** at six, while the roads are still empty.
> Penso che dovremmo partire alle sei, quando le strade sono ancora vuote.

b 'mettersi in moto' (di qualsiasi genere di macchina)

> The car won't **start**.
> La macchina non parte.

c 'mettere in moto una macchina'

> How do you **start** the washing machine?
> Come si attacca la lavatrice?

▶ Per l'uso dell'infinito e della forma *-ing* dopo *begin* e *start*, cfr. 193.11.

66 *big, large e great*

1 *Big* si usa soprattutto nello stile informale; *big* + nome equivale, spesso, a un accrescitivo in italiano.

> We've got a **big** new house.
> Abbiamo una grande casa nuova.
>
> Get your **big** feet off my flowers.
> Togli i tuoi piedoni dai miei fiori.
>
> That's a really **big** improvement.
> È davvero un grosso miglioramento.
>
> You're making a **big** mistake.
> Stai facendo un grosso errore.

Large e *great* si usano in uno stile un po' più formale. *Large* si usa con i nomi concreti, *great* con i nomi astratti.

> It was a **large** house, situated near the river.
> Era una casa grande, situata vicino al fiume.
>
> I'm afraid my daughter has rather **large** feet.
> Purtroppo mia figlia ha dei piedi molto grandi.
>
> Her work showed a **great** improvement last year.
> Il suo lavoro mostrò grandi progressi l'anno scorso.

2 Con i nomi non numerabili si usa soltanto *great*.

> *There was **great** confusion about the dates.* (NON . . . ~~big confusion~~ . . .)
> Ci fu una gran confusione riguardo alle date.
>
> *I had **great** difficulty in getting through on the phone.*
> Ho avuto molte difficoltà a ottenere la linea.

Altri nomi che si usano con *great*:

ignorance	*importance*	*sorrow*	*charm*
ignoranza	importanza	dolore	fascino
concentration	*excitement*	*care*	
concentrazione	agitazione	cura/attenzione	

3 *Great* significa anche 'importante', 'famoso'.

> *Do you think Napoleon was really a **great** man?*
> Pensi che Napoleone sia stato davvero un grand'uomo?
>
> *Newton was probably the **greatest** scientist who ever lived.*
> Newton fu probabilmente il più grande scienzato che sia mai esistito.

4 A volte si usa *great* col significato di 'stupendo', 'meraviglioso' (molto informale).

> *I've had a **great** idea!*
> Ho avuto un'idea stupenda!
>
> *'How's the new job?' '**Great**.'*
> 'Com'è il nuovo lavoro?' 'Ottimo.'
>
> *It's a **great** car.*
> È una gran macchina.

▶ Per *large* e *wide*, cfr. 124.
Per *tall* e *high,* cfr. 337.

67 born

In inglese non esiste il verbo 'nascere'; si usa la forma passiva *to be born* che significa letteralmente 'essere generato/partorito'.

> *Hundreds of children **are born** deaf every year.*
> Ogni anno, centinaia di bambini nascono sordi.

Quando si parla della data o del luogo di nascita di una persona, bisogna usare il passato.

> *I **was born** in 1936.* (NON ~~I am born in 1936.~~)
> Sono nato nel 1936.
>
> *My parents **were** both **born** in Scotland.*
> I miei genitori sono nati entrambi in Scozia.

68 *both* (*of*) con nomi e pronomi

1. *Both (of)* può precedere un nome o un pronome. Se il nome è accompagnato da un determinante (per esempio *the, my, these*), si possono usare *both* e *both of*.

   Both (of) my parents like riding.
   A entrambi i miei genitori piace cavalcare.

   She's eaten **both (of) the** *chops.*
   Ha mangiato tutt'e due le costolette.

   Both si può usare anche se il nome non è accompagnato da un determinante.

   She's eaten **both** *chops.* (= . . . **both of the** *chops.*)

   Davanti ai pronomi personali complemento si può usare soltanto *both of*.

   Both of them will come tomorrow.
   Verranno tutt'e due domani.

   Mary sends her love to **both of us**.
   Mary ci saluta entrambi con affetto.

2. *Both* può seguire un pronome personale complemento.

   I've invited **them both**.   *Mary sends* **us both** *her love*
   Li ho invitati entrambi.   Mary ci saluta entrambi con affetto.

   I've made **you both** *something to eat.*
   Vi ho preparato qualcosa da mangiare per tutt'e due.

3. Notare che davanti a *both* non si usa mai l'articolo.

   both children (NON *the both children*)
   entrambi i bambini

69 *both* con i verbi

Both può accompagnare un verbo, in posizione intermedia come certi avverbi (cfr. 55.2).

1. | ausiliare + *both* |
   | am/are/is/was/were + *both* |

   We **can both** *swim.*
   Sappiamo nuotare tutt'e due.

   They **have both** *finished.*
   Hanno finito entrambi.

   We **are both** *tired.*
   Siamo stanchi tutt'e due.

2. | *both* + altro verbo |

   My parents **both like** *travelling.*
   A entrambi i miei genitori piace viaggiare.

   You **both look** *tired.*
   Avete tutt'e due l'aria stanca.

70 both ... and ...

> both + aggettivo + and + aggettivo
> both + nome + and + nome
> both + frase + and + frase

Di solito si mette lo stesso tipo di parola dopo *both* e dopo *and*.

*She's both **pretty** and **clever**.* (aggettivi)
È sia carina che intelligente.

*I spoke to both **the Director** and **his secretary**.* (nomi)
(NON *I both spoke to the Director and his secretary*.)
Parlai sia col direttore che con la sua segretaria.

*She both **plays** the piano and **sings*** (verbi)
(NON *She both plays the piano and she sings*.) (verbo, frase)
Canta e suona. (Fa entrambe le cose.)

▶ Cfr. anche *either ... or* (109) e *neither ... nor* (227).

71 (Great) Britain, the United Kingdom, the British Isles e England

Britain (o *Great Britain*) e *the United Kingdom* (o *the UK*) comprendono l'Inghilterra, la Scozia, il Galles e l'Irlanda del Nord. (Talvolta, *Britain* o *Great Britain* si usano per indicare soltanto l'Inghilterra, la Scozia e il Galles, senza l'Irlanda del Nord.)
The British Isles comprendono l'arcipelago formato dalle due isole maggiori (quindi Inghilterra, Scozia, Galles e tutta l'Irlanda) e le altre isole minori. Notare perciò che *England* è soltanto una parte della Gran Bretagna. *Scotland* e *Wales* non si trovano in *England*, ma in *Britain*, e gli scozzesi e i gallesi non vogliono essere chiamati *English*, ma rispettivamente *Scottish* e *Welsh*, oppure *British*.

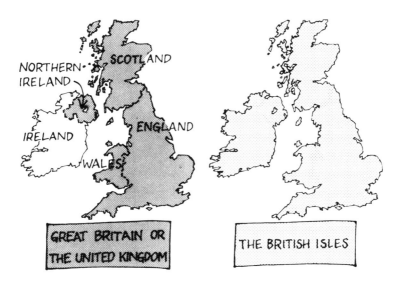

72 *broad* e *wide*

Wide si usa quando si parla della larghezza fisica, concreta di qualcosa.

> *We live in a very **wide** street.*
> Abitiamo in una strada molto larga.
>
> *The car's too **wide** for the garage.*
> La macchina è troppo larga per il garage.

Broad si usa soprattutto in espressioni astratte. Alcuni esempi:

broad agreement	*broad-minded*	*broad daylight*
accordo di massima	di larghe vedute	pieno giorno

Broad si usa anche nell'espressione *broad shoulders* (= 'spalle larghe e robuste') e nelle descrizioni dei paesaggi nello stile formale.

> *Across the **broad** valley, the mountains rose blue and mysterious.*
> Al di là dell'ampia vallata, le montagne si ergevano azzurre e misteriose.

Attenzione a non confondere *large* (= 'grande') con *wide/broad* (= 'largo').

73 *but* e *except*

1 *But*, oltre che 'ma', significa anche 'tranne', 'eccetto' ed è sinonimo di *except*. Si usa con questo significato dopo *all, none, every, any, no* (ed *everything, everybody, nothing, nobody, anywhere*, ecc.).

> *He eats nothing **but** hamburgers.*   *Everybody's here **but** George.*
> Non mangia nient'altro che hamburgers.   Ci sono tutti tranne George.
>
> *I've finished all the jobs **but** one.*
> Ho finito tutti i lavori tranne uno.

2 Dopo *but* e *except*, di solito, si usano i pronomi complemento (*me, him*, ecc.).

> *Nobody **but her** would do a thing like that.*
> Nessuno farebbe una cosa del genere tranne lei.
>
> *Everybody understands **except me**.*
> Tutti capiscono tranne me.

3 Dopo *but* e *except*, di solito, si usa l'infinito senza *to*.

> *That child does nothing **but watch** TV.* (NON ... *nothing but watching TV.*)
> Quel bambino non fa nient'altro che guardare la TV.
>
> *We can't do anything **except wait**.*
> Non possiamo fare altro che aspettare.

4 Notare le espressioni *next but one, last but two*, ecc.

> *My friend Jackie lives **next door but one**.*
> La mia amica Jackie abita due porte dopo di me. (= non quella accanto, ma quella dopo)
>
> *Liverpool are **last but one** in the football league.*
> Nel campionato di calcio, il Liverpool è il penultimo in classifica.

▶ Per *except for*, cfr. 120.

74 *by* e *with*

1. Con i verbi attivi *by* indica il modo in cui si compie un'azione per ottenere un certo risultato.

   *I killed the spider **by** hitting it.*
   Ho ucciso il ragno con un colpo.

   Notare la forma *-ing* dopo *by*.

2. *With* indica il mezzo, lo strumento usato.

   *I killed the spider **with** a newspaper.*
   Ho ucciso il ragno con un giornale.

3. *By* si usa con i mezzi di trasporto, senza articolo, per indicare un modo di viaggiare.

   *Did you come **by** train or **by** bus?* (NON . . . *with the train or with the bus?*)
   Sei venuto col treno o coll'autobus?

   Ma quando si tratta di mezzi particolari e non di un mezzo di trasporto generico, si dice

   *I came **in** John's car / **on** my bike.*
   Sono venuto con la macchina di John / con la mia bicicletta.

   Si usa *by* anche per i mezzi di comunicazione: *by telegram, by letter, by telephone, by air mail, by air, by sea*, ecc.

▶ Per *by* (tempo), cfr. 75.
Per *by* con la forma passiva, cfr. 268.
Per *by* con gli autori, cfr. 282.

75 *by, within* e *in*

By, within e *in* indicano il tempo entro cui si compie un'azione o un evento.

1. *By* indica il termine ultimo ed è sempre accompagnato da un'indicazione di tempo determinato.

   *I'll be home **by** five o'clock.*
   Sarò a casa per le cinque.

2. *Within* e *in* indicano un periodo futuro calcolato da questo momento. Ma mentre *within* significa 'entro', *in* significa 'fra'. Confrontare:

   *You will receive the papers **within** two weeks.* (NON . . . *by two weeks*.)
   Riceverai i documenti entro due settimane.

   *You will receive the papers **in** two weeks.*
   Riceverai i documenti fra due settimane.

3. *In* può anche indicare il periodo di tempo necessario per fare qualcosa.

   *I walked from the station to the hotel **in** ten minutes.*
   Sono andato a piedi dalla stazione all'albergo in dieci minuti.

▶ Per *by* e *with*, cfr. anche 74.

76 *can* (1): forme

1 *Can* è un verbo ausiliare modale (cfr. 354). Non ha la *-s* alla terza persona singolare.

    She **can** swim very well. (NON *She cans* . . .)
    Sa nuotare molto bene.

Le frasi interrogative e negative si costruiscono senza *do*.

    Can you swim? (NON *Do you can swim?*)
    Sai nuotare?

    I **can't** swim. (NON *I don't can swim.*)
    Non so nuotare.

Dopo *can* si usa l'infinito senza *to*.

    I **can speak** a little English. (NON *I can to speak* . . .)
    So parlare un po' d'inglese.

2 *Can* non ha le forme dell'infinito e dei participi. Quando è necessario, si usano altre parole.

    I'd like **to be able** to stay here. (NON *. . . to can stay . . .*)
    Vorrei poter restare qui.

    You'll **be able** to walk soon. (NON *You'll can* . . .)
    Potrai presto camminare.

    I've always **been able** to play games well. (NON *I've always could* . . .)
    Sono sempre stato bravo nei giochi.

    I've always **been allowed** to do what I liked. (NON *I've always could* . . .)
    Ho sempre potuto fare quello che volevo.

3 *Could* è la forma del passato di *can*.

    I **could** read when I was four.
    Sapevo leggere a quattro anni.

Could si può usare anche con riferimento al presente o al futuro (cfr. 78–79) e corrisponde al condizionale italiano 'potrei, potresti, ecc.'.

    You **could** be right.   **Could** I see you tomorrow evening?
    Potresti aver ragione.   Potrei vederti domani sera?

    I **could** marry him if I wanted to.
    Potrei sposarlo se volessi.

4 Le forme contratte negative (cfr. 92) sono *can't* /kɑːnt/ e *couldn't* /ˈkʊdnt/. La forma negativa *cannot* si scrive in una sola parola.
Per la pronuncia di *can*, cfr. 296.

5 *Can* e *could* hanno vari usi. Possono indicare:

a capacità
b possibilità e probabilità
c permesso
d offerte, richieste e suggerimenti

    Per maggiori particolari, vedere le sezioni che seguono.

77 *can* (2): capacità

1 presente

Si usa *can* per esprimere la capacità di fare qualcosa, in questo momento o in generale. *Can* corrisponde ai verbi italiani 'sapere' (nel senso di 'essere capace'), 'potere' (nel senso di 'essere in grado') e 'riuscire'.

*I **can** read Italian, but I **can't** speak it.*
So leggere l'italiano, ma non so parlarlo.

*She **can't** do anything for me. Look! I **can** do it! I **can** do it!*
Non può far niente per me. Guarda! Ce la faccio! Ce la faccio!

2 futuro

Per esprimere la capacità nel futuro, si usa *will be able to*.

*I'**ll be able to** speak good English in a couple of months.*
Fra un paio di mesi saprò parlare bene l'inglese.

*One day people **will be able to** go to the moon on holiday.*
Un giorno la gente potrà andare in vacanza sulla luna.

Se si prende una decisione adesso per il futuro, si usa *can* (+ indicazione di tempo futuro).

*I haven't got time today, but I **can** see you tomorrow.*
Oggi non ho tempo, ma posso vederti domani.

***Can** you come to a party on Saturday?*
Puoi venire a una festa sabato?

3 passato

Si usa *could* per indicare la capacità generica di fare qualcosa nel passato. (Si può usare anche *was/were able to*.)

*She **could** read when she was four.* (OPPURE *She **was able to** read . . .*)
Sapeva leggere a quattro anni.

*My father **could** speak ten languages.*
Mio padre sapeva parlare dieci lingue.

Per indicare che si è riusciti a fare qualcosa in una particolare occasione, non si usa *could* ma *managed to, succeeded in . . . -ing* o *was able to*.

*How many eggs **were you able to** get?* (NON *. . . could you get?*)
Quante uova sei riuscito a prendere?

*I **managed to** find a really nice dress in the sale yesterday.* (NON *I could find . . .*)
Ieri nei saldi sono riuscita a trovare proprio un bel vestito.

*After six hours' climbing, we **succeeded in** getting to the top of the mountain.* (NON *. . . we could get to the top . . .*)
Dopo sei ore di scalata, riuscimmo a raggiungere la vetta del monte.

Nelle frasi negative si può usare *couldn't* anche quando ci si riferisce a un'occasione particolare.

*I **managed to** find the street, but I **couldn't** find the house.*
Sono riuscito a trovare la strada, ma non sono riuscito a trovare la casa.

4 condizionale

Could ha anche valore di condizionale presente, cioè esprime una capacità ipotetica.

> *You **could** get a better job if you spoke a foreign language.*
> Potresti ottenere un lavoro migliore se parlassi una lingua straniera.

5 *could have . . .*

Per indicare che si sarebbe potuto fare qualcosa ma non si è provato a farlo, si usa la costruzione:

> could have + participio passato

Questa corrisponde al condizionale passato italiano 'avrei potuto, avresti potuto, ecc.'.

> *I **could have married** anybody I wanted to.*
> Avrei potuto sposare chiunque volessi.
>
> *I was so angry I **could have killed** her!*
> Ero così arrabbiata che avrei potuto ucciderla!
>
> *You **could have helped** me — why didn't you?*
> Avresti potuto aiutarmi: perché non l'hai fatto?

78 *can* (3): possibilità e probabilità

1 possibilità

Si usa *can* per indicare che certi eventi o situazioni sono possibili.

> *Scotland **can** be very warm in September.*
> In Scozia può far caldo in settembre.
>
> *'Who **can** join the club?' 'Anybody who wants to.'*
> 'Chi può diventare socio del club?' 'Chiunque lo voglia.'
>
> *There are three possibilities: we **can** go to the police, we **can** talk to a lawyer, or we **can** forget all about it.*
> Ci sono tre possibilità: possiamo andare alla polizia, rivolgerci a un avvocato, oppure dimenticare tutta la faccenda.
>
> *'There's the doorbell.' 'Who **can** it be?'*
> 'Hanno suonato.' 'Chi può essere?'
>
> *'Well, it **can't** be your mother. She's in Edinburgh.'*
> 'Beh, non può essere tua madre, perché è a Edimburgo.'

Si usa *could* per indicare la possibilità nel passato.

> *It **could** be quite frightening if you were alone in our big old house.*
> Poteva fare molta paura trovarsi da soli nella nostra vecchia e grande casa.

2 probabilità

Per indicare la probabilità che una certa situazione sia vera o che un fatto si verifichi, di solito non si usa *can* ma *could, may* o *might* (cfr. 213.).

> *'Where's Sarah?' 'She **may/could** be at Joe's place.'* (NON *'She can be . . .'*)
> 'Dov'è Sarah?' 'Può darsi che sia a casa di Joe.'
>
> *We **may** go camping this summer.* (NON *We can go . . .*)
> Può darsi che andiamo in campeggio quest'estate.

3 could have . . .

Per indicare che qualcosa sarebbe potuto accadere, ma non è accaduto, si usa la costruzione:

> could have + participio passato

*That was a bad place to go skiing — you **could have broken** your leg.*
Era un brutto posto per sciare: avresti potuto romperti una gamba.

*Why did you throw the bottle out of the window? It **could have hit** somebody.*
Perché hai gettato la bottiglia dal finestrino? Avrebbe potuto colpire qualcuno.

79 *can* (4): permesso, offerte, richieste e ordini

1 permesso

Si può usare *can* per chiedere o dare un permesso.

*'**Can** I ask you something?' 'Yes, of course you **can**.'*
'Posso chiederti una cosa?' 'Sì, certo.'

***Can** I have some more tea?*
Posso avere ancora del tè?

*You **can** go now if you want to.*
Puoi andare ora, se vuoi.

Si può anche usare *could*, che è più cortese e formale.

***Could** I ask you something, if you're not too busy?*
Potrei chiederLe una cosa, se non è troppo occupato?

Nelle richieste più formali si possono usare anche *may* e *might*. (Cfr. 214.)

***May** I have some more tea?*
Potrei avere ancora un po' di tè?

2 permesso nel passato

Per il passato, si usa *could* se si tratta di un permesso generale di fare qualcosa in un momento qualsiasi.

*When I was a child, I **could** watch TV whenever I wanted to.*
Quand'ero bambino, potevo guardare la TV quando volevo.

Se invece si tratta di un permesso particolare riferito a una certa azione, si usa *was/were allowed to*.

*I **was allowed to** see her yesterday evening.* (NON *I could see* . . .)
Ho potuto vederla ieri sera.

(È la stessa differenza che c'è tra *could* e *was able to*. Cfr. 77.3.)

3 offerte

Si usa *can* per offrirsi di fare qualcosa.

*'**Can** I carry your bag?' 'Oh, thanks very much.'*
'Posso portarti la borsa?' ('Vuoi che ti porti . . ?') 'Grazie.'

*'I **can** baby-sit for you this evening if you like.' 'No, it's all right, thanks.'*
'Se vuoi, posso guardarti il bambino stasera.' 'No, grazie, non c'è bisogno.'

4 richieste

Per chiedere a qualcuno di fare qualcosa si può dire *Can you . . ?* o *Could you . . ?* (più cortese); oppure *Do you think you could . . ?*

*'**Can you** put the children to bed?' 'Yes, all right.'*
'Puoi mettere a letto i bambini?' 'Sì, va bene.'

*'**Could you** lend me five pounds until tomorrow?' 'Yes, of course.'*
'Potresti prestarmi cinque sterline fino a domani?' 'Sì, certo.'

*'**Do you think you could** help me for a few minutes?' 'Sorry, I'm afraid I'm busy.'*
'Potrebbe aiutarmi un momento?' 'Mi dispiace, ma sono occupato.'

5 ordini

Per dire a una persona di fare qualcosa si possono usare *can* e *could*.

*When you've finished the washing up, you **can** clean the kitchen. Then you **could** iron the clothes, if you like.*
Quando hai finito di lavare i piatti, puoi pulire la cucina. Poi, potresti stirare.

80 *can* (5): con *remember, understand, speak, play, see, hear, feel, taste* e *smell*

1 *remember, understand, speak, play*

Questi verbi sono spesso accompagnati da *can*. Di solito il significato è lo stesso con o senza *can*.

*I **(can) remember** London during the war.*
Mi ricordo Londra durante la guerra.

*She **can speak** Greek. / She **speaks** Greek.*
Sa parlare il greco. / Parla il greco.

*I **can't/don't understand**.*
Non capisco.

***Can/Do you play** the piano?*
Suoni il pianoforte?

2 *see, hear, feel, smell, taste*

Questi verbi non si usano alla forma progressiva quando esprimono delle percezioni.
Se si vuole indicare che si vede, si sente, ecc. qualcosa in un momento preciso, si usa spesso *can*.

*I **can see** Susan coming.* (NON *I'm seeing* . . .)
Vedo Susan che arriva.

*I **can hear** somebody coming up the stairs.*
Sento qualcuno che sale le scale.

*What did you put in the stew? I **can smell** something funny.*
Che cosa hai messo nello stufato? Sento un odore strano.

81 come tradurre 'che'

'Che' si traduce in inglese in vari modi, a seconda della sua funzione grammaticale.

1 pronome relativo: *who, that, which* (cfr. 291)

*The man **who** came last night is the new gardener.*
L'uomo che è venuto ieri sera è il nuovo giardiniere.

*The book **which/that** you gave me was very interesting.*
Il libro che mi hai dato era molto interessante.

2 aggettivo interrogativo: *what, which* (cfr. 364.1)

What presents were you given?   *Which way shall we go?*
Che regali vi hanno dato?   Da che parte andiamo?

3 pronome interrogativo: *what* (cfr. 364.2)

What are you going to do now?
Che farai ora?

4 aggettivo esclamativo: *what* (cfr. 114.2)

What a surprise!
Che sorpresa!

5 congiunzione

a *that* (dichiarativa e consecutiva) (cfr. 98.1, 341)

*I told him **that** I would buy the horse.*
Gli dissi che avrei comprato il cavallo.

*The hotel was so expensive **that** we could only stay one night.*
L'albergo era così caro che potemmo rimanere una notte sola.

b *than* (dopo i comparativi) (cfr. 86.2)

*Intelligence is more important **than** beauty.*
Importa più l'intelligenza che la bellezza.

82 *close* e *shut*

1   I verbi *close* e *shut* si usano spesso con lo stesso significato.

*Open your mouth and **close/shut** your eyes.*
Apri la bocca e chiudi gli occhi.

*I can't **close/shut** the window. Can you help me?*
Non riesco a chiudere la finestra. Mi puoi aiutare?

I participi passati *closed* e *shut* si possono usare come aggettivi.

*The post office is **closed/shut** on Saturday afternoon.*
L'ufficio postale è chiuso di sabato pomeriggio.

Ma, di solito, non si usa il participio passato *shut* davanti a un nome.

*a **closed** door* (NON *a shut door*)   ***closed** eyes* (NON *shut eyes*)
una porta chiusa   occhi chiusi

2 Si preferisce il verbo *close* quando l'azione di chiudersi è lenta. Inoltre, *close* si usa di più nello stile formale. Confrontare:

> *As we watched, he **closed** his eyes for the last time.*
> Mentre guardavamo, egli chiuse gli occhi per l'ultima volta.
>
> ***Shut** your mouth!*
> Chiudi quella bocca!

3 Si usa *close* per strade, ferrovie e vie di comunicazione; e anche per lettere, conti in banca, riunioni, ecc. (col significato di 'terminare').

83 come tradurre 'come'

L'avverbio 'come' si può rendere in inglese con:

1 *as, like*

Significano 'a somiglianza di', 'allo stesso modo di'.

> *He talks **like** his father.*
> Parla come suo padre.
>
> *I did **as** you said.*
> Ho fatto come hai detto tu.

Per la differenza tra *as* e *like,* cfr. 45.

2 *like, such as*

Significano 'quale', 'del tipo di'.

> *I'd love to have a car **like** yours.*
> Mi piacerebbe molto avere una macchina come la tua.
>
> *I don't like animals **such as** hamsters or guinea pigs.*
> Non mi piacciono gli animali come i criceti o le cavie.

3 *as . . . as*

Si usa per esprimere un comparativo di uguaglianza. (Cfr. 84.)

> *It's not **as** fast **as** I was told.*
> Non è veloce come mi è stato detto.

4 *as*

Significa 'in qualità di'.

> ***As** a teacher, he can attend the meeting.*
> Come insegnante, può partecipare alla riunione.

5 *how*

Significa 'in che modo', 'in che condizioni'. (Cfr. 178.)

> ***How** did they manage to survive?*
> Come sono riusciti a sopravvivere?
>
> *He didn't tell me **how** he really was.*
> Non mi ha detto come stava veramente.

6 what ... like

Si riferisce all'aspetto, al carattere, ecc. (Cfr. 178.)

> *I don't know **what** he's **like**, but all the girls love him.*
> Non so come sia, ma tutte le ragazze lo amano.

7 how

Si usa con un aggettivo o un avverbio nelle esclamazioni. (Cfr. 114.1.)

> ***How kind** of him to come!*
> Com'è stato gentile a venire!

▶ Per *as if* = 'come se', cfr. 46.

84 il comparativo di uguaglianza

```
as + aggettivo + as  ⎤
                     ⎥ + nome/pronome ( + verbo)
as + avverbio + as   ⎦
```

1 Si usa *as* (+ aggettivo/avverbio) + *as* (+ nome/pronome) per esprimere un comparativo di uguaglianza.

> *She's **as** tall **as** her brother.*
> È alta come suo fratello.
>
> *Can a man run **as** fast **as** a horse?*
> Un uomo può correre veloce come un cavallo?
>
> *It's **not as** good **as** I expected.*
> Non è buono come mi aspettavo.

2 Il secondo termine di paragone può essere un pronome personale complemento (*me, him*, ecc.), specialmente nello stile informale.

> *She doesn't sing as well **as me**.*
> Non canta bene come me.

Nello stile più formale, invece, si usa la forma soggetto con un verbo.

> *She doesn't sing as well **as I do**.*

3 Se il confronto è negativo, si possono usare *as . . . as . . .* oppure *so . . . as . . . .*

> *She's **not as/so** pretty **as** her sister.*
> Non è carina come sua sorella.

4 Notare la struttura *half as . . . as . . ., twice as . . . as . . ., three times as . . . as . . .*, ecc.

> *The green one isn't **half as** good **as** the blue one.*
> Quello verde non è buono neppure la metà di quello blu.
>
> *A colour TV is **twice as** expensive **as** a black and white one.*
> Un televisore a colori costa il doppio di uno in bianco e nero.

▶ Per *as much/many . . . as*, cfr. 47.
Per *as well as . . .*, cfr. 48.

85 comparativo e superlativo (1): -er/-est e more/most

1 aggettivi brevi
(aggettivi monosillabi e aggettivi bisillabi terminanti in -y)

AGGETTIVO	COMPARATIVO	SUPERLATIVO	
old	older	oldest	la maggior parte: + -er, -est
tall	taller	tallest	
cheap	cheaper	cheapest	
late	later	latest	terminanti in -e: + -r, -st
nice	nicer	nicest	
fat	fatter	fattest	una vocale + una consonante:
big	bigger	biggest	raddoppia la consonante (+ -er,
thin	thinner	thinnest	-est)
happy	happier	happiest	-y cambia in i (+ -er, -est)
easy	easier	easiest	

Notare la pronuncia di:

younger /ˈjʌŋgə(r)/   *longer* /ˈlɒŋgə(r)/   *stronger* /ˈstrɒŋgə(r)/
youngest /ˈjʌŋgɪst/   *longest* /ˈlɒŋgɪst/   *strongest* /ˈstrɒŋgɪst/

2 comparativi e superlativi irregolari

AGGETTIVO	COMPARATIVO	SUPERLATIVO
good	better	best
bad	worse	worst
far	farther/further	farthest/furthest (cfr. 127)
old	older/elder	oldest/eldest (cfr. 255.5)

I determinanti *little* e *much/many* hanno il comparativo e superlativo irregolare.

| little | less | least |
| much/many | more | most |

3 aggettivi più lunghi
(aggettivi bisillabi non terminanti in -y; aggettivi con tre o più sillabe)

AGGETTIVO	COMPARATIVO	SUPERLATIVO
tiring	more tiring	most tiring
cheerful	more cheerful	most cheerful
handsome	more handsome	most handsome
intelligent	more intelligent	most intelligent
practical	more practical	most practical

Alcuni aggettivi bisillabi hanno due forme di comparativo e superlativo: per esempio *commoner/more common*; *politest/most polite*. Di solito, si preferiscono le forme con *more* e *most*.

▶ Per informazioni su come usare i comparativi e i superlativi, cfr. 86.

86 comparativo e superlativo (2): uso di -*er*/-*est*, ecc.

1 Si usa il comparativo per fare un confronto tra due termini di paragone. Si usa il superlativo per fare un confronto tra qualcosa/qualcuno e tutti gli altri della stessa catagoria. Confrontare:

*Mary's **taller** than her three sisters.*
Mary è più alta delle sue tre sorelle.

*Mary's **the tallest** of the four girls.*
Mary è la più alta delle quattro ragazze.

the oldest   *the youngest*

2 Il comparativo è sempre seguito da *than* che introduce il secondo termine di paragone.

*The weather's better **than** yesterday.*
(NON . . . *better that yesterday*.) (NON . . . *better of yesterday*.)
Il tempo è migliore di ieri.

3 Se il secondo termine di paragone è un pronome personale, questo può essere un pronome complemento (informale) oppure un pronome soggetto seguito da un verbo ausiliare (più formale).

*You sing better **than me**.*   *You sing better **than I do**.*
Canti meglio di me.

4 Si può ripetere un comparativo dopo *and* per indicare un mutamento.

> aggettivo + -*er* and aggettivo + -*er*
> *more and more* + aggettivo/avverbio

*I'm getting **fatter and fatter**.*
Divento sempre più grasso.

*We're going **more and more slowly**.* (NON . . . *more slowly and more slowly*.)
Stiamo andando sempre più adagio.

5. Due comparativi preceduti dagli articoli *the* . . . *the* . . . indicano che due cose o azioni variano in modo direttamente o inversamente proporzionale.

> *the* + comparativo + soggetto + verbo,
> *the* + comparativo + soggetto + verbo

The older *I get,* **the happier** *I am.* (NON *Older I get,* . .)
Più invecchio, più sono felice.

The more dangerous *it is,* **the more** *I like it.*
(NON *The more it is dangerous,* . . .)
Più è pericoloso, più mi piace.

The more *I study,* **the less** *I learn.*
Più studio, meno imparo.

6. Se il superlativo è seguito dall'indicazione di luogo, non si usa la preposizione *of*.

I'm the happiest man **in** *the world.* (NON . . . *of the world*.)
Sono l'uomo più felice del mondo.

7. Di solito il superlativo è preceduto dall'articolo *the* (a meno che ci sia un aggettivo possessivo).

You're **the strongest,** *but he's* **the most** *intelligent.*
Tu sei il più forte, ma lui è il più intelligente.

My best *friend was going to leave.*
Il mio miglior amico stava per partire.

87 comparativo e superlativo (3): gli avverbi

La maggior parte dei comparativi e superlativi degli avverbi si forma con *more* e *most*.

Could you talk **more quietly?** (NON . . . *quietlier?*)
Potresti parlare più piano?

Alcuni avverbi hanno il comparativo e il superlativo con *-er* e *-est*. I più comuni sono: *fast, soon, early, late, hard, long, well* (*better, best*), *far* (*farther/further, farthest/furthest,* cfr. 127), *near* e, nell'inglese informale, *slow, loud* e *quick*.

Can't you drive any **faster?**
Non puoi andare più veloce?

Can you come **earlier?**
Puoi venire prima?

She sings **better** *than you do.*
Canta meglio di te.

Talk **louder.**
Parla più forte.

88 comparativo e superlativo (4): i modificatori

1. Per accentuare la differenza fra due termini di paragone, si usano *much* e *far* (non *very*) davanti ai comparativi.

    *My boyfriend is **much/far older** than me.* (NON *. . . very older than me.*)
    Il mio ragazzo è molto più vecchio di me.

    *Russian is **much/far more** difficult than Spanish.*
    Il russo è molto più difficile dello spagnolo.

2. Altri modificatori che si possono usare con i comparativi sono: *very much, a lot, lots, any, no, rather, a little, a bit.*

***very much** nicer* molto più simpatico	***a little** less expensive* un po' meno caro
***a lot** happier* molto più felice	***a bit** easier* un pochino più facile
***rather** more quickly* ben più in fretta	*Is your mother **any** better?* Tua madre sta un po' meglio?

    *She looks **no** older than her daughter.*
    Non sembra affatto più vecchia di sua figlia.

3. Nel confronto tra nomi si usano *much more, many more, far more, far less, much less, far fewer.*

***much/far more** money* molto più denaro	***much/far less** time* molto meno tempo
***many/far more** opportunities* molte più occasioni	***far less/fewer** mistakes* molti meno errori

4. Il superlativo si può rafforzare con *by far* o *very*.

    *John is **by far** the tallest in the class.*
    John è di gran lunga il più alto della classe.

    *This is the **very** lowest price in town.*
    Questo è il prezzo decisamente più basso della città.

89 comparativo e superlativo (5): *less*, ecc.

1. Per formare il comparativo di minoranza degli aggettivi e degli avverbi si usa *less* (opposto di *more*); per formare il superlativo si usa *least* (opposto di *most*).

    *It was **less** expensive than I thought.*
    Era meno caro di quel che pensavo.

    *This watch is the **least** expensive of all.*
    Questo orologio è il meno caro di tutti.

    Tuttavia questa forma di comparativo non è molto comune. Di solito si preferisce usare un comparativo di uguaglianza preceduto dalla negazione.

    *It wasn't **as** expensive **as** I thought.*
    Non era caro come pensavo.

90 il condizionale

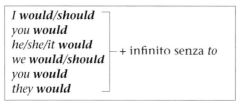

Forme contratte: *I'd, you'd, he'd,* ecc.; *wouldn't/shouldn't*

1 costruzione

| *would/should* + infinito senza *to* | (condizionale presente)

*I **would like** a glass of wine*
Vorrei un bicchiere di vino.

| *would/should* + *be* + *-ing* | (condizionale progressivo)

*If I was at home now, I'**d be watching** TV.*
Se fossi a casa adesso, starei guardando la TV.

| *would/should* + *have* + participio passato | (condizionale passato)

*If it hadn't been so expensive, I **would have bought** it.*
Se non fosse stato così caro, l'avrei comprato.

| *would/should* + *be* + participio passato | (condizionale passivo)

*I knew that the letter **would be opened** by his secretary.*
Sapevo che la lettera sarebbe stata aperta dalla sua segretaria.

Per formare il condizionale dopo *I* e *we*, si possono usare *would* o *should* con lo stesso significato. Dopo gli altri pronomi personali e dopo i nomi, si usa sempre *would*. Confrontare:

> *I **would/should** buy it if I had enough money.*
> Lo comprerei se avessi abbastanza soldi.

> *John **would** buy it if he had enough money.*
> John lo comprerebbe se avesse abbastanza soldi.

2 uso

a Nel periodo ipotetico (cfr. 179.2, 3).

> *I **wouldn't go** there if I didn't have to.*
> Non ci andrei se non dovessi.

> *Suppose there was a war, what **would you do**?*
> Supponi che ci fosse una guerra: che cosa faresti?

b Nel discorso indiretto (cfr. 99.1) o, comunque, quando si parla del passato e si vuole indicare che qualcosa sarebbe accaduta in futuro. Questo tempo si chiama **future in the past**.

> *He told me everything **would be** all right.* (NON *... would have been ...*)
> Mi disse che tutto sarebbe andato bene.

> *I was late. I **would have** to run to catch the train.* (NON *... I would have had ...*)
> Ero in ritardo. Avrei dovuto correre per prendere il treno.

c Con *like*, *prefer*, ecc. nelle richieste gentili e nelle offerte.

> *I **would like** some tea.*
> Vorrei del tè.
>
> *Would **you prefer** meat or fish?*
> Preferisci carne o pesce?

▶ Per altri usi di *should*, cfr. 310–14.
Per altri usi di *would*, cfr. 370.

91 il congiuntivo

1 Il congiuntivo inglese è uguale all'infinito senza *to*. Si usa, a volte, per indicare che si dovrebbe fare qualcosa.

> *It's important that everybody **write** to the President.*
> È importante che tutti scrivano al Presidente.
>
> *The Director asked that he **be** allowed to advertise for more staff.*
> Il Direttore chiese che gli venisse concesso di mettere un'inserzione per assumere altro personale.

Nell'inglese britannico l'uso del congiuntivo è piuttosto raro. Di solito si usa *should* + infinito senza *to*.

> *It's important that everybody **should write** to the President.*
> *The Director asked that he **should be** allowed to advertise for more staff.*

2 Spesso dopo *if* e *I wish* si usa una forma di congiuntivo *were* invece di *was*. (Cfr. 179, 368.)

> *If **I were** you, I would stop smoking.*   *I wish **I were** on holiday now.*
> Se fossi in te, smetterei di fumare.   Vorrei essere in vacanza ora.

3 Ci sono, inoltre, diverse strutture inglesi che possono corrispondere a un congiuntivo italiano:

a le forme verbali dell'indicativo

> *It seems to me that money **is** the main problem.*
> Mi sembra che il maggior problema siano i soldi.
>
> *If I **knew** his name, I would tell you.*
> Se sapessi il suo nome, te lo direi.
>
> *I don't think he **has missed** the bus again.*
> Non penso che abbia di nuovo perso l'autobus.

b l'infinito

> *I want **him to come**.*   *It would be better for you **to stay** in bed.*
> Voglio che venga.   Sarebbe meglio che tu stessi a letto.

c il verbo *may/might*

> *I'm going out tonight in spite of what my father **may say**.*
> Stasera esco, qualunqua cosa dica mio padre.
> *I was afraid there **might be** an earthquake.*
> Temevo che ci potesse essere un terremoto.

92 le contrazioni

1. Nel linguaggio informale, sia parlato che scritto, talvolta si uniscono due parole in una forma contratta, per esempio *I've* /aɪv/ (= *I have*); *don't* /dəʊnt/ (= *do not*). L'apostrofo sostituisce le lettere mancanti.
Ci sono due tipi di contrazioni:

pronome + ausiliare	ausiliare + *not*
I've you'll he'd	*aren't isn't hadn't*
we're they've it's	*don't won't* (= *will not*)

Le forme contratte *'ve*, *'ll*, *'d* e *'re* si trovano soltanto dopo i pronomi, mentre *'s* (= *is/has*) si può anche trovare dopo i nomi

   My **father's** a gardener.
   Mio padre è giardiniere.

e le parole interrogative *who*, *when*, *where*, *what* e *how*.
   Where's the toilet?
   Dov'è il bagno?

2. Talvolta un'espressione ha due contrazioni possibili. Per *she had not* si può avere *she'd not* o *she hadn't*; per *he will not* si può avere *he'll not* o *he won't*. Nell'Inghilterra meridionale sono generalmente più comuni le contrazioni con *n't* (per esempio *she hadn't*, *he won't*).
Non si usano mai due contrazioni: non si può avere *she'sn't*.

3. Le forme contratte sono atone. Quando un ausiliare ha la forma tonica (per esempio alla fine della frase), non si possono usare le forme contratte. Confrontare:
   You're late.   Yes, you **are**. (NON ~~Yes, you're.~~)
   I've forgotten.   Yes, I **have**. (NON ~~Yes, I've.~~)

Tuttavia, le contrazioni con *n't* sono toniche e si possono usare alla fine della frase.
   No, you **aren't**.   No, you **haven't**.

4 contrazioni: pronuncia e significato

I'm	/aɪm/	I am
I've	/aɪv/	I have
I'll	/aɪl/	I will
I'd	/aɪd/	I had/would
you're	/jɔː(r)/	you are
you've	/juːv/	you have
you'll	/juːl/	you will
you'd	/juːd/	you had/would
he's	/hiːz/	he is/has
he'll	/hiːl/	he will
he'd	/hiːd/	he had/would

she's	/ʃi:z/	she is/has
she'll	/ʃi:l/	she will
she'd	/ʃi:d/	she had/would
it's	/ɪts/	it is/has
it'll	/ɪtl/	it will
it'd	/ɪtəd/	it had/would (raramente scritto)
we're	/wɪə(r)/	we are
we've	/wi:v/	we have
we'll	/wi:l/	we will
we'd	/wi:d/	we had/would
they're	/ðeə(r)/	they are
they've	/ðeɪv/	they have
they'll	/ðeɪl/	they will
they'd	/ðeɪd/	they had/would
aren't	/ɑ:nt/	are not
can't	/kɑ:nt/	cannot
couldn't	/ˈkʊdnt/	could not
daren't	/deənt/	dare not
didn't	/ˈdɪdnt/	did not
doesn't	/ˈdʌznt/	does not
don't	/dəʊnt/	do not
hasn't	/ˈhæznt/	has not
haven't	/ˈhævnt/	have not
hadn't	/ˈhædnt/	had not
isn't	/ˈɪznt/	is not
mightn't	/ˈmaɪtnt/	might not
mustn't	/ˈmʌsnt/	must not
needn't	/ˈni:dnt/	need not
oughtn't	/ˈɔ:tnt/	ought not
shan't	/ʃɑ:nt/	shall not
shouldn't	/ˈʃʊdnt/	should not
wasn't	/ˈwɒznt/	was not
weren't	/wɜ:nt/	were not
won't	/wəʊnt/	will not
wouldn't	/ˈwʊdnt/	would not

Note

a La contrazione di *am not* nelle domande è *aren't* (/ɑ:nt/).

   *I'm late, **aren't** I?*
   Sono in ritardo, vero?

b La forma *ain't* si usa come contrazione di *am not, are not, is not, have not,* e *has not*, ma non è considerata una forma corretta anche se è piuttosto comune.

   Non bisogna confondere *it's* (contrazione di *it is* o *it has*) col possessivo *its*.

d Per la forma contratta *let's*, cfr. 204.

93 la costruzione enfatica con *it* e *what*

Per dare particolare enfasi a un concetto, si possono usare delle costruzioni con *it* e *what*.

1 | *it is/was . . . that . . .* |
   Confrontare:

   My secretary sent the bill to Mr Harding yesterday.
   Ieri la mia segretaria ha mandato il conto a Mr Harding.

   It was my secretary *that sent the bill to Mr Harding yesterday.*
   È la mia segretaria che ha mandato il conto a Mr Harding ieri.

   It was the bill *that my secretary sent to Mr Harding yesterday.*
   È il conto che la mia segretaria ha mandato a Mr Harding ieri.

   It was Mr Harding *that my secretary sent the bill to yesterday.*
   È a Mr Harding che la mia segretaria ha mandato il conto ieri.

   It was yesterday *that my secretary sent the bill to Mr Harding.*
   È stato ieri che la mia segretaria ha mandato il conto a Mr Harding.

   Notare che in inglese, se il verbo della frase è al passato, si deve usare *It was . . .* (NON ~~*It is my secretary that sent . . .*~~).

2 | *what* (soggetto) + verbo + *be* |
   Confrontare:

   My left leg hurts.   ***What hurts is*** *my left leg.*
   Mi fa male la gamba sinistra.   Quello che mi fa male è la gamba sinistra.

   I like her sense of humour.
   Mi piace il suo senso dell'umorismo.

   What I like is *her sense of humour.*
   Quello che mi piace è il suo senso dell'umorismo.

3 Si può rendere più enfatico un verbo usando *what* con *do* e l'infinito.

   She screamed.   ***What she did was*** *(to) scream.*
   Lei gridò.   Ciò che fece fu (di) gridare.

94 *country*

1 *country* (numerabile) = 'paese', 'nazione'.

   *Scotland is a cold **country**.*   *France is the **country** I know best.*
   La Scozia è un paese freddo.   La Francia è il paese che conosco meglio.

   *How many **countries** are there in Europe?*
   Quanti paesi ci sono in Europa?

2 *The country* (non numerabile) = 'la campagna' (generalmente con l'articolo *the*).

   *My parents live in **the country** near Edinburgh.*
   I miei genitori vivono in campagna vicino a Edimburgo.

   *Would you rather live in the town or **the country**?*
   Preferiresti vivere in città o in campagna?

95 *dare* ('osare')

1 *Dare* si usa in due modi:

a come verbo ordinario, seguito dall'infinito (con *to*)

> He **dares** to say what he thinks.
> Ha il coraggio di dire ciò che pensa.
>
> She didn't **dare** to tell him.
> Non osò dirglielo.

b come ausiliare modale (cfr. 354).

> **Dare** she tell him?
> Ha il coraggio di dirglielo?
> I **daren't** say what I think.
> Non oso dire ciò che penso.

(frasi interrogative e negative senza *do*; terza persona singolare senza -*s*; infinito che segue senza *to*)

2 Nell'inglese moderno, *dare* si usa di solito come verbo ordinario, soprattutto nelle frasi negative.

> She **doesn't dare to** go out at night.
> Non osa uscire di sera.
>
> They **didn't dare to** open the door.
> Non osarono aprire la porta.

Si può usare la forma ausiliare *daren't* per dire che qualcuno ha paura di fare qualcosa nel momento in cui si parla.

> I **daren't** look.
> Non ho il coraggio di guardare.

3 *I dare say* = 'suppongo', 'ritengo probabile che'.

> I **dare say** it'll rain tomorrow.
> Suppongo che domani pioverà.
>
> I **dare say** you are ready for a drink.
> Suppongo che tu voglia bere qualcosa.

96 le date

1 come scriverle

Un modo comune di scrivere la data è:

> **30 March 1996   27 July 1996**

Altre possibilità sono:

> **30th March 1996   March 30(th) 1996   30.3.96**

Gli inglesi e gli americani scrivono in modo diverso le date con i soli numeri: gli inglesi mettono prima il giorno, mentre gli americani mettono prima il mese.

> **6.4.96** = 6 aprile in Gran Bretagna e 4 giugno negli Stati Uniti.

Per la posizione delle date nelle lettere, cfr. 205.

2 come dirle

> 30 March 1998 (UK) = 'March the thirtieth, nineteen ninety-eight' o 'The thirtieth of March, nineteen ninety-eight'
>
> 30 March 1998 (USA) = 'March thirtieth, nineteen ninety-eight'

▶ Per l'uso delle preposizioni nelle date, cfr. 52, 283.2,3.

97 i determinanti

1. I determinanti sono parole come *the, my, this, some, either, every, enough, several*, ecc. che precedono e determinano un nome.

   ***the** moon*   ***a** nice day*   ***my** fat old cat*   ***this** house*
   ***every** week*   ***several** young students*

   Di solito non si possono mettere insieme due determinanti. Si dice ***the** house*, ***my** house* o ***this** house*, ma non *the my house* o *the this house* o *this my house*.

2. Ci sono due gruppi di determinanti:

   Gruppo A

a/an the
my your his her its our your their one's whose
this these that those

   Gruppo B

some any no
each every either neither
much many more most little less least
few fewer fewest enough several
all both half
what whatever which whichever

3. Se si vuole usare un determinante del gruppo B davanti a uno del gruppo A, si deve usare *of*.

determinante B + *of* + determinante A

   ***some of** the people*
   alcune delle persone

   ***each of** my children*
   ognuno dei miei bambini

   ***neither of** these doors*
   nessuna di queste porte

   ***most of** the time*
   la maggior parte del tempo

   ***which of** your cassettes*
   quale delle tue cassette

   ***enough of** those remarks*
   abbastanza di quelle osservazioni

   Davanti a *of* si usano *none* invece di *no* ed *every one* invece di *every*.

   ***none of** my friends*   ***every one of** these books*
   nessuno dei miei amici   ognuno di questi libri

   Dopo *all, both* e *half* si può omettere *of*.

   ***all (of)** his ideas*   ***both (of)** my parents*
   tutte le sue idee   entrambi i miei genitori

4 I determinanti del gruppo B si possono usare anche da soli, senza un nome. Si possono anche usare con *of* davanti ai pronomi personali.

*'Do you know Orwell's books?' 'Yes, I've read **several**.'*
'Conosci i libri di Orwell?' 'Sì, ne ho letto diversi.'

*'Would you like some water?' 'I've got **some**, thanks.'*
'Vuoi dell'acqua?' 'Ne ho, grazie.'

neither of them	**most of** us	**which of** you
nessuno di loro	la maggior parte di noi	chi di voi

▶ Per maggiori particolari sui singoli determinanti, consultare l'indice analitico.

98 il discorso indiretto (1): introduzione

1 Il discorso indiretto si usa generalmente per riferire ciò che ha detto un'altra persona. La frase dipendente inizia con:

a *that,* se si tratta di una frase dichiarativa

*He said **that** he wanted to go home.*
Disse che voleva andare a casa.

Nello stile informale si omette *that*.

He said he wanted to go home.

b *if, whether, what, where, how,* ecc., se si tratta di una domanda

*She asked me **if** I wanted anything to drink.*
Mi chiese se volevo qualcosa da bere.

*She asked me **what** my name was.*
Mi chiese come mi chiamavo.

c l'infinito, se si tratta di ordini, richieste, consigli, ecc.

*Who told you **to put** the lights off?*
Chi ti ha detto di spegnere le luci?

*I advised Lucy **to go** to the police.*
Ho consigliato a Lucy di andare alla polizia.

Per maggiori particolari su queste strutture, cfr. 100–1.

2 Il discorso indiretto non si usa soltanto per riferire le parole di qualcuno, ma anche i pensieri, le supposizioni, le convinzioni, ecc.

*I thought **something was wrong**.*
Pensai che andasse male qualcosa.

*She knew **what I wanted**.*
Lei sapeva quello che volevo.

*Ann wondered **if Mr Blackstone really understood her**.*
Ann si chiedeva se Mr Blackstone la capiva davvero.

99 il discorso indiretto (2): tempi verbali e avverbi

Bill (sabato sera): ***I don't** like **this** party. **I want** to go home.*
Non mi piace questa festa. Voglio andare a casa.

Peter (domenica): *Bill **said he didn't** like the party, and **he wanted** to go home.*
Bill ha detto che non gli piaceva la festa e che voleva andare a casa.

1 tempi

In generale, quando si riporta ciò che qualcuno ha detto nel passato, non si usano gli stessi tempi che sono stati usati nel discorso diretto. (Infatti i momenti sono diversi.) Confrontare:

DISCORSO DIRETTO	DISCORSO INDIRETTO
***Will** you marry me?*	*I asked him if he **would** marry me.*
Vuoi sposarmi?	Gli chiesi se mi voleva sposare.
*You **look** nice.*	*I told her she **looked** nice.*
(Come) stai bene!	Le dissi che stava bene.
*I'**m** learning French.*	*She said she **was** learning French.*
Sto studiando il francese.	Disse che stava studiando il francese.
*I'**ve** forgotten.*	*He said he **had** forgotten.*
Mi sono dimenticato.	Disse che si era dimenticato.
*John **phoned**.*	*She told me that John **had phoned**.*
Ha telefonato John.	Mi disse che aveva telefonato John.

2 eccezioni

Se una cosa detta in passato è ancora vera, può venire riportata con lo stesso tempo usato nel discorso diretto. Confrontare:

DISCORSO DIRETTO	DISCORSO INDIRETTO
*The earth **goes** round the sun.*	*He proved that the earth **goes/went** round the sun.*
La terra gira intorno al sole.	Dimostrò che la terra gira/girava intorno al sole.
*How old **are** you?*	*I asked how old you **are/were**.*
Quanti anni hai?	Ho chiesto quanti anni hai/avevi.

3 riferimenti al tempo e al luogo

Quando un discorso diretto viene riportato in un tempo e una situazione diversi, cambiano i riferimenti temporali e spaziali (non si usano più parole come 'qui' o 'adesso'). Confrontare:

DISCORSO DIRETTO	DISCORSO INDIRETTO
this = questo	*the* = il
here = qui	*there* = lì
now = adesso	*then* = allora
today = oggi	*that day* = quel giorno
yesterday = ieri	*the day before* = il giorno prima
tomorrow = domani	*the next day* = il giorno dopo
a month ago = un mese fa	*a month before* = un mese prima

▶ Per *must* nel discorso indiretto, cfr. 220.3.

100 il discorso indiretto (3): le domande

1 Nelle domande indirette il soggetto precede il verbo.

> *He asked where **I was** going.* (NON *... where was I going.*)
> Mi chiese dove stavo andando.
>
> *I asked where the President and his wife **were staying.***
> (NON *I asked where were ...*)
> Chiesi dove stavano il Presidente e sua moglie.

Non si usa l'ausiliare *do*.

> *I wondered how **they felt.*** (NON *... how did they feel.*)
> Mi chiedevo cosa provassero.

2 Quando non ci sono le parole interrogative (*who, what, where,* ecc.), si usa *if* oppure *whether* per introdurre le domande indirette.

> *The driver asked **if/whether** I wanted the town centre.*
> L'autista chiese se volevo andare in centro.
>
> *I don't know **if/whether** I can help you.*
> Non so se posso aiutarti.

▶ Per la differenza tra *if* e *whether*, cfr. 362.

101 il discorso indiretto (4): ordini, richieste, consigli, ecc.

Per riportare ordini, richieste, consigli e proposte, generalmente si usa la costruzione

> verbo + oggetto + infinito

> *I **told** Andrew **to be** careful.*
> Dissi ad Andrew di essere prudente.
>
> *The lady downstairs **has asked us to be** quiet after nine o'clock.*
> La signora del piano di sotto ci ha chiesto di non fare rumore dopo le nove.
>
> *I **advise you to think** again before you decide which one to buy.*
> Ti consiglio di pensare ancora prima di decidere quale comprare.
>
> *The policeman **told me not to park** there.*
> Il vigile mi disse di non parcheggiare là.

Con questa costruzione non si usa *say*.

> *She **told** me to be quiet.* (NON *She said me to be quiet.*)
> Mi disse di stare zitto.

▶ Per la differenza tra *say* e *tell*, cfr. 304.

102 *do*: verbo ausiliare

Il verbo ausiliare *do* si usa in molti modi.

1. Si usa per la forma interrogativa dei verbi, ma non dei verbi ausiliari. (Cfr. 138.) Confrontare:

    ***Do** you **like** football?* (NON *Like you football?*)
    Ti piace il calcio?

    ***Can** you play football?* (NON *Do you can play football?*)
    Sai giocare a calcio?

2. Si usa *do* per la forma negativa dei verbi, ma non dei verbi ausiliari. (Cfr. 143.) Confrontare:

    *I **don't like** football.* (NON *I like not football.*)
    Non mi piace il calcio.

    *I **can't play** football.* (NON *I don't can play football.*)
    Non so giocare a calcio.

3. Si può usare *do* invece di ripetere un verbo o un'intera frase. (Cfr. 110.3.)

    *She doesn't like dancing, but I **do**.* (= . . . but I like dancing.)
    A lei non piace ballare, ma a me sì.

    *Ann thinks there's something wrong with Bill, and so **do** I.*
    Ann pensa che Bill abbia qualcosa che non va, ed io anche.

    *You play bridge, **don't** you?*
    Tu giochi a bridge, vero?

4. Si usa *do* nelle frasi affermative per dare più forza alla frase.

    ***Do** sit down.*   *She thinks I don't love her, but I **do** love her.*
    La prego, si sieda.   Lei pensa che io non l'ami, ma io l'amo.

5. L'ausiliare *do* si può usare col verbo *do* (= 'fare'): in questo caso, la forma verbale contiene due *do*.

    *What **do** you **do** in the evenings?*   *I **didn't do** anything interesting last night.*
    Che cosa fai di sera?   Non ho fatto niente di interessante ieri sera.

103 *do* + *-ing*

Spesso si usa il verbo *do* con la forma *-ing* per parlare di attività che si protraggono nel tempo o di attività che si ripetono regolarmente.
Di solito prima della forma *-ing* c'è un determinante (cfr. 97), per esempio *the, my, some, much*.

*I **do my shopping** at the weekends.*   *Have you **done the washing up**?*
Io faccio la spesa nel weekend.   Hai lavato i piatti?

*I **did a lot of running** when I was younger.*
Andavo spesso a correre quand'ero più giovane.

*I think I'll stay at home and **do some reading** tonight.*
Penso che starò a casa a leggere stasera.

▶ Per *go* + *-ing*, cfr. 161.

104 *do* e *make*

I verbi *do* e *make* significano entrambi 'fare'.

1. Si usa *do* quando si parla in generale, senza indicare un'attività precisa, per esempio con *something, nothing, anything, everything, what*.

    Do something!
    Fa' qualcosa!

    I like doing nothing.
    Mi piace non far niente.

    What shall we do?
    Che cosa facciamo?

    Then he did a very strange thing.
    Poi fece una cosa molto strana.

2. Si usa *do* quando si parla di lavoro e nella struttura *do* + *-ing* (cfr. 103).

    I'm not going to do any work today. I'm going to do some reading.
    Oggi non ho intenzione di lavorare. Mi darò alla lettura.

    I dislike doing housework.
    Non mi piace fare i lavori di casa.

    I hate doing the cooking and shopping.
    Odio cucinare e fare la spesa.

    Would you like to do my job?
    Ti piacerebbe fare il mio lavoro?

3. Spesso si usa *make* col significato di 'creare', 'costruire', 'produrre'.

    I've just made a cake.
    Ho appena fatto una torta.

    Let's make a plan.
    Facciamo un piano.

    My father and I once made a boat.
    Una volta mio padre ed io costruimmo una barca.

4. Espressioni da imparare:

    do good / harm / business / one's best / a favour
    make an offer / arrangements / a suggestion / a decision / an attempt /
    an effort / an excuse / an exception / a mistake / a noise / a journey /
    a phone call / money / a profit / love / peace / war / a bed

▶ Per altre espressioni, consultare il dizionario per sapere se usare *do* o *make*.

105 *each*

1. Si usa *each* (= 'ciascuno/a', 'ogni') davanti a un nome singolare.

    > *each* + nome singolare

    Each new day is different.
    Ogni giorno nuovo è diverso.

2. Si usa *each of* (= 'ciascuno/a', 'ognuno/a') davanti ai pronomi personali e ai nomi plurali preceduti da un determinante.

    > *each of us/you/them*
    > *each of* + determinante + nome plurale

    She bought a different present for each of us.
    Comprò un regalo diverso per ciascuno di noi.

    I write to each of my children once a week.
    Scrivo a ognuno dei miei figli una volta alla settimana.

Dopo *each of . . .* il verbo è, di solito, singolare, ma nello stile informale può anche essere plurale.

> *Each of them **has** his own way of doing things.*
> (Più informale: *Each of them **have** their own way of doing things.*)
> Ognuno di loro fa le cose a modo proprio.

3 Nella costruzione dei verbi con due oggetti (cfr. 356), *each* può seguire l'oggetto indiretto, ma, generalmente, non segue l'oggetto diretto.

> oggetto indiretto + *each*
>
> *I bought **the girls each** an ice-cream.*
> Ho comprato alle ragazze un gelato ciascuna.
>
> *She sent **them each** a present.*
> Lei gli mandò un regalo ciascuno.

4 Si può usare *each* senza un nome, ma è più comune *each one*.
> *I've got five brothers and **each (one)** is quite different from the others.*
> Ho cinque fratelli e sono tutti diversi uno dall'altro.

5 *Each* può accompagnare un verbo: in tal caso, occupa la posizione intermedia, come certi avverbi (cfr. 55.2).

> ausiliare + *each*
> be + *each*
>
> *They **have each** got their own rooms.*
> Ciascuno di loro ha la propria stanza.
>
> *We **are each** going on a separate holiday this year.*
> Quest'anno andiamo in vacanza ognuno per conto suo.
>
> *You **are each** right in a different way.*
> Ognuno di voi ha ragione in modo diverso.
>
> *each* + altro verbo
>
> *We **each think** the same.*
> Ciascuno di noi la pensa allo stesso modo.
>
> *They **each want** to talk all the time.*
> Ognuno di loro vuol parlare sempre.

▶ Per *each* e *every*, cfr. 106.

106 *each* e *every*

1 Si usa *each* quando si pensa a cose o persone individualmente, una per una. Si usa *every* quando, invece, si pensa a cose o persone in un gruppo (a volte è sinonimo di *all*). Confrontare:

> *We want **each** child to develop in his or her own way.*
> Vogliamo che ogni bambino cresca nel modo che gli è proprio. (= ciascuno in modo diverso)
>
> *We want **every** child to be happy.*
> Vogliamo che ogni bambino sia felice. (= tutti i bambini)

Each person in turn went to see the doctor.
Ogni persona a turno andò dal dottore. (= una per una)

*He gave **every** patient the same medicine.*
Diede ad ogni paziente la stessa medicina. (= a tutti i pazienti)

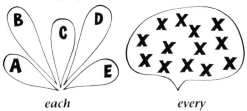

2 Quando le cose sono soltanto due, si usa *each*.

   ***Each** sex has its own characteristics.* (NON *Every sex* . . .)
   Ogni sesso ha le sue caratteristiche.

   A volte non c'è differenza tra le due parole.

   *You look more beautiful **each/every** time I see you.*
   Ogni volta che ti vedo, sei sempre più bella.

▶ Per la differenza tra *every* e *all*, cfr. 19.
   Per la grammatica di *each*, cfr. 105.
   Per la grammatica di *every*, cfr. 119.

107 *each other* e *one another*

1 *Each other* e *one another* significano entrambi 'l'un l'altro', 'a vicenda' e si usano indifferentemente.

   *Mary and I write to **each other** / **one another** every day.*
   Mary ed io ci scriviamo ogni giorno.

   *They sat down without looking at **each other** / **one another**.*
   Si sedettero senza guardarsi.

2 Esiste anche una forma possessiva *each other's / one another's*.

   *We often borrow **each other's** clothes.*
   Spesso ci prestiamo i vestiti a vicenda.

   *They stood looking into **one another's** eyes.*
   Rimasero a guardarsi (l'un l'altro) negli occhi.

   Each other / one another non si usano come soggetto.

   We must each listen carefully to what the other says.
   (NON *We must listen carefully to what each other say.*)

3 Notare la differenza tra *each other / one another* e *ourselves/yourselves/themselves*. Confrontare:

   *They were looking at **each other**.*
   Si guardavano. (= Ognuno guardava l'altro.)

   *They were looking at **themselves**.*
   Si guardavano. (= Ognuno guardava se stesso.)

108 *either*: determinante

1. Si usa *either* davanti a un nome singolare e significa 'l'uno o l'altro', ma in italiano si dice spesso 'entrambi', tutt'e due'.

   > *either* + nome singolare

   Come on Tuesday or Thursday. **Either** *day is OK.*
   Vieni martedì o giovedì. Vanno bene tutt'e due i giorni.

2. Davanti a un pronome o a un determinante (per esempio *my, the, these*), si usa *either of*, sempre seguito da un plurale.

   > *either of us/you/them*
   > *either of* + determinante + nome plurale

   I don't like **either of them**.
   Non mi piacciono né l'uno né l'altro.

   I don't like **either of my maths teachers**.
   Non mi piace nessuno dei miei due insegnanti di matematica.

   Not either ha lo stesso significato di *neither* (cfr. 226).

   *I do***n't** *like* **either** *of them* = *I like* **neither** *of them.*

3. Si può usare *either* anche da solo, senza un nome.

   'Would you like tea or coffee?' 'I don't mind. **Either.**'
   'Vuoi tè o caffè?' 'È lo stesso. Uno o l'altro.'

4. Attenzione a distinguere *either* e *both*. Confrontare:

   'Would you like tea or coffee?' 'I don't mind. **Either.**'
   'Vuoi tè o caffè?' 'È lo stesso. Uno o l'altro'.

   'Would you like water or wine?' **'Both,** *please.'*
   'Vuoi acqua o vino?' 'Tutt'e due, per favore'.

   Qualche volta, però, specialmente con *side* e *end*, il significato è lo stesso. Notare:

   > *either* + nome singolare
   > *both* + nome plurale

   There are roses on **either side** *of the door.*
   There are roses on **both sides** *of the door.*
   Ci sono rose ai due lati della porta.

5. *Either* si pronuncia /ˈaɪðə(r)/ o /ˈiːðə(r)/ (in inglese americano, di solito, è /ˈiːðər/).

▶ Per *either . . . or . . .*, cfr. 109.
Per *not either, neither* e *nor*, cfr. 226.

109 *either . . . or . . .*

Si usa *either . . . or . . .* per esprimere una scelta fra due possibilità (e talvolta più di due). In questo modo si possono coordinare singole parole (nomi, aggettivi, verbi, ecc.) o intere frasi.

*You can **either** have tea **or** coffee.*   *I don't speak **either** French **or** German.*
Puoi avere tè o caffè.   Non parlo né francese né tedesco.

*You can **either** come with me now **or** walk home.*
Puoi venire a casa con me adesso oppure andarci a piedi.

***Either** you can leave this house **or** I'll call the police.*
O lasci questa casa o chiamo la polizia.

*If you want ice-cream, you can have **either** lemon, coffee **or** vanilla.*
Se vuoi del gelato, puoi avere limone, caffè o vaniglia.

Notare che *not either . . . or* ha lo stesso significato di *neither . . . nor*.

110 ellissi (omissione di parole)

Spesso si sottintendono delle parole quando non sono essenziali per chiarire il significato della frase.

1 all'inizio di una frase

Nello stile informale, all'inizio di una frase spesso si sottintendono gli articoli (*the, a/an*), i possessivi (*my, your*, ecc.), i pronomi personali (*I, you*, ecc.) e gli ausiliari (*am, have*, ecc.).

*Car's running badly. (= **The** car's . . .)*   *Wife's on holiday. (= **My** wife's . . .)*
La macchina va male.   Mia moglie è in vacanza.

*Couldn't understand a word. (= **I** couldn't understand . . .)*
Non capivo una parola.

*Seen Joe? (= **Have you** seen Joe?)*
Hai visto Joe?

2 con *and, but* e *or*

Quando la stessa parola è ripetuta in due espressioni collegate da *and*, *but* o *or*, di solito, la seconda volta si può sottintendere.

He sang and (he) played the guitar.   *Would you like some tea or (some) coffee?*
Cantò e suonò la chitarra.   Vuoi del tè o (del) caffè?

in France and (in) Germany
in Francia e (in) Germania

He opened his eyes once, but (he) didn't wake up.
Aprì gli occhi una volta, ma non si svegliò.

Si possono sottintendere anche più parole.

She washed (her jeans) and ironed her jeans.
Si lavò e stirò i jeans.

You could have come and (you could have) told me.
Saresti potuto venire a dirmelo.

3 dopo i verbi ausiliari

Si può usare solo l'ausiliare invece di una forma verbale completa, o anche di un'intera frase, se il significato è chiaro. L'ausiliare, di solito, ha la pronuncia forte (cfr. 296).

*'Get up.' 'I **am** /æm/.' (= 'I am getting up.')*
'Alzati.' 'Lo sto facendo.'

*He said he'd write, but he **hasn't**. (= . . . hasn't written.)*
Disse che avrebbe scritto, ma non l'ha fatto.

*I can't see you today, but I **can** tomorrow.*
Non posso vederti oggi, ma domani sì.

*'You're getting better at tennis.' 'Yes, I **am**.'*
'Stai migliorando a tennis.' 'Sì.'

*'I've forgotten the address.' 'So **have** I.'*
'Ho dimenticato l'indirizzo.' 'Anch'io.'

*'You wouldn't have won if I hadn't helped you.' 'Yes, I **would**.'*
'Non avresti vinto se non ti avessi aiutato.' 'Invece sì.'

*I asked if he was happy and he answered that he **was**.*
Gli chiesi se era felice e disse di sì.

Se nella frase non c'è l'ausiliare, si usa *do* per evitare la ripetizione.

*She likes walking in the mountains, and I **do** too.*
A lei piace camminare in montagna, e anche a me.

4 dopo *as* e *than*

Quando il significato è chiaro, si possono sottintendere delle parole dopo *as* e *than*.

*The weather isn't as good **as** last year. (= . . . as good as it was . . .)*
Il tempo non è bello come l'anno scorso.

*I found more blackberries **than** you. (= . . . than you found.)*
Ho trovato più more di te.

5 infiniti

Invece di ripetere un verbo all'infinito, si può usare *to*.

*'Are you and Gillian getting married?' 'We hope **to**.'*
'Tu e Gillian vi sposate?' 'Lo speriamo.'

*I'm going there because I want **to**.*
Ci vado perché voglio.

*I don't dance much now, but I used **to** a lot.*
Adesso non ballo molto, ma una volta ballavo tantissimo.

Non è necessario usare *to* dopo congiunzione + *want/like*.

Come when you want.
Vieni quando vuoi.

I'll do what I like.
Farò ciò che mi pare.

Stay as long as you like.
Stai finché vuoi.

111 *else*

1 *Else* significa 'altro'.

> *If you can't help me, I'll ask somebody **else**.*
> Se non puoi aiutarmi, chiederò a qualcun altro.

Si usa *else* dopo:
somebody, someone, something, somewhere, anybody, anyone, ecc.;
everybody, everyone, ecc.; *nobody, no-one*, ecc.;
who, what, where, how, why;
little e *(not) much*.

> *Would you like **anything else**?*
> Vuoi qualcos'altro?

> *'Harry gave me some perfume for Christmas.' 'Oh lovely. **What else** did you get?'*
> 'Harry mi ha regalato del profumo per Natale.' 'Oh, che bello. Che altro hai ricevuto?'

> ***Where else** did you go besides Madrid?*
> Dove sei andato oltre a Madrid?

> *We know when Shakespeare was born, and when he died, but we don't know **much else** about his life.*
> Sappiamo quando nacque Shakespeare e quando morì, ma non sappiamo molto di più della sua vita.

2 *Else* ha una forma possessiva *else's*.

> *You're wearing somebody **else's** coat.*
> Hai addosso il cappotto di qualcun altro.

Non c'è una forma plurale di *else*. Il plurale di *somebody else* (= 'qualcun altro') è *(some) other people* (= 'delle altre persone').

> ***Other people's** gardens often look better than our own.*
> I giardini degli altri spesso ci sembrano più belli del nostro.

3 *Or else* significa 'altrimenti'.

> *Let's go, **or else** we'll miss the train.*
> Andiamo, altrimenti perderemo il treno.

112 *enjoy*

```
enjoy + nome
enjoy + pronome
enjoy + -ing
```

Enjoy è sempre seguito da un complemento oggetto. *Enjoy* seguito da *myself/yourself*, ecc. significa 'divertirsi'.

> *'Did you **enjoy** the party?' 'Yes, I **enjoyed** it very much.'*
> 'Ti è piaciuta la festa?' 'Sì, moltissimo.'

> *I really **enjoyed myself** when I went to Rome.*
> (NON *I really enjoyed when I went* . . .)
> Mi sono proprio divertito quando sono andato a Roma.

Enjoy può essere seguito dalla forma *-ing*.

> *I don't **enjoy looking after** children.* (NON . . . *enjoy to look* . . .)
> Non mi piace occuparmi dei bambini.

113 enough

1. *Enough* segue gli aggettivi (da soli, senza un nome) e gli avverbi.

   > aggettivo/avverbio + *enough*

   *Is it **warm enough** for you?* (NON . . . ~~enough warm~~ . . .)
   Fa abbastanza caldo per te?

   *You are not driving **fast enough**.*
   Non stai guidando abbastanza veloce.

2. *Enough* precede i nomi.

   > *enough* (+ aggettivo) + nome

   *Have you got **enough milk**?* (NON . . . ~~enough of milk?~~)
   Hai abbastanza latte?

   *There isn't **enough blue paint** left.*
   Non è rimasta abbastanza vernice blu.

   Si usa *enough of* prima dei pronomi e dei determinanti (per esempio *the, my, this*).

   > *enough of* + pronome

   *We didn't buy **enough of them**.*
   Non ne abbiamo comprati abbastanza.

   > *enough of* + determinante (+ aggettivo) + nome

   *The exam was bad. I couldn't answer **enough of the questions**.*
   L'esame è andato male. Non sono riuscito a rispondere ad abbastanza domande.

   *Have we got **enough of those new potatoes**?*
   Ne abbiamo abbastanza di quelle patate nuove?

3. Dopo *enough* si può usare una costruzione con l'infinito.

   > *enough* . . . + infinito

   *She is old **enough to do** what she wants.*
   È abbastanza grande per fare ciò che vuole.

   *I haven't got **enough** money **to buy** a car.*
   Non ho abbastanza soldi per comprare una macchina.

   > *enough* + *for* + oggetto + infinito

   *It's late **enough for us to stop** work.*
   Si è fatto abbastanza tardi perché possiamo smettere di lavorare.

114 le esclamazioni

1 con *how* (piuttosto formale)

> *how* + aggettivo

*Strawberries! **How nice!***
Fragole! Che bello!

> *how* + aggettivo/avverbio + soggetto + verbo

How cold *it is!* (NON ~~How it is cold!~~)
Che freddo fa!

How beautifully *you sing!* (NON ~~How you sing beautifully!~~)
Come canti bene!

> *how* + soggetto + verbo

How *you've grown!*
Come sei cresciuto!

2 con *what*

> *what a/an* (+ aggettivo) + nome numerabile singolare

What a *rude man!* (NON ~~What rude man!~~)
Che uomo maleducato!

What a *nice dress!* (NON ~~What nice dress!~~)
Che bel vestito!

What a *surprise!*
Che sorpresa!

> *what* (+ aggettivo) + nome non numerabile o plurale

What *beautiful weather!* (NON ~~What a beautiful weather!~~)
Che bel tempo!

What *lovely flowers!*
Che bei fiori!

3 frasi interrogative negative

Isn't *the weather nice!* ***Hasn't*** *she grown!*
Non è un tempo splendido! Com'è cresciuta!

Nell'inglese americano si usano spesso come esclamazioni delle costruzioni interrogative (non negative).

Am I *hungry!* ***Did she*** *make a mistake!*
Accidenti che fame! Caspita, che errore ha fatto!

115 espressioni tipiche della vita quotidiana e sociale

1 presentazioni

Modi comuni per presentare delle persone che non si conoscono sono:

John, do you know Helen? *Helen, this is my friend John.*
John, conosci Helen? Helen, questo è il mio amico John.

Sally, I don't think you've met Elaine.
Sally, non credo che tu conosca Elaine.

I don't think you two know each other, do you?
Non penso che voi due vi conosciate, vero?

Can/May I introduce John Willis? (più formale)
Posso presentarLe John Willis?

Quando la gente viene presentata, dice *Hello* (= 'Ciao', 'Salve') o *How do you do?* (= 'Piacere': più formale). Notare che *How do you do?* non è una domanda, e non ha alcuna risposta. (Non ha lo stesso significato di *How are you?*)

> CELIA: *'I don't think you two know each other, do you?*
> *Alec Sinclair — Paul McGuire.'*
> ALEC:
> PAUL: } *'How do you do?'*

2 saluti

Hello. Hi. (molto informale)
Salve. Ciao.

Saluti più formali:

Good morning / Good afternoon / Good evening.
Buongiorno / Buon pomeriggio / Buonasera.

Notare che in inglese *Good evening* si dice soltanto di sera. Nel pomeriggio si dice, invece, *Good afternoon*.

Quando la gente si saluta andando via:

Goodbye.
Bye. (informale)
Bye-bye. (spesso usato con e dai bambini)
See you. (informale)
Cheers. (informale)
Good morning/afternoon/evening/night. (formale)

3 informazioni sulla salute, ecc.

Quando si incontra qualcuno, spesso ci si informa cortesemente sulla sua salute o sulle sue condizioni generali.

| *How are you?* | *How are things?* (informale) | *How's it going?* (informale) |
| Come stai/sta? | Come vanno le cose? | Come va? |

Risposte:

Very well, thank you. And you?
Molte bene, grazie. E tu/Lei?

Risposte informali:

| *Not too bad.* | *OK.* | *So-so.* | *All right.* | *(It) could be worse.* |
| Abbastanza bene. | Bene. | Così così. | Bene. | Potrebbe andar peggio. |

4 auguri

Per occasioni particolari si usano:

Happy birthday! Many happy returns!
Buon compleanno! Cento di questi giorni!

Happy New Year/Easter!
Buon Anno!/Buona Pasqua!

Happy/Merry Christmas!
Buon Natale!

5 vacanze

Prima di una vacanza si può dire:

Have a good holiday.
Buone vacanze!

Quando la vacanza è finita si può dire:

Did you have a good holiday?
Hai fatto una bella vacanza?

6 viaggi

Non sempre si augura buon viaggio, ma si può dire:

Have a good trip.
Have a good journey. ⎫ Buon viaggio.
Safe journey home. ⎭

Dopo un viaggio (per esempio quando si incontra qualcuno all'aeroporto o alla stazione) si può dire:

Did you have a good journey/flight/trip?
Hai fatto buon viaggio?

7 pasti

Gli inglesi non hanno espressioni particolari per l'inizio o la fine del pasto. Se si pranza in famiglia, si può fare un apprezzamento sul cibo durante il pasto:

This is very nice.
Questo è molto buono.

o dopo:

That was lovely: thank you very much.
Grazie per l'ottima cena.

Alcune persone religiose recitano *grace* (una breve preghiera) prima e dopo i pasti.

8 visite e inviti

Non ci sono espressioni stabilite da usare quando si va a trovare qualcuno. Gli inviti iniziano spesso con:

Would you like to . . ?
Vorresti . . ?

Possibili risposte:

Thank you very much. That would be very nice.
Molte grazie. Sarebbe molto bello.

Sorry. I'm afraid I'm not free.
Mi dispiace. Purtroppo non sono libera.

Normalmente si ringrazia per l'ospitalità nel momento in cui ci si accomiata.

Thank you very much. That was a wonderful evening.
Molte grazie. È stata una magnifica serata.

9 prima di dormire e al risveglio

Spesso, quando qualcuno va a letto, si dice *Sleep well* (= 'Dormi bene').
Al mattino si può chiedere:

Did you sleep well? *Did you have a good night?* *How did you sleep?*
Hai dormito bene? Hai passato una buona notte? Come hai dormito?

10 porgere qualcosa

Quando si porge una cosa si può dire *Here you are* (= 'Ecco qui').

*'Have you got a map of London?' 'I think so. Yes, **here you are**.'*
'Hai una cartina di Londra?' 'Penso di sì. Sì, ecco(la) qui.'
'Thanks.'
'Grazie.'

11 chiedere qualcosa

Per chiedere qualcosa, in inglese si usano, normalmente, delle domande che prevedono la risposta *yes* o *no*.

Could you lend *me a pen?* (NON ~~Please lend me a pen~~.)
Potresti prestarmi una penna?

Per fare una richiesta in modo più gentile, o per accettare un'offerta, si usa *please*.

*Could I have some more, **please**?* *'Would you like some wine?' 'Yes, **please**.'*
Posso prenderne ancora, per favore? 'Vuoi del vino?' 'Sì, grazie.'

Notare che *please* non cambia un ordine in una richiesta.

Stand over there. (ordine) *Please stand over there.* (ordine gentile)
Stai lì. Per favore stai lì.

Per maggiori particolari, cfr. 300.

12 ringraziamenti

Le espressioni più frequenti per ringraziare sono:

Thank you very much.
Thank you.
Thanks. (informale)
Thanks a lot. (informale)

Dopo *thank you/thanks* si può usare *for* + *-ing*.

*'Thank you **for coming**.' 'Not at all. Thank you **for having** me.'*
'Grazie di essere venuto.' 'Grazie a te per avermi invitato.'

In inglese non è né obbligatorio né automatico rispondere a un ringraziamento. Un equivalente vero e proprio di 'prego' non esiste, ma volendo si può dire *Not at all, You're welcome* (specialmente nell'inglese americano), *That's all right* o *That's OK* (informale). Confrontare:

A *'Here's your coat.'* B *'Thanks'.* A (nessuna risposta)
'Ecco la tua giacca.' 'Grazie.'

B *'Thanks a lot.'* A *'That's OK.'* (NON *... 'Please.'*)
'Grazie.' 'Prego.'

13 complimenti

Quando ci si vuole complimentare con una persona si può dire *Congratulations!* o *Well done!*

'I'm getting married next month.' 'Congratulations!'
'Il mese prossimo mi sposo.' 'Congratulazioni!'

'I've passed my English exam.' 'Well done!'
'Ho passato l'esame di inglese.' 'Complimenti!'

Congratulations on passing your driving test.
Complimenti per aver passato l'esame di guida.

14 condoglianze

Quando si vuole esprimere partecipazione al dolore di qualcuno si può dire *I'm sorry about . . .* o *I was sorry to hear about . . . .* Su un biglietto di condoglianze si può scrivere *With deepest sympathy.*

I was sorry to hear about your mother.
Ho appreso con dolore quanto è accaduto a tua madre.

15 scuse

a Di solito si usa *excuse me* prima di interrompere o disturbare qualcuno e *sorry* dopo aver disturbato. Si usa anche *excuse me* per attirare l'attenzione di qualcuno. Confrontare:

Excuse me, *could I get past? . . .* **Oh, sorry**, *did I step on your foot?*
Mi scusi, posso passare? . . . Oh, scusi, le ho pestato un piede?

Excuse me, *could you tell me the way to the station?*
Scusi, potrebbe indicarmi la via per la stazione?

I beg your pardon è un modo più formale di scusarsi.

I beg your pardon, I'm afraid I didn't realise this was your seat.
Mi scusi, non mi ero reso conto che questo è il suo posto.

b Se non si sente o non si capisce qualcuno che parla, si dice *Sorry?, What?* (informale) o *(I beg your) pardon?*
Gli americani dicono anche *Pardon me?*

'Mike's on the phone.' **'Sorry?'** *'I said, "Mike's on the phone." '*
'C'è Mike al telefono.' 'Scusa?' 'Ho detto, "C'è Mike al telefono." '

> 'See you tomorrow.' '**What?**' 'I said, "See you tomorrow." '
> 'A domani.' 'Come?' 'Ho detto, "A domani." '
>
> 'You're going deaf.' '**I beg your pardon?**'
> 'Stai diventando sordo.' 'Prego?'

c Per scusarsi in modo più formale, si può usare il verbo *apologise (for + -ing)*. Confrontare:

> *I apologise for not writing before.* (formale)
> Mi scuso di non aver scritto prima.
>
> *I said I was sorry, but she didn't listen to me.* (informale)
> Mi scusai, ma lei non mi stette a sentire.

Attenzione a non confondere *apologies* (le scuse per esprimere rincrescimento) con *excuse(s)* (le scuse che si trovano come giustificazione). Confrontare:

> *Please give her my **apologies**.*
> Per favore, falle le mie scuse.
>
> *It was very late. I made **an excuse** and went home.*
> Era molto tardi. Trovai una scusa e andai a casa.

116 l'età

1 Per esprimere l'età delle persone si usa la struttura $\boxed{be + \text{numero}}$

> *He **is** thirty-five.*
> Ha trentacinque anni.
>
> *She **will be** twenty-one next year.*
> Compirà ventun'anni l'anno prossimo.

OPPURE $\boxed{be + \text{numero} + years\ old}$.

> *He **is** thirty-five **years old**.* (NON *He is thirty-five years*.)

Per chiedere l'età di qualcuno si usa *How old are you?* È corretto chiedere *What is your age?*, ma non è usuale.

2 Notare la struttura $\boxed{be + \ldots age}$ (senza preposizione).

> *When I **was your age**, I was already working.*
> Quando avevo la tua età, lavoravo già.
>
> *The two boys **are the same age**.*   *She's **the same age** as me.*
> I due ragazzi hanno la stessa età.   Ha la mia stessa età.

117 *even*

1 Si può usare *even* (= 'anche', 'perfino') riferendosi a qualcosa che supera le aspettative. Di solito *even* occupa nella frase la posizione intermedia (cfr. 55.2).

$\boxed{\begin{array}{l}\text{ausiliare} + even \\ be + even\end{array}}$

> *She has lost half her clothes. She **has even** lost two pairs of shoes.*
> Ha perso la metà dei suoi vestiti. Ha perso anche due paia di scarpe.
>
> *She is rude to everybody. She **is even** rude to the police.*
> È sgarbata con tutti. È sgarbata perfino con la polizia.

> *even* + altro verbo

*They do everything together. They **even brush** their teeth together.*
Fanno tutto insieme. Si lavano perfino i denti insieme.

*He speaks lots of languages. He **even speaks** Eskimo.*
Parla molte lingue. Parla perfino l'eschimese.

Even può essere messo in altre posizioni quando si vuole accentuare una particolare espressione.

*Anybody can do this. **Even a child** can do it.*
Tutti sono capaci di farlo. Lo sa fare anche un bambino.

*He eats anything — **even raw potatoes**.*
Mangia qualsiasi cosa, perfino le patate crude.

*I work every day, **even on Sundays**.*
Lavoro tutti i giorni, anche di domenica.

2 *Not even* significa 'neanche', 'neppure'.

He can't even write his own name.
Non sa neppure scrivere il suo nome.

*I haven't written to anybody in months - **not even** my parents.*
Non scrivo a nessuno da mesi, nemmeno ai miei genitori.

She didn't even offer me a cup of tea.
Non mi offrì neppure una tazza di tè.

3 *Even* non si usa come congiunzione, ma si può usare prima di *if* e *though* col significato di 'anche se'.

***Even if** I become a millionaire, I shall always be a socialist.*
Anche se divento miliardario, sarò sempre socialista.

***Even though** I didn't know anybody at the party, I had a good time.*
Anche se non conoscevo nessuno alla festa, mi sono divertita.

4 *Even so* significa 'comunque', 'ciò nonostante'.

*He seems nice. **Even so**, I don't really like him.*
Sembra gentile. Comunque non mi è tanto simpatico.

▶ Per la traduzione di 'anche/neanche', cfr. 28.

118 *ever* e *never*

1 *Ever* significa 'mai' = 'una volta qualsiasi' e non si deve confondere con *never* che significa 'mai' = 'neppure una volta'. Confrontare:

*Do you **ever** go to Ireland on holiday?*
(Non) vai mai in Irlanda in vacanza?

*We **never** have holidays in England.*
Non andiamo mai in vacanza in Inghilterra.

2   *Ever* si usa prevalentemente nelle domande. Si usa anche nelle frasi affermative dopo *if* e con parole che esprimono un'idea negativa (come *nobody, hardly* o *stop*).

Do you ever *go to pop concerts?*   *I* **hardly ever** *see my sister.*
Vai mai ai concerti di musica pop?   Non vedo quasi mai mia sorella.

Come and see us **if** *you are* **ever** *in Manchester.*
Vieni a trovarci se mai ti trovi a Manchester.

Nobody ever *visits them.*   *I'm going to* **stop** *her* **ever** *doing that again.*
Non va mai nessuno a trovarli.   Non lo farà mai più. Glielo impedirò.

3   Quando *ever* si usa col **present perfect**, significa 'mai fino a questo momento'. Confrontare:

Have you ever *been to Greece?*
Sei mai stato in Grecia? (periodo indeterminato)

Did you ever *go to Naples when you were in Italy?*
Sei mai andato a Napoli quando eri in Italia? (periodo preciso nel passato)

4   Notare la costruzione comparativo + *than ever*.

You are looking **lovelier than ever.**
Sei più bella che mai.

5   *Forever* (oppure *for ever*) significa 'per sempre' e *ever since* significa 'fin da'.

I shall love you **forever.** *I have loved you* **ever since** *I met you.*
Ti amerò per sempre. Ti ho amato fin dal primo momento che ti ho visto.

▶   Per l'uso di *never*, cfr. anche 143.5, 263.4, 326.3.
Per *who ever, what ever*, ecc., cfr. 365.
Per *whoever, whatever*, cfr. 366.

119 *every* e *every one*

1   Si usa *every* davanti a un nome singolare.

every + nome singolare

I see her **every day.**
La vedo ogni giorno/tutti i giorni.

Every room *is being used.*
In questo momento tutte le stanze sono occupate.

2   Si usa *every one of* davanti a un pronome personale o a un determinante *(my, the, these*, ecc.). Il pronome o il nome che segue è plurale.

every one of us/you/them
every one of + determinante + nome plurale

His books are wonderful. I've read **every one of them.**
I suoi libri sono bellissimi. Li ho letti tutti.

Every one of the plates *is broken.*
Tutti i piatti sono rotti.

3 Si può usare *every one* senza un nome.

> *Every one is broken.*
> *I've read every one.*

4 Si usa *every* con un nome plurale nelle espressioni *every three days*, *every six weeks*, ecc.

> *I go to Italy every six weeks.*
> Vado in Italia ogni sei settimane.

5 *Everybody*, *everyone* e *everything* si usano coi verbi al singolare come *every*.

> *Everybody has gone home.* (NON *Everybody have* . . .)
> Sono andati tutti a casa.
>
> *Everything is ready.*
> È tutto pronto.

▶ Per *he* o *she* o *they* dopo *every*, *everybody*, cfr. 320.
Per il significato di *each* e *every*, cfr. 106.

120 *except* e *except for*

Si usano sia *except* che *except for* dopo parole che indicano una totalità, come *all*, *any*, *every*, *no*, *anything/body/one/where*, *everything/body/one/where*, *nothing/body/one/where*, *whole*.
Negli altri casi si usa, di solito, *except for*. Confrontare:

> *He ate everything on his plate except (for) the beans.*
> Mangiò tutto quello che aveva nel piatto tranne i fagioli.
>
> *He ate the whole meal except (for) the beans.*
> Mangiò tutto il pasto tranne i fagioli.
>
> *He ate the meal except for the beans.* (NON *. . . except the beans.*)
> Mangiò il pasto tranne i fagioli.
>
> *I've cleaned all the rooms except (for) the bathroom.*
> Ho pulito tutte le stanze tranne il bagno.
>
> *I've cleaned the whole house except (for) the bathroom.*
> Ho pulito tutta la casa tranne il bagno.
>
> *I've cleaned the house except for the bathroom.* (NON *. . . except the bathroom.*)
> Ho pulito la casa tranne il bagno.
>
> *We're all here except (for) John and Mary.*
> *Except for John and Mary, we're all here.* (NON *Except John and Mary* . . .)
> Siamo tutti qui tranne John e Mary.

2 Davanti alle preposizioni e alle congiunzioni si usa *except*.

> *It's the same everywhere except in Scotland.*
> È uguale dappertutto tranne che in Scozia.
>
> *She's beautiful except when she smiles.*
> È bella tranne quando sorride.

▶ Per *except* e *but*, cfr. 73.

121 *expect, wait* e *look forward*

1 significato

> *expect* = aspettarsi, pensare che qualcosa succeda
> *wait* = aspettare qualcosa o qualcuno
> *look forward* = aspettare con desiderio che qualcosa succeda

Confrontare:

*I'm **expecting** a phone call from John today.*
Mi aspetto una telefonata da John oggi.

*I **waited** for her till eleven and then I went out.*
L'ho aspettata fino alle undici, poi sono uscito.

*He's **looking forward** to his birthday.*
Non vede l'ora che arrivi il suo compleanno.

2 costruzione

> *expect* + oggetto
> *expect* (+ oggetto) + infinito
> *expect* + *that* + frase
> *expect so*

I'm expecting a phone call.   *I expect to see her on Sunday.*
Mi aspetto una telefonata.   Penso di vederla domenica.

I'm expecting him to arrive soon.
I expect (that) he'll be here soon.
Penso che arriverà fra poco.

'Is Lucy coming?' 'I expect so.'
'Lucy viene?' 'Penso di sì.'

> *wait*
> *wait and ...*
> *wait for* + oggetto
> *wait* + infinito
> *wait for* + oggetto + infinito

'Can I go now?' 'Wait.'
'Posso andare adesso?' 'Aspetta.'

'What's for supper?' 'Wait and see.'
'Che cosa c'è per cena?' 'Aspetta e vedrai.'

I'm waiting for a phone call.   *I'm waiting to hear from John.*
Aspetto una telefonata.   Aspetto di sentire John.

I'm waiting for John to call.
Aspetto che mi chiami John.

> *look forward to* + oggetto
> *look forward to* + *-ing*

I'm looking forward to the holidays.
Non vedo l'ora che arrivino le vacanze.

I look forward to hearing from you. (Cfr. 137.)
In attesa di una risposta.

122 *explain*

Dopo *explain* si usa la preposizione *to* + persona (oggetto indiretto).

*I explained my problem **to her**.* (NON *I explained her my problem*.)
Le ho spiegato il mio problema.

*Can you explain (**to me**) how to get to your house?*
(NON *Can you explain me . . ?*)
Puoi spiegarmi come si arriva a casa tua?

123 *fairly, quite, rather* e *pretty*

not	fairly	quite	rather/pretty	very
nice	nice	nice	nice	nice

1 *Fairly* modifica aggettivi e avverbi. Non è molto forte: se si dice di una persona che è *fairly nice* o *fairly clever*, non sarà molto contenta.

*'How was the film?' '**Fairly** good. Not the best one I've seen this year.'*
'Com'era il film?' 'Discreto, ma non il migliore che abbia visto quest'anno.'

*I speak Greek **fairly** well — enough for most everyday purposes.*
Parlo il greco discretamente, quanto basta per le necessità di ogni giorno.

2 *Quite* è un po' più forte di *fairly*.

*'How was the film?' '**Quite** good. You ought to go.'*
'Com'era il film?' 'Abbastanza bello. Dovresti andarci.'

*He's been in Greece for two years, so he speaks Greek **quite** well.*
È in Grecia da due anni, perciò parla abbastanza bene il greco.

Quite può modificare i verbi. Si mette prima del verbo, se è un tempo semplice, oppure tra l'ausiliare e il verbo, se è un tempo composto.

*It was a good party. I **quite enjoyed** myself.*
Era una bella festa. Mi sono proprio divertito.

*I **haven't quite understood** the question.*
Non ho capito bene la domanda.

3 *Rather* è più forte di *quite*. Può significare 'più di solito', 'più del previsto' o 'più di quanto si vorrebbe'.

*'How was the film?' '**Rather** good — I was surprised.'*
'Com'era il film?' 'Piuttosto bello; mi ha sorpreso.'

*Maurice speaks Greek **rather** well. People often think he's Greek.*
Maurice parla piuttosto bene il greco. Spesso la gente pensa che sia greco.

*I think I'll put the heating on. It's **rather** cold.*
Penso che accenderò il riscaldamento. Fa piuttosto freddo.

Rather può modificare i verbi.

*I **rather** like gardening.*
A dir la verità, il giardinaggio mi piace.

4 *Pretty* è simile a *rather*. Si usa solo nell'inglese informale.

> *'How are you feeling?' **'Pretty** tired. I'm going to bed.'*
> 'Come ti senti?' 'Piuttosto stanco. Vado a letto.'

5 Note

a   L'esatto significato di queste parole può dipendere dall'intonazione usata.

b   *Quite* non si usa molto in questo senso nell'inglese americano.

c   Di solito, *quite* e *rather* precedono l'articolo *a/an*.

> *It was **quite a** nice day.*
> È stata una giornata abbastanza bella.
>
> *I'm reading **rather an** interesting book.*
> Sto leggendo un libro piuttosto interessante.

d   Per altri significati di *quite*, cfr. 298. Per altri significati di *rather*, cfr. 371.

e   Non confondere questo significato di 'abbastanza' con *enough* (= 'abbastanza', 'sufficiente'). Cfr. 113.

124 falsi amici (false friends)

Ci sono delle parole inglesi e delle parole italiane che si assomigliano, ma non hanno lo stesso significato. I falsi amici più importanti sono i seguenti:

abusive offensivo, ingiurioso	abusivo *illegal*
accident incidente	accidente *stroke* (med.), *shock*
to accommodate alloggiare	accomodare *to mend* (= 'riparare'), *to come in, to sit down* (= 'accomodarsi')
actual/actually reale, effettivo / in realtà, di fatto	attuale/attualmente *present, current / at present*
advertisement inserzione pubblicitaria, annuncio	avvertimento *warning*
advice/to advise consigli/consigliare	avviso/avvisare *notice / to inform, to alert*
ancient antico	anziano *elderly, old*
annoyed/to annoy infastidito/dare fastidio	annoiato/annoiare *bored/to bore*
argument discussione	argomento *subject, topic*
to assume supporre	assumere *to take on, to appoint* (per un lavoro)
to attack colpire, aggredire	attaccare *to attach, to stick, to hang up (the phone)*
to attend frequentare, essere presente	attendere *to wait*

attic	attico
soffitta, mansarda	*penthouse*
attitude	attitudine
opinione, atteggiamento	*aptitude, bent*
audience	udienza
pubblico	*hearing* (legale)
author	autore
scrittore	*writer, painter*, ecc.; *the person responsible for . . .*
brave	bravo
coraggioso	*good, clever*
camera	camera
macchina fotografica	*room*
canteen	cantina
mensa	*cellar*
card	carta
cartolina, biglietto	*paper, map, playing card*
casual	casuale
informale	*chance, fortuitous*
cave	cava
grotta, caverna	*quarry, mine*
conference	conferenza
convegno	*public lecture*
confidence	confidenza
fiducia	*familiarity, intimacy*
consistent	consistente
conforme a, coerente	*tough, substantial, thick*
convenient	conveniente
comodo, a portata di mano	*good value, cheap*
crude	crudo
grezzo, grossolano	*raw*
delusion/to delude	delusione/deludere
illusione/illudere	*disappointment/to disappoint*
to demand	domandare
esigere, pretendere, richiedere	*to ask*
design	disegno
linea, progetto	*drawing*
discomfort	sconforto
scomodità, fastidio	*discouragement*
disgrace	disgrazia
vergogna, onta	*misfortune*
disposable	disponibile
da gettare dopo l'uso, usa e getta	*available*
distracted	distratto
agitato, sconvolto	*absent minded, preoccupied*
to divert	divertire
deviare	*to amuse, to entertain*

editor	editore
direttore (di un giornale), redattore	*publisher*
educated	educato
istruito, colto	*good-mannered, polite*
egoistic	egoista
egocentrico	*selfish*
eventual/eventually	eventuale/eventualmente
finale / alla fine, prima o poi	*possible / perhaps, possibly, if the occasion arises*
exhibition	esibizione
mostra	*performance*
extravagant	stravagante
spendaccione, smodato	*odd, eccentric*
fabric	fabbrica
tessuto	*factory*
factory	fattoria
fabbrica	*farm*
fastidious	fastidioso
pignolo, esigente	*irritating, annoying*
fine (n.)	fine (n.)
multa	*end*
firm (n.)	firma (n.)
ditta	*signature*
genial	geniale
gioviale, socievole, cordiale	*brilliant, ingenious*
gentle	gentile
leggero, fine, dolce	*kind, polite*
grand	grande
grandioso, solenne	*big, large, great*
to guard	guardare
sorvegliare, proteggere	*to look at*
to hurt	urtare
far male, ferire	*to knock/bump/crash into*
inconvenient (a.)	inconveniente (n.)
scomodo	*drawback, mishap*
ingenuity	ingenuità
ingegnosità, abilità	*naiveté, naive thing*
injury	ingiuria
ferita	*insult*
joke (n.)	gioco
scherzo	*game*
jolly (a.)	jolly (n.)
gioviale	*joker*
large	largo
grande	*wide, broad*
lecture (n.)	lettura
conferenza, lezione	*reading*

library biblioteca	libreria *bookshop*
to license dare una licenza	licenziare *to dismiss, to sack*
local (a.) locale, del posto	locale (n.) *room, place, bar*
lunatic (n.) pazzo	lunatico (a.) *moody*
magazine rivista	magazzino *store, warehouse*
marmalade marmellata di arance	marmellata *jam*
miser (n.) avaro	misero (a.) *poor, unhappy, wretched*
miserable molto infelice	miserabile *mean, abject* (moralmente), *very poor*
morbid morboso	morbido *soft, smooth*
notice (n.) annuncio, comunicazione, avviso	notizia *news, information*
novel romanzo	novella *short story*
occasionally ogni tanto	occasionale *chance* (a.)
to occur accadere	occorrere *to be needed*
ostrich struzzo	ostrica *oyster*
pain dolore (gener. fisico)	pena *grief, sorrow, punishment*
parent genitore	parente *relative*
to part separare, dividere	partire *to leave*
pavement marciapiede	pavimento *floor*
petrol benzina	petrolio *oil, petroleum*
picture quadro, figura, immagine	pittura *painting*
preoccupied assorto, svagato	preoccupato *worried*
to pretend fingere, far finta di	pretendere *to claim*
principal (n.) preside, direttore di un istituto	principale (n.) *boss, head*

public school
scuola privata

to rape
violentare, stuprare

rate (n.)
ritmo, prezzo, indice, tasso

record (n.)
disco, documentazione, primato

to recover
riprendersi, guarire

to regard
considerare

relevant
attinente, pertinente, relativo

to retain
tenere, conservare

rude
maleducato, sgarbato, osceno

rumour
voce, diceria

sane
sano di mente, sensato

scholar
studioso (n.)

scope
portata, sbocco, competenza

sensible
sensato, ragionevole

spade
vanga, picche (carta da gioco)

stamp (n.)
impronta, timbro, francobollo

stranger
estraneo, sconosciuto

to support
appoggiare, sostenere

sympathetic
comprensivo

taste (n.)
sapore, gusto

trivial
banale, insignificante

ultimately
infine, alla fine, in definitiva

vicious
cattivo, maligno

scuola pubblica
state school

rapire
to kidnap

rata
instalment

ricordo
memory, souvenir

ricoverare
to admit/take to hospital, to shelter

riguardare
to concern, to be about

rilevante
important, remarkable

ritenere
to think, to believe, to consider

rude
rough, simple, unsophisticated

rumore
noise, sound

sano
healthy

scolaro/a
schoolboy/schoolgirl

scopo
purpose, aim

sensibile
sensitive, perceptible

spada
sword

stampa
print, press

straniero
foreigner

sopportare
to stand, to bear

simpatico
nice, pleasant

tasto
key, button

triviale
coarse, vulgar

ultimamente
lately, recently

vizioso
bad, dissolute

125 *far* e *a long way*

Far è più comune nelle domande, nelle frasi negative e dopo *too* e *so*. È spesso seguito dalla preposizione *from*.

How far did you walk?
Fin dove sei arrivato (a piedi)?

You've gone **too far**.
Sei andato troppo in là.

I **don't** live **far from** here.
Non abito lontano da qui.

'Any problems?' 'Not **so far**.'
'Qualche problema?' 'Finora no.'

Nelle frasi affermative, di solito, si usa *a long way (from)*.

We walked **a long way**. (Si può dire *We walked **far***, ma non è consueto.)
Siamo andati lontano. / Abbiamo fatto molta strada.

She lives **a long way from** here.
Abita lontano da qui.

Anche *much*, *many* e *long* (temporale) sono più comuni nelle domande e nelle frasi negative. (Cfr. 218, 208.)

Notare la domanda *How far is it (from . . .)?* = 'Quanto dista (da . . .)?'

▶ Per l'uso di *far* con i comparativi, cfr. 88.

126 come tradurre 'fare'

I principali verbi inglesi che corrispondono a 'fare' sono:

1 *do*

Si usa in senso astratto, generale.

What are you **doing**?
Cosa stai facendo?

2 *make*

Significa 'creare', 'fabbricare', 'produrre'.

Paul **made** the plates and I painted them.
Paul ha fatto i piatti e io li ho dipinti.

Per la differenza tra *do* e *make*, cfr. 104.

3 *make* + aggettivo

Significa 'rendere'.

He **makes** me **angry** every time I speak to him.
Mi fa arrabbiare ogni volta che parlo con lui.

4 *be a . . .*

Significa 'esercitare una professione'.

He **has been a teacher** for twenty years.
Fa l'insegnante da vent'anni.

5 *play, act*

Significa 'interpretare', 'far la parte di ...'.

> *He **played** the hero for one night.*
> Ha fatto la parte dell'eroe per una sera.

6 *act as, be*

Significa 'fare da ...'.

> *He **acts as** her secretary and interpreter.*
> Le fa da segretario e da interprete.

7 'Fare + infinito' si traduce con due costruzioni:

a con valore attivo

| *make* + persona + infinito senza *to* | (causa/effetto o obbligo)

> *You **make me laugh**!*
> Mi fai ridere!

| *get* + persona + infinito | (= 'persuadere')

> ***Get somebody to help** you.*
> Fatti aiutare da qualcuno.

| *have* + persona + infinito senza *to* | (specialmente nell'inglese americano)

> ***Have everybody sign** the document before going away.*
> Faccia firmare a tutti il documento prima che vadano via.

| *let* + persona + infinito senza *to* | (= 'permettere')

> ***Let them talk** as long as they like.*
> Falli parlare quanto vogliono.

b con valore passivo

| *have/get* + oggetto + participio passato (+ *by* + persona) |

> ***Get the car repaired** immediately.*
> Fai riparare immediatamente la macchina.

127 *farther* e *further*

1 Si usano sia *farther* che *further* per parlare della distanza. Non c'è differenza di significato.

> *Edinburgh is **farther/further** away than York.*
> Edimburgo è più lontana di York.

(Solo *farther* viene usato in questo senso nell'inglese americano.)

2 Si usa *further* (ma non *farther*) per esprimere un'aggiunta, qualcosa in più.

> *For **further** information, see page 277.*
> Per ulteriori informazioni, cfr. pag. 277.

> *College of **Further** Education.*
> Istituto di istruzione per adulti.

128 *fast*

Fast può essere un aggettivo o un avverbio.

> *I've got a **fast** car.* (aggettivo)
> Ho una macchina veloce.
>
> *It goes **fast**.* (avverbio)
> Va veloce.

129 *feel*

Feel ha diversi significati:

1. 'toccare qualcosa', 'sentire al tatto'

   > ***Feel** the car seat, it's wet.*
   > Tocca il sedile della macchina, è bagnato.

   Si può usare alla forma progressiva.

   > *'What are you doing?' **'I'm feeling** the shirts to see if they are dry.'*
   > 'Cosa stai facendo?' 'Sento se le camicie sono asciutte.'

2. 'sentire', 'provare una sensazione fisica'

   > *I suddenly **felt** something on my leg.*
   > Improvvisamente sentii qualcosa sulla gamba.

   Non si usa alla forma progressiva, ma si usa spesso *can feel* per parlare di una sensazione presente.

   > *I **can feel** something biting me!*
   > Sento qualcosa che mi morde!

3. 'pensare', 'ritenere'
   Non si usa alla forma progressiva.

   > *I **feel** that you're making a mistake.* (NON *I'm feeling* . . .)
   > Sento che stai facendo uno sbaglio.

4. 'essere', 'sentirsi'
   Si usa come verbo copulativo (cfr. 352), seguito da un aggettivo.

   > *Your hands **feel** cold on my skin.*
   > Le tue mani sono fredde sulla mia pelle.
   >
   > *I **feel** fine.*
   > Sto bene.
   >
   > *Do you **feel** happy?*
   > Sei felice?

   Si può usare la forma progressiva per parlare degli stati d'animo.

   > *I'**m feeling** fine.*
   > Mi sento bene.
   >
   > *How **are** you **feeling**?*
   > Come ti senti?

130 *(a) few* e *(a) little*

1. Si usa *few* con i nomi plurali e *little* con i nomi singolari non numerabili. Confrontare:

   Few *politicians are really honest.*
   Pochi uomini politici sono veramente onesti.

   I have **little** *interest in politics.*
   Ho poco interesse per la politica.

2. C'è differenza tra *a few* e *few* e tra *a little* e *little*. *Few* e *little* hanno un senso piuttosto negativo: significano 'non molti/non molto'. *A few* e *a little* hanno un senso più positivo: il loro significato è più simile a *some*. Confrontare:

   His ideas are very difficult, and **few** *people understand them.*
   Le sue idee sono molto difficili, e pochi le capiscono. (= non molta gente, quasi nessuno)

   His ideas are very difficult, but **a few** *people understand them.*
   Le sue idee sono molto difficili, ma alcuni le capiscono. (= non tutti, ma alcuni)

   Cactuses need **little** *water.*
   I cactus hanno bisogno di poca acqua.

   Give the roses **a little** *water every day.*
   Dai un po' d'acqua alle rose ogni giorno.

3. *Few* e *little* (senza *a*) sono abbastanza formali. Nella conversazione si preferiscono *not many, not much, only a few, only a little*.

   Only a few *people speak a foreign language perfectly.*
   Pochi parlano perfettamente una lingua straniera.

   *Come on! We have***n't** *got* **much** *time.*
   Su! Non abbiamo molto tempo.

131 *fewer* e *less*

Fewer è il comparativo di *few* (usato davanti ai nomi plurali). *Less* è il comparativo di *little* (usato davanti ai nomi singolari non numerabili).

few problems
pochi problemi

fewer problems
meno problemi

little *petrol*
poca benzina

less *petrol*
meno benzina

I've got **fewer problems** *than I used to have.*
Ho meno problemi di un tempo.

My new car uses **less petrol** *than my old one.*
La mia macchina nuova consuma meno benzina di quella vecchia.

Nell'inglese informale, alcuni usano *less* con i nomi plurali.

132 come tradurre 'fino a', 'fin(o) da' e 'finché'

'Fino a', 'fin(o) da' e 'finché' possono riferirsi al tempo o al luogo.

1 preposizioni di tempo

a *until* e *till*
Significano 'fino a' e si usano per indicare un periodo di tempo fino a un certo momento. *Till* è meno formale.

> *I waited for her **until** six o'clock, but she didn't come.*
> (NON *I waited for her to six o'clock, ..*)
> L'ho aspettata fino alle sei, ma non è venuta.

Si può usare *to* dopo *from*.

> *I usually work **from** nine **to** five.* (OPPURE *... **from** nine **till** five.*)
> Di solito lavoro dalle nove (fino) alle cinque.

b *up to* e *up till*
Sono delle forme più forti di *to* e *till*.

> ***Up to/till** now, we haven't met anybody.*
> Finora non abbiamo incontrato nessuno.

c *from* e *since*
Significano 'fin(o) da' e si usano per indicare un periodo di tempo a partire da un certo momento. (Cfr.135.)

> *He had played the piano **since** he was a child / **from** his childhood.*
> Suonava il pianoforte fin da quand'era bambino / fin dall'infanzia.

2 preposizioni di luogo

a *as far as* e *to*
Significa 'fino a' e si usa per indicare le distanze.

> *We walked **as far as** the edge of the forest.* (OPPURE *We walked **to** the edge of the forest.*) (NON *... till the edge ...*)
> Abbiamo camminato fino al margine della foresta.

b *from (as far away as)*
Significa 'fin(o) da'.

> *The noise could be heard **from (as far away as)** the church.*
> Si poteva sentire il rumore fin dalla chiesa.

3 congiunzioni

a *so much that*
Significa 'fino a + infinito', 'tanto che'.

> *We ran **so much that** we were out of breath.*
> Corremmo fino a restare senza fiato.

b *until* e *till*
Significano 'fino a che', 'finché', 'fino a quando'.

> *You can only stay here **until** the teacher comes.*
> Potete restare qui soltanto fino a quando arriverà l'insegnante.

c **as long as**
Significa 'per tutto il tempo che', 'finché'.
> *You can stay here **as long as** you like.*
> Potete stare qui finché volete.

133 *for*: scopo

1. Si usa *for* prima di un nome per indicare lo scopo o la ragione per cui si fa qualcosa.
   > *We went to the pub **for a drink**.*   *I went to London **for an interview**.*
   > Siamo andati al pub a bere qualcosa.   Sono andato a Londra per un colloquio.

   Non si usa *for* prima di un verbo per indicare lo scopo.
   > *I went to the pub **to have** a drink.* (NON *... for to have a drink*.)
   > Sono andato al pub a bere qualcosa.

   > *I went to London **to see** about a job.*
   > Sono andato a Londra a vedere per un lavoro.

2. Si può usare la forma *for* + *-ing* per indicare la funzione di un oggetto, lo scopo per cui viene usato.
   > *We use an altimeter **for measuring** height.*
   > Usiamo un altimetro per misurare l'altitudine.

   > *'What's that stuff **for**?' '**Cleaning** leather.'*
   > 'A cosa serve quella roba?' 'A pulire il cuoio.'

134 *for* + oggetto + infinito

1. Si usa questa costruzione dopo certi aggettivi, per esempio: *usual* (= 'solito'), *unusual* (= 'insolito'), *common* (= 'comune'), *normal* (= 'normale'), *rare* (= 'raro'), *important* (= 'importante'), *essential* (= 'essenziale'), *necessary* (= 'necessario'), *unnecessary* (= 'non necessario'), *anxious* (nel senso di 'desideroso'), *delighted* (= 'lieto').

   > aggettivo + *for* + oggetto + *to* + infinito

   > *Is it usual **for John to be** late?*
   > È normale che John sia in ritardo?

   > *It's unusual **for the weather to be** bad in July.*
   > È insolito che il tempo sia brutto a luglio.

   > *It's important **for the meeting to start** at eight.*
   > È importante che la riunione cominci alle otto.

   > *It's unnecessary **for all of us to go** — one will be enough.*
   > Non è necessario che andiamo tutti, uno basterà.

   > *I'm anxious **for Peter to go** to a good school.* (= *I want him to go ...*)
   > Desidero molto che Peter vada ad una buona scuola.

   > *I'd be delighted **for you to come** and stay with us.*
   > Sarei molto lieto che tu venissi a stare con noi.

   Spesso si può anche usare una frase con *that*, ma, di solito, è più formale.
   > *It's important **that the meeting should start** at eight.*

2 Si usa la costruzione con *for* dopo *too* (cfr. 346.1) ed *enough* (cfr. 113.3).

*It's **too** heavy **for you to lift**.*
È troppo pesante da sollevare per te.

*It's warm **enough for the snow to melt**.*
Fa abbastanza caldo perché la neve si sciolga.

3 Si può usare la stessa costruzione dopo alcuni nomi, per esempio *idea* e *time*.

*His **idea** is **for us to travel** in separate cars.*
La sua idea è che noi viaggiamo in automobili diverse.

*It's **time for everybody to go** to bed.*
È ora che tutti vadano a letto.

4 Verbi comuni che sono seguiti da *for* + oggetto + infinito: *ask* (= 'chiedere'), *hope* (= 'sperare'), *arrange* (= 'fare in modo che'), *pay* (= 'pagare'), *wait* (= 'aspettare'), *take* [*time*] (= 'impiegare' [tempo]).

*She asked **for the car to be** ready by five o'clock.*
Ha chiesto che l'auto sia pronta per le cinque.

*I was hoping **for somebody to come** and help me.*
Speravo che venisse qualcuno ad aiutarmi.

*Can you arrange **for the car to be** ready this evening?*
Potete fare in modo che l'auto sia pronta per questa sera?

*He paid **for her to see** the best doctors.*
Ha pagato perché lei andasse dai migliori dottori.

*I'm waiting **for it to get** dark.*
Sto aspettando che diventi buio.

*It takes five days **for a letter to go** from London to New York.*
Una lettera impiega cinque giorni per andare da Londra a New York.

135 *for, since* e *from*

1 *For, since* e *from* sono preposizioni di tempo.

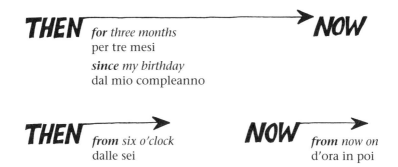

THEN *for* three months
per tre mesi

since my birthday
dal mio compleanno

NOW

THEN *from* six o'clock
dalle sei

NOW *from* now on
d'ora in poi

2. Si usa *for* per indicare la durata di qualcosa.

> *for* + periodo di tempo

*I once studied the guitar **for three years**.*
Tempo fa ho studiato la chitarra per tre anni.

*That house has been empty **for six weeks**.*
Quella casa è disabitata da sei settimane.

*We go away **for three weeks** every summer.*
Tutte le estati ce ne andiamo per tre settimane.

*My boss will be in Italy **for the next ten days**.*
Il mio capo sarà in Italia per i prossimi dieci giorni.

Quando si indica un periodo di tempo che dura fino al presente, si usa *for* col **present perfect** (*have* + participio passato).

***I've known her** for a long time.* (NON *I know her* . . .)
La conosco da molto tempo.

Il **present progressive** con *for* spesso si riferisce al futuro.

*How long **are you staying** for?*
Per quanto tempo ti fermerai? (= Fino a quando. . ?)

Con *How long . . . ?* si può omettere *for*.

How long are you staying?
Quanto starai?

How long have you been waiting?
Da quanto tempo aspetti?

3. *From* e *since* segnano il punto di partenza di un'azione o di uno stato: indicano quando qualcosa comincia o è cominciato.

> *from/since* + punto di partenza

*I'll be here **from three o'clock** onwards.*
Sarò qui dalle tre in poi.

*I work **from nine** to five.*
Lavoro dalle nove alle cinque.

***From now on**, I'm going to go running every day.*
D'ora in poi andrò a correre tutti i giorni.

***From his earliest childhood** he loved music.*
Amò la musica fin dalla prima infanzia.

*I've been waiting **since ten o'clock**.*
Sto aspettando dalle dieci.

*I've known her **since January**.*
La conosco da gennaio.

Si usa *since* quando l'azione o lo stato dura fino al momento presente; si usa *from* negli altri casi.

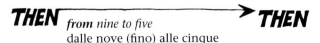

THEN *from* nine to five ⟶ **THEN**
dalle nove (fino) alle cinque

THEN *from his childhood*
fin dall'infanzia

from three o'clock onwards
dalle tre in poi

NOW *from now on*
d'ora in poi

THEN *since ten o'clock* **NOW**
dalle dieci

since January
da gennaio

4 *For* e *since* si possono usare entrambi col **present perfect** (*have* + participio passato) per indicare la durata, ma in casi diversi.

for + periodo	*since* + punto di partenza
*I've known her **for three days**.* La conosco da tre giorni.	*I've known her **since Tuesday**.* La conosco da martedì.
*I've been here **for a month**.* Sono qui da un mese.	*I've been here **since July**.* Sono qui da luglio.
*I've had my car **for ages**.* Sono secoli che ho questa macchina.	*I've had my car **since 1990**.* Ho questa macchina dal 1990.

136 la forma *-ing*

1 verbo, aggettivo, nome

La forma *-ing* di un verbo può corrispondere in italiano a:

a un gerundio

*You're **smoking** too much these days.*
Stai fumando troppo in questo periodo.

b un participio presente con funzione di aggettivo

*If you see a **shooting** star, make a wish.*
Se vedi una stella cadente, esprimi un desiderio.

c un infinito sostantivato o il nome corrispondente

***Smoking** is bad for you.*
Fumare/Il fumo fa male.

2 soggetto, oggetto o complemento di una frase

La forma *-ing* può essere soggetto, oggetto o complemento.

***Smoking** is bad for you.*   *I hate **packing**.*
Fumare fa male.   Odio fare i bagagli.

*My favourite activity is **reading**.*
La mia attività preferita è leggere.

Queste forme -*ing* conservano comunque la loro natura verbale e possono avere a loro volta un complemento oggetto.

> ***Smoking cigarettes** is bad for you.*
> Fumare le sigarette fa male.
>
> *I hate **packing suitcases**.*
> Odio fare le valigie.
>
> *My favourite activity is **reading poetry**.*
> La mia attività preferita è leggere poesie.

Queste forme -*ing* possono essere precedute da un determinante (per esempio *the*, *my*).

> ***the** opening of Parliament*
> l'apertura del Parlamento
>
> *Do you mind **my** smoking?* (o meno formale . . . *me smoking?*)
> Ti dispiace se fumo?

3 dopo un verbo

Dopo alcuni verbi si può usare la forma -*ing*, ma non l'infinito.

> *I **enjoy travelling**.* (NON *I enjoy to travel*.)
> Mi piace viaggiare.
>
> *He's **finished mending** the car.* (NON . . . *to mend* . . .)
> Ha finito di riparare la macchina.

I verbi più comuni che sono seguiti dalla forma -*ing* sono:

avoid	*forgive*	*practise*
consider	*give up*	*put off*
delay	*go*	*risk*
dislike	*(can't) help*	*(can't) stand*
enjoy	*imagine*	*spend time/money*
excuse	*keep*	*suggest*
feel like	*mind*	*understand*
finish	*miss*	

Esempi:

> *I **dislike arguing** about money.*
> Non mi piace discutere di soldi.
>
> ***Forgive my interrupting** you.*
> Perdonami se ti interrompo.
>
> *Let's **go swimming**.*
> Andiamo a nuotare.
>
> *I can't **understand his being** so late.*
> Non capisco perché sia così in ritardo.

Dopo alcuni verbi si può usare la forma -*ing* o l'infinito, per esempio dopo *like, start, try, remember, forget*.

> *How old were you when you **started to play** / **playing** the piano?*
> Quanti anni avevi quando hai cominciato a suonare il piano?

Con alcuni verbi, le due costruzioni hanno significati diversi. Per maggiori particolari, cfr. 193.

4 dopo un verbo (significato passivo)

Dopo *need* e *want*, la forma *-ing* ha significato passivo.

*Your hair **needs cutting**.* (= . . . *needs **to be cut**.*)
Devi tagliarti i capelli.

*The car **wants servicing**.* (= . . . *needs **to be serviced**.*)
La macchina ha bisogno di un controllo.

5 dopo una preposizione

Dopo una preposizione si usa la forma *-ing*, non l'infinito.

*Check the oil **before starting** the car.* (NON . . . *before to start* . . .)
Controlla l'olio prima di mettere in moto la macchina.

*You can't make an omelette **without breaking** eggs.*
Non si può fare la frittata senza rompere le uova.

*You can get there faster **by going** on the motorway.*
Puoi arrivarci prima prendendo l'autostrada.

Bisogna fare attenzione che certi aggettivi e verbi inglesi sono seguiti da una preposizione e richiedono la forma *-ing*.

*I'm good **at skating**.* (NON . . . *to skate*.)
Sono bravo a pattinare.

*I'm interested **in cooking**.*
Mi interessa cucinare.

*They are thinking **of buying** a new house.* (NON . . . *to buy* . . .)
Pensano di comprare una casa nuova.

*He didn't succeed **in passing** the exam.*
Non è riuscito a passare l'esame.

Si usa la forma *-ing* anche dopo *to* quando *to* è una preposizione. (Cfr. 137.)

*I look forward **to hearing** from you.* (NON . . . *to hear from you*.)
In attesa di una risposta.

6 *it* + *-ing*

Si può usare *it* come soggetto che anticipa la forma *-ing* (cfr. 198).

***It's** nice **being** with you.*
È bello stare con te.

Ciò avviene di frequente nelle costruzioni *It's no good* + *-ing* e *It's no use* + *-ing*.

***It's no good talking** to him — he never listens.*
È inutile parlare con lui, non ascolta mai.

***It's no use expecting** her to say thank-you.*
È inutile aspettarsi che lei dica grazie.

▶ Per *It's (not) worth* + *-ing*, cfr. 369.

137 la forma *-ing* dopo *to*

Talvolta si usa la forma *-ing* dopo *to*.

*I look forward **to seeing** you.* (NON . . . *to see you*.)
Non vedo l'ora di vederti.

*I'm not used **to getting** up early.*
Non sono abituato ad alzarmi presto.

Ciò può sembrare strano, ma bisogna considerare che *to* può essere:

a una parte dell'infinito

*I want **to go** home.*   *Help me **to understand**.*
Voglio andare a casa.   Aiutami a capire.

b una preposizione

*I look forward **to** your next letter.*
Aspetto con ansia la Sua prossima lettera.

*I prefer meat **to** fish.*
Preferisco la carne al pesce.

*I'm not used **to** London traffic.*
Non sono abituato al traffico di Londra.

Dopo la preposizione *to* si usa la forma *-ing* e non l'infinito.

*I look forward **to hearing** from you.* (NON . . . *to hear from you*.)
In attesa di una risposta.

*I prefer riding **to walking**.*
Preferisco cavalcare (piuttosto) che camminare.

*I'm not used **to driving** in London.*
Non sono abituato a guidare a Londra.

Per riconoscere se *to* è preposizione, si può provare a farlo seguire da un nome. Confrontare:

a *I want to your letter*. (Impossibile: *to* non è preposizione, ci vuole l'infinito dopo *I want*.)

b *I'm looking forward **to** your letter*. (Va bene: *to* è preposizione, ci vuole la forma *-ing* dopo *look forward to*.)

138 la forma interrogativa (1): regole generali

(Alcune domande orali non seguono queste regole. Cfr. 139.)

1 Nelle frasi interrogative l'ausiliare precede il soggetto.

> ausiliare + soggetto + verbo

Have you *received my letter of June 17?* (NON *You have received* . . ?)
Avete ricevuto la mia lettera del 17 giugno?

*Why **are you** laughing?* (NON *Why you are laughing?*)
Perché ridi?

Will the shop *be open in the afternoon?* (NON *The shop will be open* . . ?)
Il negozio sarà aperto al pomeriggio?

2 Per i tempi semplici (**simple present** e **simple past**) si usa l'ausiliare *do/did* seguito dall'infinito senza *to*.

> ***Do you*** like Mozart? (NON *Like you Mozart?*)
> Ti piace Mozart?
>
> *What **does** 'periphrastic' mean?* (NON *What means . . ?*)
> Che cosa significa 'perifrastico'?
>
> ***Did you*** like the concert? (NON *Liked you . . ?*)
> Ti è piaciuto il concerto?

3 Non si usa *do* con un altro ausiliare o con *be*.

> ***Can you*** tell me the time? (NON *Do you can tell me . . ?*)
> Puoi dirmi l'ora?
>
> ***Have you*** seen John? (NON *Do you have seen John?*)
> Hai visto John?
>
> ***Are you*** ready (NON *Do you are ready?*)
> Sei pronto?

4 Dopo *do* si usa l'infinito senza *to*.

> ***Did you go*** camping last weekend?
> (NON *Did you went . . ?*) (NON *Did you to go . . ?*)
> Sei andato in campeggio il weekend scorso?
>
> *Where **does** Martha **work**?* (NON *Where does Martha works?*)
> Dove lavora Martha?

5 Se la forma verbale è composta da due o più parti, solo l'ausiliare precede il soggetto.

> ***Is your mother*** coming tomorrow? (NON *Is coming your mother?*)
> Tua madre viene domani?
>
> *When **was your reservation** made?* (NON *When was made your reservation?*)
> Quando è stata fatta la vostra prenotazione?

6 Quando *who, which, what* o *how many* sono soggetto di una frase, non si usa *do*.

> ***Who left*** the door open? (NON *Who did leave the door open?*)
> Chi ha lasciato la porta aperta?
>
> ***Which costs*** more — the blue one or the grey one?
> (NON *Which does cost more . . ?*)
> Quale costa di più, quello blu o quello grigio?
>
> ***What happened?*** (NON *What did happen?*)
> Che cosa è successo?
>
> ***How many people work*** in your office? (NON *How many people do work . . ?*)
> Quante persone lavorano nel tuo ufficio?

7 Nelle interrogative indirette il verbo segue il soggetto (cfr. 100), e non si usa il punto interrogativo.

> *Tell me when **you are going** on holiday.*
> (NON *Tell me when are you going . . ?*)
> Dimmi quando andrai in vacanza.

139 la forma interrogativa (2): domande orali

Nelle domande orali non sempre l'ordine delle parole è quello delle frasi interrogative.

You're working late tonight?
Lavorerai fino a tardi stasera?

Si usa questa costruzione:

a quando si pensa di sapere qualcosa, ma si vuole esserne sicuri
   That's the boss?
   Quello è il capo? (= Suppongo che quello sia il capo.)

b per esprimere sorpresa
   That's the boss? I thought he was the cleaner.
   Quello è il capo? Pensavo fosse l'uomo delle pulizie.

Questa costruzione non è possibile dopo una parola interrogativa come *what*, *how*, ecc.

Where **are you** going? (NON ~~Where you are going?~~)
Dove stai andando?

140 la forma interrogativa (3): negativa

1 costruzione

| ausiliare + *n't* + soggetto |

Doesn't she understand?
Non capisce?

Haven't you booked your holiday yet?
Non avete ancora prenotato le vacanze?

| ausiliare + soggetto + *not* |

Does she not understand?
Have you not booked your holiday yet?

Le forme con *not* sono formali.

2 significato

Quando si fa una domanda negativa, spesso ci si aspetta la risposta 'sì'.

Didn't you go and see Helen yesterday? How is she?
Non sei andato a trovare Helen ieri? Come sta?

Questa costruzione si usa comunemente nelle esclamazioni e negli inviti.

Isn't it a lovely day!   **Won't you** come in for a minute?
Non è una bella giornata!   Non vuoi entrare un minuto?

Si può usare questa costruzione per mostrarsi sorpresi che qualcosa non sia accaduto o non stia accadendo.

Hasn't the postman come yet?   **Aren't you** supposed to be working?
Non è ancora venuto il postino?   Non dovresti essere a lavorare?

3 richieste gentili

Per fare una richiesta, di solito, non si usa una domanda negativa. Confrontare:

Can you help me?
Puoi aiutarmi?
(domanda normale: usata per una richiesta)

You can't help me, can you?
Non puoi aiutarmi, vero?
(frase negativa + **question tag**: usate comunemente per le richieste nella lingua orale)

Can't you help me?
Non puoi aiutarmi?
(domanda negativa: ha un significato critico, come 'Perché non mi aiuti?')

Per maggiori particolari sulle richieste gentili, cfr. 300.

141 la forma interrogativa (4): reply questions

Capita spesso di replicare a qualcuno con una domanda (**reply question**) costruita con:

> ausiliare + pronome personale

'It was a terrible party!' '**Was it?**' 'Yes, . .'
'È stata una festa terribile!' 'Ah sì?' 'Sì, . .'

Queste **reply questions** non servono per chiedere un'informazione. Servono solo per mostrare che stiamo ascoltando e che siamo interessati. Altri esempi:

'We had a lovely holiday.' '**Did you?**' 'Yes. We went . . .'
'Abbiamo fatto una bella vacanza.' 'Ah sì?' 'Sì. Siamo andati . . .'

'I've got a headache.' '**Have you, dear?** I'll get you an aspirin.'
'Ho mal di testa.' 'Ah sì, caro? Ti porto un'aspirina.'

'John likes that girl next door.' 'Oh, **does he?**'
'A John piace la ragazza della porta accanto.' 'Oh, davvero?'

'I don't understand.' '**Don't you?** I'm sorry.'
'Non capisco.' 'No? Mi dispiace.'

Possiamo replicare ad una frase affermativa con una **reply question** negativa. È come un'esclamazione in forma di domanda-negativa (cfr. 114.3), che esprime in modo enfatico un accordo con quanto è stato detto.

'It was a lovely concert.' 'Yes, **wasn't it?** I did enjoy it.'
'È stato un bel concerto.' 'Sì, vero? Mi è piaciuto molto.'

'She's put on a lot of weight.' 'Yes, **hasn't she?**'
'È ingrassata molto.' 'Sì, vero?'

Le **question tags** hanno una costruzione simile. Cfr. 142.
Cfr. anche 301 (risposte brevi).

142 la forma interrogativa (5): question tags

Quando si parla, capita spesso di finire la frase con una breve domanda: 'vero?', 'no?' per chiedere se la cosa detta è vera o se l'altra persona è d'accordo. In inglese si usano le **question tags**. Si costruiscono con l'ausiliare (*be, have* o *do*) al tempo corrispondente a quello della frase principale (+ *not*) + il pronome equivalente al soggetto della frase stessa.

*That's the postman, **isn't it**?*
È il postino, vero?

*You take sugar in tea, **don't you**?*
Metti lo zucchero nel tè, no?

*Not a very good film, **was it**?*
Non era un bel film, vero?

1 costruzione

Le **question tags** non si usano dopo le domande.

*You're the new secretary, **aren't you**?*
(NON *Are you the new secretary, aren't you?*)
Tu sei la nuova segretaria, vero?

Si mettono **tags** negative dopo frasi affermative e **tags** affermative dopo frasi negative.

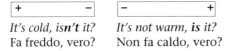

*It's cold, **isn't** it?*   *It's not warm, **is** it?*
Fa freddo, vero?   Non fa caldo, vero?

Se la frase principale ha un verbo ausiliare (oppure *be*), la **question tag** ha lo stesso ausiliare (o *be*).

*Sally **can** speak French, **can't** she?*   *You **haven't** seen my keys, **have** you?*
Sally sa parlare francese, no?   Non hai visto le mie chiavi, per caso?

*The meeting's at ten, **isn't** it?*
La riunione è alle dieci, vero?

Se nella frase principale non c'è un verbo ausiliare, la **question tag** ha il verbo *do*.

*You like oysters, **don't** you?*   *Harry gave you a cheque, **didn't** he?*
Ti piacciono le ostriche, no?   Harry ti ha dato un assegno, vero?

2 significato e intonazione

Il significato di una **question tag** dipende dall'intonazione. Se si tratta di una vera domanda, se si vuole veramente sapere qualcosa e non si è sicuri della risposta, si usa un'intonazione ascendente: la voce sale.

The meeting's at four o'clock, isn't it?
La riunione è alle quattro, vero?

Se non si tratta di una vera domanda, se si è sicuri della risposta, si usa un'intonazione discendente: la voce scende.

It's a beautiful day, isn't it?
È una bellissima giornata, non è vero?

3 richieste

Spesso, per chiedere un aiuto o un'informazione, si usa la costruzione:

> frase negativa + **question tag**

*You **couldn't** lend me a pound, **could you**?*
Non potresti per caso prestarmi una sterlina?

*You **haven't** seen my watch anywhere, **have you**?*
Non hai visto per caso il mio orologio in giro?

4 note

a Per *I am* si usa la **question tag** *aren't I?*

*I'm late, **aren't I**?*
Sono in ritardo, vero?

b Dopo gli imperativi si usano *won't you?* (per invitare gli altri a fare qualcosa) e *will you? would you? can you? could you?* (per chiedere agli altri di fare qualcosa).

*Do sit down, **won't you**?*   *Open a window, **would you**?*
Si accomodi, prego.   Ti dispiace aprire una finestra?

*Give me a hand, **will you**?*   *Shut up, **can't you**?*
Mi daresti una mano?   Non puoi star zitta?

Dopo gli imperativi negativi si usa *will you?*

*Don't forget, **will you**?*
Non dimenticarti, per favore!

Dopo *let's . . .*, si usa *shall we?*

*Let's have a party, **shall we**?*
Che ne dite, facciamo una festa?

c *There* può essere soggetto nelle **question tags**.

*There's something wrong, isn't **there**?*   *There weren't any problems, were **there**?*
C'è qualcosa che non va, vero?   Non ci furono problemi, vero?

d Nelle **question tags** si usa *it* per riferirsi a *nothing* e *they* per riferirsi a *nobody*.

***Nothing** can happen, can **it**?*   ***Nobody** phoned, did **they**?*
Non può succedere niente, vero?   Nessuno ha chiamato, vero?

They si usa anche per riferirsi a *somebody, everybody* (cfr. 320).

*Somebody wanted a drink, didn't **they**? Who was it?*
Qualcuno voleva da bere, vero? Chi?

143 la forma negativa

1 forme negative dei verbi

La forma negativa dei verbi si costruisce con un ausiliare + *not*.

*We **have not** forgotten you.*   *It **was not** raining.*
Non ti abbiamo dimenticato.   Non stava piovendo.

Nello stile informale si usa la forma contratta negativa con *n't* (cfr. 92).

*We **haven't** forgotten you.*
*It **wasn't** raining.*

143 | la forma negativa

Se non c'è un ausiliare si usa *do* + *not*.

*I like the salad, but I **don't** like the soup.*
Mi piace l'insalata, ma non mi piace la minestra.

2 imperativi

L'imperativo negativo si costruisce con *do not* o *don't* + infinito senza *to* (cfr. 184).

***Don't** worry* — *I'll look after it for you.* (NON *Worry not.*)
Non preoccuparti. Me ne occuperò io (per te).

***Don't** believe a word he says.*   ***Don't** be rude.* (Cfr. 58.)
Non credere a una parola di quello che dice.   Non essere maleducato.

3 infinito e forma *-ing*

L'infinito e la forma *-ing* si rendono negativi facendoli precedere da *not*. Non si usa l'ausiliare *do*.

*It's important **not to worry**.* (NON *... to not worry.*)
È importante non preoccuparsi.

*The best thing on holiday is **not working**.*
La cosa più bella in vacanza è non (dover) lavorare.

4 altre parti di una frase

Not si può usare con altre parti di una frase, non solo con i verbi.

*Ask him, **not his wife**.*   *Come early, but **not before six**.*
Chiedi a lui, non a sua moglie.   Vieni presto, ma non prima delle sei.

*It is working, but **not properly**.*
Funziona, ma non bene.

Generalmente non si usa *not* con il soggetto. Si usa, invece, una frase con *it* (cfr. 93).

***It was not George** that came, but his brother.*
(NON *Not George came, but his brother.*)
Non fu George a venire, ma suo fratello.

Per la differenza tra *not* e *no* con i nomi, cfr. 230.

5 altre parole negative

Oltre a *not*, ci sono altre parole che possono dare alla frase un significato negativo. Confrontare:

*He's **not** at home.*   *He's **never** at home.*
Non è a casa.   Non è mai a casa.

*He's **seldom / rarely / hardly ever** at home.*
Non è quasi mai a casa.

Con queste parole non si usa l'ausiliare *do*. Confrontare:

*He **doesn't** work.*   *He **never** works.* (NON *He does never work.*)
Non lavora.   Non lavora mai.

*He seldom / rarely / hardly ever **works**.*
Non lavora quasi mai.

6 *some*, *any*, ecc.

Di solito non si usano *some*, *somebody*, *someone*, *something* o *somewhere* nelle frasi interrogative e negative. Si usano, invece, *any*, *anybody*, ecc. (Cfr. 326.)
Confrontare:

> I've found **some** mushrooms. I haven't found **any** mushrooms.
> Ho trovato dei funghi. Non ho trovato funghi.

7 *think, believe, suppose, imagine*

Quando si introduce un'idea negativa con *think*, *believe*, *suppose* o *imagine*, generalmente si rendono negativi questi verbi.

> I **don't think** you have met my wife. (NON *I think you haven't met my wife*.)
> Non credo che tu conosca mia moglie.
>
> I **don't believe** she's at home. (NON *I think she's not at home*.)
> Non credo che lei sia in casa. / Penso che lei non sia in casa.

Nelle risposte brevi negative con *believe*, *imagine* e *think*, si ha la costruzione *not . . . so* (cfr. 323).

> 'Will it rain?' '**I don't think so.**'
> 'Pioverà?' 'Penso di no.'

▶ Per la frase interrogativa negativa, cfr. 140.

144 la forma negativa: due negazioni

1. Generalmente in inglese non si usano due negazioni nella stessa frase. Se ci sono parole di significato negativo come *nobody*, *nothing*, *never*, *hardly*, ecc., non è più necessaria la negazione *not*.

   > I opened the door, but I could see **nobody**. (NON *. . . I couldn't see nobody*.)
   > Aprii la porta, ma non vidi nessuno.
   >
   > I've **never** understood what she wants. (NON *I haven't never . . .*)
   > Non ho mai capito che cosa vuole.
   >
   > **Nothing** matters now — everything's finished.
   > (NON *Nothing doesn't matter . . .*)
   > Non importa nulla adesso, è tutto finito.
   >
   > He **hardly ever** met his neighbour. (NON *He didn't hardly ever meet . . .*)
   > Non incontrò quasi mai il suo vicino.

2. *Nobody* e *nothing* sono parole piuttosto enfatiche e, spesso, si preferiscono le strutture *not . . . anybody* e *not . . . anything*. (*Anybody* e *anything* non sono parole negative.)

   > I opened the door, but I could**n't** see **anybody**.
   > Aprii la porta, ma non vidi nessuno.
   >
   > I'm sorry, I **can't** tell you **anything**.
   > Mi dispiace, non posso dirti niente.

   All'inizio di una frase si possono usare soltanto *nobody* e *nothing*.

   > **Nothing** matters. (NON *Not anything matters*.)
   > Niente importa.

145 la forma progressiva

1 forme

Tutti i tempi verbali in inglese possono avere una costruzione particolare che si chiama **progressive** ed è formata da *be* con la forma *-ing* di un verbo.

*Bill **is waiting** for you.*
Bill ti sta aspettando.

*We **were sleeping** when she came.*
Stavamo dormendo quando lei è arrivata.

Nella forma interrogativa *be* precede il soggetto. Per le risposte brevi si usano le forme di *be*.

*'**Are you** going to school tomorrow?' 'No, **I'm not**.'*
(NON *Are going you* . . . ?) (NON *I'm not going.*)
'Vai a scuola domani?' 'No.'

Anche l'infinito può avere le forme progressive (cfr. 188.2).

2 significato

Questa forma indica generalmente delle azioni o situazioni in corso di svolgimento, sia nel passato che nel presente o nel futuro. In italiano corrisponde spesso all'espressione 'stare' + gerundio. Per maggiori particolari, vedere i vari tempi verbali.

3

Alcuni verbi non si usano mai nelle forme progressive.

*I **like** this music.* (NON *I'm liking this music.*)
Mi piace questa musica.

Altri verbi non si usano nelle forme progressive quando hanno un significato particolare. Confrontare:

*I **see** what you mean.* (NON *I'm seeing what you mean.*)
Capisco quello che vuoi dire.

*I**'m seeing** the doctor at ten o'clock.*
Vedrò il dottore alle dieci.

Molti di questi verbi che non si usano nelle forme progressive si riferiscono ad attività mentali (per esempio *know, think, believe*). Altri si riferiscono ai sensi (per esempio *smell, taste*).
I più importanti sono:

like   dislike   love   hate   prefer   want   wish

surprise   impress   please   believe   feel (cfr. 129)   *imagine   know mean   realize   recognise   remember   suppose   think* (cfr. 343)   *understand hear   see* (cfr. 305)   *smell* (cfr. 322)   *sound* (cfr. 330)   *taste* (cfr 338)

weigh (= 'avere peso')   *belong to   contain   depend on   include matter   need   owe   own   possess*

appear   seem   be (cfr. 59)

Spesso, con i verbi *see, hear, feel, taste* e *smell* si usa *can* per dare un significato progressivo. Cfr. 80.

146 la forma progressiva con *always*

Si può usare *always* con un tempo progressivo col significato di 'molto spesso'.

I'm always losing my keys.
Perdo sempre le mie chiavi.

*Granny is nice. **She's always giving** people things and doing things for people.*
La nonna è gentile. È sempre pronta a dare e a fare per gli altri.

I'm always running into Paul these days.
In questi giorni mi capita sempre di incontrare Paul.

Si usa questa struttura per parlare di cose che accadono più spesso del previsto, ma che sono casuali. Confrontare:

*When Alice comes to see me, **I always meet her** at the station.*
Quando Alice viene a trovarmi, le vado sempre incontro alla stazione. (incontro concordato)

***I'm always meeting Mrs Bailiff** in the supermarket.*
Incontro sempre la signora Bailiff al supermercato. (incontro casuale)

*When I was a child, **we always had** picnics on Saturday in the summer.*
Quando ero bambina, d'estate al sabato facevamo sempre il picnic. (progettato)

***Her mother was always arranging** little surprise picnics and outings.*
Sua madre organizzava sempre delle merende e delle gite a sorpresa. (casuale)

147 il futuro (1): introduzione

Ci sono diversi modi di esprimere il futuro in inglese.

1 un tempo presente

Quando si parla di avvenimenti futuri che sono già stati decisi o che possiamo vedere ora in via di realizzazione, spesso si usa un tempo presente. Ci sono due possibilità: il **present progressive** $\boxed{I\ am + \text{-}ing}$ o la struttura $\boxed{I\ am\ going\ to\ \ldots}$

I'm seeing John tomorrow.   *She's going to have a baby.*
Vedrò John domani.   Aspetta un bambino.

Per maggiori particolari, cfr. 148.
Qualche volta si può usare il **simple present** per esprimere un futuro, ma solo in certi casi. Cfr. 151.

2 *shall/will*

Quando si prevedono degli avvenimenti futuri che non sono già decisi o che non vediamo ancora in via di realizzazione, di solito si usa

$\boxed{shall/will + \text{infinito senza } to}$.

*Nobody **will** ever **know** what happened to her.*   *I think Liverpool **will win**.*
Nessuno saprà mai che cosa le è successo.   Penso che il Liverpool vincerà.

Per maggiori particolari, cfr. 149.

3 shall/will + infinito senza *to* si possono anche usare per esprimere un'offerta, una richiesta, una promessa o una minaccia.

> ***Shall** I open the window?*
> Apro la finestra?
>
> ***Will** you give me a hand for a moment?*
> Puoi darmi una mano per un attimo?
>
> *I **WILL** stop smoking!*
> Smetterò di fumare!
>
> *You'll be sorry!*
> Te ne pentirai!

Per maggiori particolari, cfr. 150.

4 altri modi di esprimere il futuro

shall/will have + participio passato (Cfr. 152.)

> *By next Christmas **we'll have been** here for eight years.*
> Il prossimo Natale saremo qui da otto anni.

shall/will + be + -ing (Cfr. 153.)

> *This time tomorrow I'**ll be lying** on the beach.*
> Domani a quest'ora sarò sdraiata sulla spiaggia.

about to (Cfr. 2.)

> *I think the plane's **about to** take off.*
> Penso che l'aereo stia per decollare.

be to (Cfr. 60.)

> *The President **is to** visit Beijing.*
> Il Presidente visiterà Pechino.

148 il futuro (2): present progressive e *going to*

Si usano questi due tempi presenti per indicare azioni ed eventi futuri che sono già decisi ora: sono programmati o possiamo intravederne la realizzazione.

1 present progressive

Si usa per azioni già programmate; spesso è indicato anche il momento (futuro). In italiano si usa, normalmente, il presente.

> *What **are you doing** this evening?*
> (NON *What do you do* . . ?)
> Cosa fai stasera?
>
> *We're **going** to Mexico next summer.*
> Andiamo in Messico l'estate prossima.
>
> *I'**m having** dinner with Larry on Saturday.*
> Sabato andrò a cena con Larry.

2 *going to*

a Si può usare *going to* nello stesso modo del **present progressive**: per parlare di progetti e programmi.

> *I'm going to get a new car soon.*
> Comprerò presto una nuova macchina.
>
> *John's going to call in this evening.*
> John passerà di qui stasera.
>
> *When are you going to get your hair cut?*
> Quando ti farai tagliare i capelli?

b Si può anche usare *going to* per indicare che un'azione o un evento è in arrivo o è sul punto di accadere.

Presente — Futuro

She's going to have a baby.
Aspetta un bambino.

It's going to rain.
Sta per piovere.

He's going to fall!
Sta per cadere!

▶ Per il confronto tra queste forme e *shall/will*, cfr. 149.3.

149 il futuro (3): *shall* e *will* (previsioni)

1 forme

> I shall/will
> you will
> he/she/it will   + infinito senza *to*
> we shall/will
> they will
>
> interrogative: *shall/will I; will you; will he/she/it,* ecc.
> negative: *I shall/will not; you will not; he/she/it will not,* ecc.
> contratte: *I'll; you'll; he'll,* ecc.; *shan't; won't*

Nell'inglese moderno, per parlare del futuro, si usano le forme *I shall* e *I will, we shall* e *we will* con lo stesso significato. Si preferisce usare *I will* per fare promesse e minacce e *shall I* per offrirsi di fare qualcosa. (Cfr. 150.)

2 significato

Queste forme si usano per indicare azioni future che devono ancora incominciare e non sono state programmate.

*Who do you think **will win** on Saturday?*
Chi pensi vincerà sabato?

*Tomorrow **will be** warm, with some cloud in the afternoon.*
Domani farà caldo, con qualche annuvolamento nel pomeriggio.

*One day **I shall** / **I will** / **I'll be** rich.*
Un giorno sarò ricco.

3 tempi presenti e *shall/will*: differenze

Quando si dice che qualcosa *is happening* o *is going to happen*, probabilmente si hanno già le prove di ciò che si dice; per esempio, si può mostrare una pagina di un'agenda, le nuvole nere nel cielo o una persona che sta per cadere.

Quando, invece, si dice che qualcosa *will happen*, non si hanno ancora prove da mostrare; si dice ciò che si sa o si pensa o si prevede e si chiede agli altri di crederci. Confrontare:

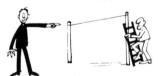

He's not very good. He'll fall.
Non è molto bravo. Cadrà.

He's going to fall.
Sta per cadere.

I reckon it'll cost about £7,000 to repair the roof
Calcolo che riparare il tetto costerà circa 7.000 sterline.

The builder's just sent his estimate. It's going to cost £9,000 to repair the roof.
Il muratore ha appena mandato il preventivo; riparare il tetto costerà 9.000 sterline.

150 il futuro (4): *shall* e *will* (rapporti interpersonali)

Si possono usare *shall* e *will* per esprimere le nostre intenzioni e il nostro atteggiamento verso gli altri.

1 decisioni

Si usa *will* al momento di prendere una decisione.

'The phone is ringing.' 'I'll answer it.' (NON *I'm going to answer it.*)
'Sta squillando il telefono.' 'Rispondo io.'

'I'm going out for a drink.' 'Wait a moment and I'll come with you.'
(NON *. . . I come with you.*)
'Esco a bere qualcosa.' 'Aspetta un momento che vengo con te.'

Si usa *shall* per chiedere quale decisione bisognerebbe prendere.

*What **shall** I do?*   ***Shall** we tell her?*
Che cosa devo fare?   Glielo diciamo?

2 minacce e promesse

I'll hit you if you do it again.
Ti picchio se lo fai di nuovo.

*I promise I **won't** smoke again.* (NON *I promise I don't . . .*)
Prometto di non fumare più.

I'll give you a teddy bear for your birthday.
Ti regalerò un orsacchiotto per il tuo compleanno.

I'll phone you tonight. (NON *I phone you . . .*)
Ti telefono stasera.

3 offerte e richieste

Si usa *Shall I . . ?* quando ci si offre di fare qualcosa.

***Shall I** carry your bag?*
Ti porto la valigia?

Si usa *Will you . . ?* per chiedere a qualcuno di fare qualcosa.

***Will you** get me a newspaper when you're out?*
Mi prendi il giornale quando esci?

151 il futuro (5): simple present

1   Talvolta si può usare il **simple present** per parlare del futuro. Questo avviene, di solito, quando si parla di orari riferiti a treni, turni di lavoro, ecc.

*What time **does** the train **arrive** at Paddington?*
A che ora arriva il treno a Paddington?

*When **is** the next bus for Warwick?*
Quand'è il prossimo autobus per Warwick?

Are you on duty next weekend?   *The summer term **starts** on April 10th.*
Sei di servizio il prossimo weekend?   Il trimestre estivo inizia il 10 aprile.

2 Il **simple present** si usa spesso con significato futuro dopo le congiunzioni (cfr. 340).
> *I'll phone you **when I arrive**.*
> Ti telefono quando arrivo.

3 Negli altri casi si usano altre forme, ma non il **simple present**.
> *I'**m seeing** John tomorrow.* (NON ~~I see John~~ . . .)
> Vedo John domani.
>
> *I'**ll phone** you this evening.* (NON ~~I phone you~~ . . .)
> Ti telefono stasera.

152 il futuro (6): future perfect

shall/will have + participio passato

Si usa per indicare che qualcosa verrà terminato entro un certo momento del futuro.

> *I'**ll have been** here for seven years next Friday.*
> Venerdì prossimo saranno sette anni che sono qui.
>
> *The painters say they'**ll have finished** the downstairs rooms by Tuesday.*
> Gli imbianchini dicono che avranno finito il piano inferiore per martedì.

È possibile anche usare la forma progressiva.

> *I'**ll have been teaching** for twenty years this summer.*
> Quest'estate saranno vent'anni che insegno.

153 il futuro (7): future progressive

shall/will + be + -ing

Si usa per indicare che qualcosa starà avvenendo in un particolare momento del futuro.

PASSATO ——— ADESSO ———→ FUTURO

'In questo momento domani sarò sdraiata su una spiaggia in Tunisia.'

154 genere (maschile, femminile e neutro)

L'inglese non presenta molti problemi per quanto riguarda il genere: le persone possono essere maschili o femminili e le cose sono neutre. Gli aggettivi sono invariabili, perciò non sono influenzati dal genere. Dipende, invece, dal genere l'uso dei pronomi personali, dei possessivi e dei riflessivi per la terza persona singolare. Abbiamo:

	MASCHILE	FEMMINILE	NEUTRO
pron. personale soggetto	*he*	*she*	*it*
pron. personale complemento	*him*	*her*	*it*
agg. possessivo	*his*	*her*	*its*
pron. possessivo	*his*	*hers*	—
pron. riflessivo	*himself*	*herself*	*itself*

È utile notare alcuni usi particolari.

1 animali, automobili e nazioni

La gente, talvolta, si riferisce agli animali usando *he* o *she*, specialmente per quelli domestici come cani, gatti e cavalli.

*Go and find the cat and put **him** out.*
Vai a cercare il gatto e mettilo fuori.

Alcuni usano *she* per le automobili, le moto, ecc.; i marinai usano spesso *she* per le barche e le navi.

*'How's your new car?' 'Terrific. **She's** running beautifully.'*
'Com'è la tua nuova macchina?' 'Stupenda. Corre che è una meraviglia.'

Si può usare *she* per le nazioni, ma *it* è più comune.

*He loves Spain — **its** culture, **its** history and **its** civilisation.* (OPPURE . . . **her** culture, **her** history . . .)
Lui ama la Spagna: la sua cultura, la sua storia e la sua civiltà.

2 *he o she*

Spesso, nello stilo più formale, in riferimento a nomi tipo *student* o *politician* (che possono essere sia femminili che maschili), si usano *he or she*, *him or her* e *his or her*.

*The teacher must read out the dictation three times. **He or she** must pronounce each word clearly.*
L'insegnante deve leggere il dettato tre volte. Lui/lei deve scandire ogni parola in modo chiaro.

Dopo *anybody, somebody, nobody* ed alcune altre espressioni (cfr. 320), spesso si usano *they/them/their* (con significato singolare) invece di *he or she*, ecc.

*If anybody phones, tell **them** I'm out.*
Se qualcuno telefona, diteglì che sono fuori.

3 actor/actress, ecc.

Alcune professioni e posizioni sociali hanno parole diverse per uomini e donne.

MAN		WOMAN	
actor	attore	actress	attrice
duke	duca	duchess	duchessa
bridegroom	sposo	bride	sposa
host	padrone di casa	hostess	padrona di casa
monk	monaco	nun	suora
prince	principe	princess	principessa
steward	assistente di volo	stewardess	assistente di volo
waiter	cameriere	waitress	cameriera
widower	vedovo	widow	vedova

Alcune parole terminanti in *-man* (= 'uomo') possono avere la forma femminile (per esempio *policeman/policewoman*).
Altre invece no: per esempio *chairman* (= 'presidente di una assemblea') è sempre stato usato sia per un uomo sia per una donna. Ciononostante, è in aumento il numero di persone che ritengono scorretto adottare parole che terminano con *-man* quando in realtà si parla di una donna. Pertanto è pratica sempre più comune usare *chair* o *chairperson* invece di *chairman*, *spokesperson* invece di *spokesman* (= 'portavoce') e via dicendo.

155 *get* + nome, aggettivo, participio passato, avverbio o preposizione

Get è un verbo molto usato nell'inglese parlato. Di solito è informale e le costruzioni con *get* non sono frequenti nella lingua scritta.
Get ha diversi significati a seconda del tipo di parola che lo segue.

1 *get* + nome/pronome

Davanti a un nome o a un pronome, *get* significa, di solito, 'ricevere', 'andare a prendere', 'ottenere', 'procurarsi', ecc.

*I **got a letter** from Lucy this morning.*
Ho ricevuto una lettera da Lucy questa mattina.

*Can you come and **get me** from the station when I arrive?*
Puoi venire a prendermi alla stazione quando arrivo?

*I'm going out to **get some bread**.*
Vado a prendere del pane.

Per la costruzione *I have got*, cfr. 167.

2 *get* + aggettivo

Prima di un aggettivo, *get* significa, di solito, 'diventare'.

*As you **get old** your memory **gets worse**.*
Quando si invecchia, la memoria peggiora. (= si diventa vecchi / diventa peggiore)

*My feet are **getting cold**.*
I miei piedi si stanno raffreddando. (= diventano freddi)

Si può usare ⟦*get* + oggetto + aggettivo⟧ con il significato di 'far diventare qualcosa'.

> *I can't **get my hands warm**.*
> Non riesco a riscaldarmi le mani. (= farle diventare calde)
>
> *We must **get the house clean** before mother arrives.*
> Dobbiamo pulire la casa prima che arrivi la mamma. (= farla diventare pulita)

Per *go* + aggettivo (*go green, go blind*, ecc.), cfr. 160.

3 *get* + participio passato

Con lo stesso significato di 'diventare', talvolta si usa *get* con un participio passato. Questa costruzione corrisponde spesso a un verbo riflessivo italiano.

get married	*get engaged*	*get dressed*
sposarsi	fidanzarsi	vestirsi

Questa costruzione è anche frequente quando si parla di cose che accadono casualmente o inaspettatamente.

> *My watch **got broken** while I was playing with the children.*
> Il mio orologio si ruppe mentre stavo giocando coi bambini.
>
> *He **got caught** by the police driving at 160 kph.*
> Fu sorpreso dalla polizia a guidare a 160 km all'ora.

In questi casi si usa *get* come una sorta di ausiliare per la forma passiva, in modo simile a *be* (cfr. 268).

4 *get* + avverbio o preposizione

Prima di un avverbio (**adverb particle**; cfr. 285) come *up, away, out* o una preposizione, *get* si riferisce quasi sempre ad un movimento.

> *I often **get up** at five o'clock.*
> Spesso mi alzo alle cinque.
>
> *I went to see him, but he told me to **get out**.*
> Andai a trovarlo, ma mi disse di andarmene.
>
> *Would you mind **getting off** my foot?*
> Vorresti levarti dal mio piede?

Si può usare la costruzione con un complemento oggetto, per 'far muovere qualcuno/qualcosa'.

> *You can't **get her out of** the bathroom in the morning.*
> Non si riesce a farla uscire dal bagno la mattina.
>
> *Would you mind **getting your papers off** my desk?*
> Ti spiace levare i tuoi fogli dalla mia scrivania?
>
> *Have you ever tried to **get toothpaste back into** the tube?*
> Hai mai provato a far rientrare il dentifricio nel tubetto?

▶ Per le costruzioni con ⟦*get* (+ oggetto) + verbo⟧, cfr. 156.

156 *get* (+ oggetto) + forma verbale

1 Dopo *get* si può usare un complemento oggetto con l'infinito o la forma *-ing*. Corrisponde all'italiano 'fare' + infinito.

> *get* + oggetto + infinito

*I can't **get the car to start**.*
Non riesco a far partire la macchina.

> *get* + oggetto + *-ing*

*Don't **get him talking** about his illnesses, please.*
Non fatelo parlare delle sue malattie, per favore.

Spesso si usa la costruzione con l'infinito quando si parla di persuadere qualcuno a fare qualcosa.

Get John to help us, *if you can.*
Convinci John ad aiutarci, se puoi.

*I can't **get that child to go** to bed.*
Non riesco a far andare a letto quel bambino.

2 Si può usare *get* + oggetto + participio passato con significato passivo per parlare di lavori da far fare. Corrisponde all'italiano 'farsi' + infinito.

*I must **get my hair cut**.*
Devo farmi tagliare i capelli. (= I capelli devono essere tagliati.)

*You ought to **get your watch repaired**.*
Dovresti farti riparare l'orologio. (= L'orologio deve essere riparato.)

▶ Per costruzioni simili con *have*, cfr. 169.

157 *get* e *go*: movimento

Go significa 'andare', mentre *get* significa, più precisamente, 'arrivare a'. Confrontare:

*I **go** to work by car and Lucy **goes** by train. I usually **get** there first.*
Io vado a lavorare in macchina e Lucy va in treno. Di solito io arrivo per primo.

*I **went** to Bristol yesterday. I **got** to Bristol at about eight o'clock.*
Ieri sono andato a Bristol. Sono arrivato a Bristol intorno alle otto.

Spesso si usa *get* quando c'è qualche difficoltà nell'arrivare.

*It wasn't easy to **get** through the crowd.*
Non fu facile passare attraverso la folla.

*I don't know how we're going to **get** over the river.*
Non so in che modo passeremo il fiume.

*Can you tell me how to **get** to the police station?*
Sai dirmi come arrivare alla stazione di polizia?

158 come tradurre 'già'

L'avverbio 'già' si può rendere in inglese con:

1 *yet*

Si usa nelle domande per indicare un'aspettativa. Si mette generalmente alla fine della frase.

*Have you done the shopping **yet** ?*
Hai già fatto la spesa ?

2 *already*

Si usa nelle frasi interrogative e affermative. In queste ultime, indica che qualcosa è avvenuta prima di quanto ci si aspettasse.

*Have you **already** had lunch ?*
Hai già pranzato ?

*They have **already** finished the job.*
Hanno già finito il lavoro.

Spesso *already* si mette in posizione intermedia (cfr 56.8), ma si può trovare alla fine della frase con significato più forte. Confrontare:

Has he gone yet ? (Chiedo un'informazione.)
*Has he gone **already** ?* (Esprimo sorpresa o disappunto.)
È già andato via ? (In italiano la differenza dipende dall'intonazione.)

3 *before*

Si usa quando 'già' indica ripetizione di ciò che è avvenuto in precedenza.

*It's a good restaurant; I've been there **before**.*
È un buon ristorante, ci sono già stato.

▶ Per l'uso dei tempi con *already* e *yet*, cfr. 331.

159 *go: been e gone*

1 Si usa *gone* per indicare che qualcuno è andato in un luogo e non è ancora tornato.

*'Is Lucy here?' 'No, she's **gone** to London.'*
'Lucy è qui?' 'No, è andata a Londra.'

Se, invece, qualcuno è andato in un posto ed è già tornato, si usa *been*.

*I've **been** to London six times this week.*
Sono andato a Londra sei volte questa settimana

*Have you ever **been** to Northern Ireland?*
Sei mai stato nell'Irlanda del Nord?

Been si usa anche con il significato di 'venuto e andato via'.

*She's **been** to see us twice since Christmas.*
È venuta due volte a trovarci, da Natale.

2. Si può usare *be* con *gone* per dire che qualcosa è scomparso o è finito.

>   *Is the butter all **gone**?*
>   È finito tutto il burro?
>
>   *When I came back, my car **was gone**.*
>   Quando sono tornato, la mia macchina era scomparsa.

160 *go* con significato di 'diventare'

Si usa *go* davanti ad alcuni aggettivi col significato di 'diventare'.

1. Questo succede con parole che indicano colori.

>   *Leaves **go** brown in autumn.*
>   Le foglie diventano marroni in autunno.
>
>   *People **go** red, pale or white with anger; blue with cold; green with seasickness.*
>   Si diventa rossi, pallidi o bianchi per la collera; blu per il freddo; verdi per il mal di mare.
>
>   *If you faint, everything **goes** black.*
>   Quando si sviene, tutto diventa nero.

2. Si usa *go* con alcuni altri aggettivi per parlare di cose che cambiano in peggio. Ecco alcune espressioni di uso frequente:

>   *People **go** mad, crazy, deaf, blind, grey, bald.*
>   Si diventa matti, pazzi, sordi, ciechi, grigi, calvi.
>
>   *Machines **go** wrong, iron **goes** rusty, meat **goes** bad, milk **goes** sour, bread **goes** stale.*
>   Le macchine si guastano, il ferro arrugginisce, la carne va a male, il latte diventa acido, il pane diventa raffermo.

161 *go* + *-ing*

Si usa spesso la costruzione *go* + *-ing*, specialmente quando si parla di sport e di attività del tempo libero.

>   *Let's **go climbing** next weekend.*
>   Andiamo a fare alpinismo il prossimo weekend.
>
>   *Did you **go dancing** last Saturday?*
>   Sei andato a ballare sabato scorso?

Espressioni di uso frequente:

go climbing	andare a fare alpinismo
go dancing	andare a ballare
go fishing	andare a pescare
go hunting	andare a caccia
go riding	andare a cavallo
go sailing	andare in barca a vela
go shooting	andare a caccia
go shopping	andare a fare spese
go skiing	andare a sciare
go swimming	andare a nuotare
go walking	andare a camminare

162 *had better*

1 Si usa *had better* per dare un consiglio o per dire a qualcuno che cosa fare. Il significato è presente o futuro, non passato, ma si usa sempre *had*, non *have*. Dopo *had better* si usa l'infinito senza *to*.

> *It's late — **you'd better hurry** up.* (NON *. . . you have better . . .*)
> (NON *. . . you had better hurrying / to hurry up.*)
> È tardi, è meglio che ti sbrighi.

La forma negativa si fa con *better not* + infinito senza *to*.

> *You'd **better not** wake me up when you come in.*
> (NON *You hadn't better wake me . . .*)
> È meglio che non mi svegli quando entri.

Si può anche usare *had better* per dire a noi stessi che cosa è meglio fare.

> *It's seven o'clock. **I'd better** put the meat in the oven.*
> Sono le sette. È meglio che metta l'arrosto nel forno.

2 Non si usa *had better* nelle richieste gentili.

> *Could you help me, if you've got time?*
> (NON *You'd better help me.* Suonerebbe come un ordine.)
> Mi puoi aiutare, se hai tempo?

163 *half (of)*

1 Davanti a un nome si può usare *half* o *half of*. Se il nome che segue è plurale, il verbo è sempre plurale.

> ***Half (of)** my friends live abroad.*
> Metà dei miei amici vivono all'estero.

> *She spends **half (of)** her time travelling.*
> Passa la metà del suo tempo viaggiando.

Non si usa *of* in espressioni di misura e quantità. La parola che segue è preceduta da *a/an*.

> *I live **half a mile** from here.* (NON *. . . half of a mile . . .*)
> Abito a mezzo miglio da qui.

> *How much is **half a bottle** of whisky?* (NON *. . . half of a bottle . . .*)
> Quant'è una mezza bottiglia di whisky?

Si usa *half of* prima dei pronomi.

> *'Did you like the books?' 'I've only read **half of them**.'*
> 'Ti sono piaciuti i libri?' 'Ne ho letti solo la metà.'

> ***Half of us** are free on Tuesdays, and the other half on Thursdays.*
> Metà siamo liberi il martedì, e l'altra metà il giovedì.

2 Si usa *the* con *half* solo se viene detto quale metà si intende.

> *I've bought some chocolate. You can have **half**.* (NON *. . . the half.*)
> Ho comprato del cioccolato. Puoi prenderne metà.

> *You can have **the big half**.*
> Puoi avere la metà più grossa.

3 *One and a half* è plurale.

> *I've been waiting for **one and a half hours**.* (NON ... ~~hour~~.)
> Aspetto da un'ora e mezza.

164 *happen*

1 Il verbo *happen* può avere un soggetto impersonale *it, what, something,* ecc., e significa 'accadere', 'succedere'.
Può essere seguito da *to* + persona (oggetto indiretto).

> *I waited two hours, but **nothing happened**.*
> Aspettai due ore, ma non accadde nulla.

> ***It happened** a long time ago.*
> Accadde molto tempo fa.

> ***What's happened** to Jane? She wasn't at school this morning.*
> Che cos'è successo a Jane? Non era a scuola stamattina.

Per qualcosa di strano o inaspettato che sta succedendo, si può usare *be going on.*

> *What's **going on** in the street?*
> Che cosa sta succedendo nella strada?

2 Il soggetto di *happen* può anche essere un nome o un pronome personale: significa 'capitare per caso' ed è seguito dall'infinito.

> ***I happened to be** there at night.*
> Mi capitò di trovarmi là di notte.

> ***They happen to know** my wife.*
> Si dà il caso che conoscano mia moglie.

165 *have* (1): introduzione

Si può usare *have* in vari modi:

a come verbo ausiliare

> ***Have** you heard about Peter and Corinne?*
> Hai sentito di Peter e Corinne?

b per esprimere possesso, parentela e altre condizioni

> ***I've got** a new car.*
> Ho una macchina nuova.

> ***Have** you **got** any brothers or sisters?*
> Hai dei fratelli o delle sorelle?

> *Do you often **have** headaches?*
> Hai spesso mal di testa?

c come verbo principale diverso da 'avere'

> *I'm going to **have** a bath.*
> Ho intenzione di fare il bagno.

> *We're **having** a party next weekend.*
> Faremo una festa il prossimo weekend.

d per esprimere un dovere (come *must*)

> *I **had** to work last Saturday.*
> Dovevo lavorare sabato scorso.

e in una struttura corrispondente a 'fare' + infinito

> *He soon **had** everybody laughing.*   *I must **have** my shoes repaired.*
> Fece presto ridere tutti.   Devo farmi riparare le scarpe.

▶ Le regole di grammatica non sono le stesse per tutti i significati di *have*.
Per maggiori particolari, vedere le cinque sezioni che seguono.
Per le forme contratte (*I've, haven't*, ecc.), cfr. 92.
Per la pronuncia delle forme atone (/əv/ ecc.), cfr. 296.
Per *had better* + infinito , cfr. 162.

166 *have* (2): verbo ausiliare

have + participio passato

1 Si usa il verbo *have* come ausiliare per fare le forme **perfect** del verbo.

> ***Have you heard** about Peter and Corinne?*
> Hai sentito di Peter e Corinne?

> *We'll **have been living** here for two years next Sunday.* (**future perfect**)
> Domenica prossima saranno due anni che abitiamo qui.

Notare che nelle forme **perfect** del verbo non si usano mai altri ausiliari.

> *When I got back, he **had** already left.* (NON . . . *he was already left.*)
> Quando sono tornato, lui era già partito.

2 Come per tutti i verbi ausiliari, le forme interrogative e negative si fanno senza *do*.

> ***Have you** heard the news?* (NON *Do you have heard . . ?*)
> Hai sentito la notizia?

> *I **haven't** seen them.* (NON *I don't have seen them.*)
> Non li ho visti.

167 *have* (*got*) (3): possesso, relazione, ecc.

1 Il verbo *have* si può usare per indicare possesso, relazione, malattie e caratteristiche di persone e cose (per esempio nelle descrizioni).
Nelle frasi interrogative e negative si può usare *do*.

> *They hardly **have** enough money to live on.*
> Hanno appena il denaro sufficiente per vivere.

> ***Do** you **have** any brothers or sisters?*
> Hai dei fratelli o delle sorelle?

> *The Prime Minister **had** a bad cold.*
> Il Primo Ministro aveva un brutto raffreddore.

> *My grandmother **didn't have** a very nice character.*
> Mia nonna non aveva un bel carattere.

2 Nell'inglese britannico si usa spesso la forma *I have got* per indicare possesso, relazione, ecc. *I have got* ha lo stesso significato di *I have*: è un tempo presente, non un **present perfect**.
Le forme interrogative e negative si formano senza *do*.

*They've hardly **got** enough money to live on.*
***Have** you **got** any brothers or sisters?*

*I **haven't got** much hair.*
Non ho molti capelli.

Le forme con *got* si usano principalmente nel presente: *I had got* è raro. Sono informali e si usano molto spesso nella conversazione più che nella lingua scritta.
Non si usa la forma *got* per indicare ripetizione o abitudine. Confrontare:

*I've **got** toothache.*
Ho mal di denti.

*I **often have** toothache.* (NON *I've often got toothache*.)
Spesso ho mal di denti.

*We **haven't got** any beer today, I'm afraid.*
Non abbiamo birra oggi, mi dispiace.

*We **don't often have** beer in the house.*
Non abbiamo spesso birra in casa.

3 Notare che, con questi significati, non si usa il verbo *have* alla forma progressiva.

*I **have** a headache.* OPPURE *I've **got** a headache.* (NON *I'm having a headache*.)
Ho mal di testa.

168 *have* (4): azioni

Si usa spesso $\boxed{have + \text{complemento oggetto}}$ per indicare delle azioni che in italiano sono espresse con verbi diversi da 'avere' (per esempio 'mangiare', 'bere', 'prendere', 'fare', ecc.).
Espressioni di uso frequente:

have breakfast / lunch / tea / dinner / a meal / a drink / coffee / a beer / a glass of wine
far colazione / pranzare / prendere il tè / cenare / fare un pasto / bere qualcosa / prendere il caffè / bere una birra / bere un bicchiere di vino

have a bath / a wash / a shave / a shower / a rest / a lie-down / a sleep / a dream
farsi il bagno / lavarsi / farsi la barba / farsi la doccia / riposarsi / coricarsi / fare una dormita / fare un sogno

have a holiday / a day off / a good time / a nice evening / a bad day
farsi una vacanza / avere un giorno libero / divertirsi / trascorrere una bella serata / passare una brutta giornata

have a talk / a chat / a conversation / a disagreement / a row / a quarrel / a fight / a word with somebody
parlare / chiacchierare / conversare / avere un dissenso / litigare / litigare / picchiarsi / parlare con qualcuno

have a swim / a walk / a ride / a game of tennis, football, ecc.
fare una nuotata / una passeggiata / una cavalcata / una partita a tennis, a calcio, ecc.

have a try / a go
provare

have a baby
avere un bambino (= 'partorire')

have difficulty in + -ing / have trouble in + -ing
avere difficoltà a (far qualcosa)

have a nervous breakdown
avere un esaurimento nervoso

In queste espressioni le forme interrogative e negative si formano con *do*. Non si usa *got*. Sono possibili le forme progressive. Non si usa la forma contratta di *have*.

Did you **have** *a good holiday?*
Hai passato una buona vacanza?

*'What are you doing?' 'I**'m having** a bath.'*
'Che cosa stai facendo?' 'Sto facendo il bagno.'

*I **have** lunch at 12.30 most days* . (NON *I've lunch* . . .)
Quasi tutti i giorni pranzo alle 12,30.

169 *have* (5): + oggetto + verbo

1 Spesso si usa la costruzione ⟨*have* + oggetto + verbo⟩.

*It's nice to **have people smile** at you in the street.*
È bello che per la strada la gente ti sorrida.

*We'll soon **have your car going**.*
Faremo subito funzionare la Sua macchina.

Si usa ⟨*I won't have* + oggetto + verbo⟩ per dire che non si permette una certa azione.

*I **won't have you telling** me what to do.*
Non ti permetto di dirmi cosa devo fare.

*I **won't have people talk** to me like that.*
Non permetto che la gente mi parli così.

2 Si usa ⟨*have* + oggetto + participio passato⟩ con significato passivo per indicare dei lavori fatti per noi da altre persone.

*I must **have my shoes repaired**.*
Devo farmi riparare le scarpe.

*Lucy **had her eyes tested** yesterday, and she needs glasses.*
Ieri Lucy si è fatta controllare gli occhi e ha bisogno degli occhiali.

170 *have (got) to*

Si usa ⟨*have (got)* + infinito⟩ per parlare di cose che si devono fare.
Il significato è simile a *must*.

*Sorry, **I've got to go** now.*
Mi dispiace, adesso devo andare.

***Do** you often **have to travel** on business?*
Devi spesso viaggiare per affari?

Le forme con *got* sono frequenti nel linguaggio colloquiale col verbo al presente. (Cfr. 167.2). Confrontare:

I've got to go to London tomorrow.
Domani devo andare a Londra.

I had to go to London yesterday. (NON *I had got to go . . .*)
Ieri sono dovuto andare a Londra.

Non si usano le forme con *got* se si tratta di azioni che si ripetono periodicamente. Confrontare:

I've got to write a financial report tomorrow.
Domani dovrò scrivere una relazione finanziaria.

I have to write financial reports at the end of every month.
Devo scrivere delle relazioni finanziarie alla fine di ogni mese.

▶ Per la differenza tra *have (got) to* e *must*, e tra *haven't got to, don't have to, mustn't* e *needn't*, cfr. 222.

171 *hear* e *listen (to)*

1 *Hear* (= 'sentire', 'udire') si usa, normalmente, per dire che qualcosa ci giunge all'orecchio.

Suddenly I heard a strange noise.
Improvvisamente sentii uno strano rumore.

Can you hear me?
Mi senti?

Did you hear the Queen's speech yesterday?
Ieri hai sentito il discorso della regina?

Hear non si usa nelle forme progressive (cfr. 145.3). Quando si vuole indicare qualcosa che si sente nel momento in cui si parla, si usa spesso *can hear*.

I can hear somebody coming. (NON *I am hearing . . .*)
Sento che sta arrivando qualcuno.

2 Si usa *listen (to)* (='ascoltare') nel senso di prestare attenzione. Confrontare:

I heard them talking in the next room, but I didn't really listen to what they were saying.
Li ho sentiti parlare nella stanza accanto, ma veramente non ho ascoltato cosa stavano dicendo.

'Listen carefully, please.' 'Could you speak a bit louder? I can't hear you very well.'
'Ascoltate attentamente, per favore.' 'Potrebbe parlare un po' più forte? Non La sento molto bene.'

Se è indicata la cosa o persona da ascoltare, *listen* è seguito dalla preposizione *to*. Confrontare:

Listen! (NON *Listen to!*)   *Listen to me!* (NON *Listen me!*)
Ascolta!   Ascoltami!

172 *help*

1 Dopo il verbo *help* si può usare la costruzione oggetto + infinito .

*Can you **help me to find** my ring?*
Mi aiuti a cercare il mio anello?

Nella forma colloquiale, spesso, si usa l'infinito senza *to*.

*Can you **help me find** my ring?*
***Help me get** him to bed.*
Aiutami a metterlo a letto.

Si può anche usare *help* + infinito senza indicare la persona che si aiuta.

*Would you like to **help peel** the potatoes?*
Vuoi aiutare a pelare le patate?

2 Talvolta è sufficiente la preposizione *with* per indicare l'aiuto richiesto.

*I'll help you **with** the washing.* (= *I'll help you do the washing*.)
Ti aiuterò a fare il bucato.

3 La forma negativa *can't help* + *-ing* significa 'non poter fare a meno di . . .'.

*I'm sorry, but I **can't help laughing**.*
Mi dispiace, ma non posso fare a meno di ridere.

*They **couldn't help saying** what they thought.*
Non poterono fare a meno di dire quel che pensavano.

173 *here* e *there*

Si usa *here* (= 'qui') per indicare il luogo dove sta chi parla, e *there* (= 'lì'/'là') per altri luoghi.

*Don't stay **there** in the corner by yourself. Come over **here** and talk to us.*
Non stare lì da solo nell'angolo, vieni qui a parlare con noi.

174 *holiday* e *holidays*

Si usa il singolare *holiday* per un breve periodo di uno o due giorni.

*We've got a **holiday** next Tuesday.*
Noi facciamo vacanza martedì prossimo.

*We get five days' Christmas **holiday** this year.*
Abbiamo cinque giorni di vacanza per Natale quest'anno.

Si usa spesso *holidays* per le vacanze lunghe dell'anno.

*Where are you going for your summer **holiday(s)**?*
Dove andrai nelle vacanze estive?

Si usa sempre il singolare nell'espressione *on holiday*. (Notare la preposizione *on*.)

*I met her **on holiday** in Norway.* (NON *. . . on holidays . . .*)
L'ho conosciuta in vacanza in Norvegia.

Gli americani usano la parola *vacation* per una vacanza lunga.

175 *home* e *house*

1. *Home* indica la propria casa e ha un senso affettivo di 'ambiente familiare', 'luogo in cui si vive'. Non si usa l'articolo nelle espressioni *at home*, *come home* e *go home*.

    *I was **at home** last night.*
    Ero a casa ieri sera.

    Davanti a *home* non si usa la preposizione *to*.

    *I think I'll go **home**.* *She came **home** late.* (NON *... to home ...*)
    Penso che andrò a casa. È arrivata a casa tardi.

    Nell'inglese americano, si usa spesso *home* col significato di *at home*.

    *Is anybody **home**?*
    C'è nessuno in casa?

2. *House* indica l'edificio in cui si abita.

    *They've just moved into a new **house**.*
    Hanno appena traslocato in una casa nuova.

    *She lives in a big **house** in Queen's Street.*
    Abita in una grande casa in Queen's Street.

3. Notare che l'espressione 'a casa di ...' in inglese si forma con *at* + forma possessiva della persona, mentre la parola *house* viene sottintesa.

    *'Where's Matthew?' 'He's **at Paul's**.'*
    'Dov'è Matthew?' 'È da Paul/a casa di Paul.'

    *Are you going **to Maggie's** tonight?*
    Vai da Maggie stasera?

176 *hope*

1. Dopo *I hope* (= 'spero') si usa spesso un presente con significato di futuro.

    *I hope she **likes** (= will like) the flowers.* *I hope the bus **comes** soon.*
    Spero che i fiori le piaceranno. Spero che arrivi presto l'autobus.

2. Nelle frasi negative, di solito, si rende negativo il verbo che segue *hope*.

    *I **hope** she **doesn't** wake up.* (NON *I don't hope she wakes up*.)
    Spero che non si svegli.

3. Si può usare *I was hoping* per introdurre una richiesta gentile.

    *I **was hoping** you could lend me some money ...*
    Speravo che potessi prestarmi dei soldi ...

    Si usa *I had hoped* per parlare di speranze che non si sono realizzate.

    *I **had hoped** that Jennifer would become a doctor, but she wasn't good enough at science.*
    Avevo sperato che Jennifer si laureasse in medicina, ma non era abbastanza brava nelle materie scientifiche.

▶ Per *I hope so/not*, cfr. 323.

177 *hour, time, weather* e *tense*

1 Si usa *hour* per indicare l'ora di sessanta minuti. Notare che l'*h* iniziale di *hour* è muta, perciò si usa l'articolo *an* e l'articolo *the* si pronuncia /ðiː/.

> It takes half **an hour** to get there.
> Ci vuole mezz'ora per arrivarci.

Per indicare l'ora, cfr. 240.
Per l'uso di *half* con *hour*, cfr. 163.

2 *Time* indica l'ora dell'orologio e il tempo in generale.

> What **time** is it?   It's **time** to go.
> Che ora è?   È ora di andare.
>
> We have no **time** to visit the town.
> Non abbiamo tempo di visitare la città.

Time può anche significare 'volta'.

> I've already seen this film three **times**.
> Ho già visto tre volte questo film.

Ma notare che 'una volta' = *once*; 'due volte' = *twice*.

3 *Weather* indica il tempo atmosferico.

> What's the **weather** like?
> Che tempo fa?

4 Si usa *tense* per indicare i tempi dei verbi.

> When we talk about the past, we use a past **tense**.
> Quando si parla del passato, si usa un tempo passato.

178 *how* e *what . . . like?*

1 Nelle domande, si usa *how* per informarsi su condizioni momentanee, come la salute o l'umore; si usa *what . . . like?* per condizioni più stabili e durature, per esempio l'aspetto o il carattere. Confrontare:

> '**How's** Ron?' 'He's very well.'
> 'Come sta Ron?' 'Benissimo.'
>
> '**What's** Ron **like**?' 'He's tall and dark, and a bit shy.'
> 'Com'è Ron?' 'Alto, bruno e un po' timido.'
>
> '**How** does he look?' 'Surprised.'
> 'Come ti sembra?' (in un momento particolare) 'Sorpreso.'
>
> '**What** does he look **like**?' 'Nice.'
> 'Come ti sembra?' (in generale) 'Carino.'

2 Spesso si usa *how* per chiedere a qualcuno le sue impressioni su qualcosa.

> '**How** was the film?' 'Great.'   **How's** your steak?
> 'Com'era il film?' 'Bellissimo.'   Com'è la tua bistecca?
>
> **How's** the new job?
> Com'è il tuo nuovo lavoro?

3 Si usa *how* per indicare in che modo si è svolta un'azione.

> **How** did she behave? (NON ~~What did she behave like?~~)
> Come si è comportata?

4 Non bisogna confondere la preposizione *like* (in *what . . . like?*) col verbo *like*. Confrontare:

> '*What **is** she like?*' (prep.) '*Lovely.*'
> 'Com'è?' 'Simpatica.'
>
> '*What **does** she like?*' (verbo) '*Dancing and fast cars.*'
> 'Che cosa le piace?' 'Il ballo e le auto veloci.'

5 Nelle domande e nelle esclamazioni, *how* è seguito da un aggettivo o un avverbio in espressioni che indicano misura o quantità.

> **How old** is John? **How fast** you drive!
> Quanti anni ha John? Come vai veloce!
>
> **How tall** are you?
> Quanto sei alto?

Notare le espressioni:

> *how often* = ogni quanto tempo
> *how far (is it?)* = quanto dista
> *how long* = (da) quanto tempo
> *how much* = quanto
> *how many* = quanti/e

How about . . . ? si usa per fare una proposta o un'offerta.

> **How about** selling the car?   **How about** a sandwich?
> Che ne diresti di vendere la macchina?   Che ne dici di un panino?

179 *if*: frasi condizionali

1 *if* + presente

Nelle frasi con *if*, di solito, si usa un tempo presente per parlare del futuro. (Questo succede con la maggior parte delle congiunzioni. Cfr. 340.)

> *if* + presente, . . . *will*
> *will* . . . *if* + presente

> **If I have** enough time tomorrow, I'll come and see you.
> (NON ~~If I will have enough time, . . .~~)
> Se avrò tempo domani, verrò a trovarti.
>
> I'll give her your love **if I see** her. (NON . . . ~~If I will see her.~~)
> Se la vedrò, le porterò i tuoi saluti.

Si può trovare *if* + *will* nelle richieste gentili.

> **If you will** come this way, I'll take you to the manager.
> Se si vuole accomodare, l'accompagno nell'ufficio del direttore.

Per *if* + *will* nel discorso indiretto (per esempio *I don't know if I'll be here tomorrow*), cfr. 340.2.

2 *if* + passato

Per parlare di situazioni possibili, ma piuttosto improbabili e per fare ipotesi sul presente e futuro, si usa *if* + un tempo passato nella frase condizionale e un condizionale presente nella frase principale.

> *if* + passato, . . . condizionale
> condizionale . . . *if* + passato

If I knew *her name, **I would tell** you.*
(NON *If I would know . . .*) (NON *. . . will tell you.*)
Se sapessi il suo nome, te lo direi.

If you came *tomorrow, **I would have** more time to talk.*
Se tu venissi domani, avrei più tempo per parlarti.

I would be *perfectly happy **if I had** a car.*
Sarei assolutamente felice se avessi una macchina.

*What **would you do if you lost** your job?*
Che cosa faresti se perdessi il lavoro?

Spesso dopo *if* si usa *were* invece di *was*, specialmente nello stile formale.

If I were *rich, I would spend all my time travelling.*
Se fossi ricco, passerei tutto il mio tempo viaggiando.

3
Notare la differenza tra il presente ed il passato:

*If I **become** President, I'll . . .*(detto da un candidato prima delle elezioni)
Se diventerò Presidente, . . .

*If I **became** President, I'd . . .*(detto da un ragazzo)
Se diventassi Presidente, . .

*If I **win** this race, I'll . . .*(detto dal miglior corridore)
Se vinco questa gara, . .

*If I **won** this race, I'd . . .*(detto dal peggior corridore)
Se vincessi questa gara, . .

4 *if* + past perfect

Per parlare di situazioni passate che sarebbero potute accadere, ma non sono accadute, si usa *if* + **past perfect** (*had* + participio passato) nella frase condizionale e il **perfect conditional** (*would have* + participio passato) nella frase principale.

> *if* + past perfect, . . . perfect conditional
> perfect conditional . . . *if* + past perfect

If you had worked *harder, you **would have passed** your exam.*
Se avessi studiato di più, avresti passato l'esame.

If you had asked *me, **I would have told** you.*
Se me l'avessi chiesto, te l'avrei detto.

*I'**d have been** in bad trouble **if Jane hadn't helped** me.*
Mi sarei trovato in seri guai se Jane non mi avesse aiutato.

180 if... could/might

Nelle frasi con *if*, invece di *would*, si possono usare *could* o *might*. *Could* significa 'sarei in grado di' e *might* significa 'può darsi che'.

*If I had another £500, I **could** buy a car.* (= I would be able to buy ...)
Se avessi altre 500 sterline, potrei comprarmi una macchina.

*If you asked me nicely, I **might** buy you a drink.* (= Perhaps I would buy ...)
Se me lo chiedessi gentilmente, potrei offrirti da bere.

181 if only

Si può usare *if only...!* (= 'ah se...', 'magari') per dire che vorremmo che le cose fossero diverse. Ha lo stesso significato di *I wish* (cfr. 368), ma è più forte. Dopo *if only* e dopo *I wish* si usano gli stessi tempi:

a passato per parlare del presente

*If only I **knew** more people!*   *If only I **was** better-looking!*
Ah, se conoscessi più gente!   Magari fossi più bella!

Spesso, nello stile formale, si usa *were* invece di *was*.

*If only I **were** better-looking!*

b *would* per riferirsi al futuro

*If only it **would** stop raining!*   *If only somebody **would** smile!*
Ah, se smettesse di piovere!   Se solo qualcuno sorridesse!

c **past perfect** (*had* + participio passato) per riferirsi al passato

*If only she **hadn't told** the police, everything would have been all right.*
Se solo non l'avesse detto alla polizia, tutto sarebbe andato bene.

182 if so e if not

Si possono usare queste espressioni invece di ripetere un verbo che è già stato nominato. Corrispondono all'italiano 'se sì', 'se no'.

*Are you free this evening? **If so**, let's go out for a meal.* (= ... if you are ...)
Sei libero questa sera? Se sì, andiamo fuori a cena.

*I might see you tomorrow. **If not**, then it'll be Saturday.* (= ... if I don't ...)
Può darsi che ti veda domani. Se no, sarà per sabato.

183 ill e sick

1   *Ill* e *sick* significano 'malato', ma *sick* si usa più frequentemente di *ill*. Davanti a un nome, ad esempio, non si trova mai *ill*. Confrontare:

*She spent years looking after her **sick** mother.* (NON ... ~~her ill mother~~.)
Ha passato degli anni ad assistere sua madre malata.

*I'm sorry I didn't answer your letter. I've been **ill**.*
Mi dispiace di non aver risposto alla tua lettera. Sono stato malato.

2 Si può usare *be sick* (nell'inglese britannico) nel senso di 'vomitare'. *Feel sick* significa 'aver voglia di vomitare'.

> *I **was sick** three times in the night.*
> Stanotte ho vomitato tre volte.
>
> *I **feel sick**. Where's the bathroom?*
> Ho voglia di vomitare. Dov'è il bagno?
>
> *She's never **seasick**.*
> Lei non soffre mai il mal di mare.

Nell'inglese americano, *be sick* significa *be ill*.

184 l'imperativo

1 La forma dell'imperativo è uguale all'infinito senza *to*. L'imperativo si usa, per esempio, per dire alle persone quello che devono fare, per dare dei suggerimenti, dei consigli, delle istruzioni, per incoraggiare e per offrire qualcosa.

> ***Look** in the mirror before you drive off.*
> Guarda lo specchietto prima di partire.
>
> ***Tell** him you're not free this evening.*
> Digli che non sei libero stasera.
>
> ***Try** again — you nearly did it!*
> Prova ancora, ce l'hai quasi fatta!
>
> ***Have** some more tea.*
> Prendi ancora del tè.

L'imperativo negativo si forma con *don't* o *do not* + infinito senza *to*.

> ***Don't worry** — everything will be all right.*
> Non preoccuparti, andrà tutto bene.
>
> ***Do not lean** out of the window.*
> Non sporgerti fuori dal finestrino.

L'imperativo si può rendere più enfatico con *do*: è una forma comune nelle richieste gentili, nelle proteste e nelle scuse.

> ***Do sit** down.*
> Si accomodi, prego.
>
> ***Do try** to make less noise.*
> Prova a fare meno rumore.
>
> ***Do forgive** me — I didn't mean to interrupt.*
> Chiedo perdono: non avevo intenzione di interrompere.

2 Di solito l'imperativo non ha il soggetto, ma si può usare un nome o un pronome per rendere più chiaro a chi ci rivolgiamo.

> ***Mary, come** here — everybody else stay where you are.*
> Mary, vieni qui; tutti gli altri, state dove siete.
>
> ***Somebody answer** the phone!*
> Qualcuno risponda al telefono!

3 Dopo gli imperativi si possono usare le **question tags** (cfr. 142) *will you? won't you? would you? can you? can't you?* e *could you?*

> *Come and help me, **will you?***
> Vieni ad aiutarmi, per favore?
>
> *Give me a cigarette, **could you?***
> Mi dai una sigaretta, per favore?
>
> *Be quiet, **can't you?***
> Stai zitto, per favore?

▶ Per *let's* come prima persona plurale dell'imperativo, cfr. 204.

185 *in* e *into*

1. La preposizione *in* introduce un complemento di stato in luogo.

    'Where's Susie?' '**In** the bedroom.'
    'Dov'è Susie?' 'In camera da letto.'

    *I met him **in** London last year.*
    L'ho incontrato a Londra l'anno scorso.

2. La preposizione *into* indica un movimento per entrare in un luogo e segue sempre un verbo di movimento.

    *She came **into** my room holding a paper.*
    Entrò nella mia stanza con un giornale in mano.

    *I walked out **into** the garden to think.*
    Uscii in giardino per pensare.

    Dopo certi verbi si possono usare sia *in* che *into* (per esempio *throw, jump, cut, push*). Si preferisce *into* quando si vuole sottolineare il movimento e *in* quando si vuole insistere sul luogo dove finisce il movimento. Confrontare:

    *She threw her ring **into** the air.* (movimento)
    Gettò l'anello per aria.

    *She threw her ring **in(to)** the river.* (luogo dove è finito l'anello)
    Gettò l'anello nel fiume.

    Dopo *sit down* e, spesso, dopo *put* si usa *in*.

    *He **sat down in** his favourite armchair.*
    Si sedette nella sua poltrona preferita.

    *I **put** my hand **in** my pocket.*
    Misi la mano in tasca.

186 *in case*

Si usa *in case* (= 'nel caso [che]', 'caso mai') per parlare di qualcosa che si fa perché potrebbe accadere qualcos'altro.
Dopo *in case* si usa, di solito, un presente o un passato con valore di futuro. (In italiano abbiamo sempre un congiuntivo, presente o imperfetto.)

*Take an umbrella **in case** it rains.*
Prendi un ombrello nel caso che piova.

*I've bought a chicken **in case** your mother stays to lunch.*
Ho comprato un pollo nel caso che tua madre si fermi a pranzo.

*I wrote down her address **in case** I forgot it.*
Ho scritto il suo indirizzo caso mai me lo dimenticassi.

Dopo *in case*, si può anche usare la forma *should* + infinito senza *to*.

*I've bought a chicken **in case** your mother **should stay** to lunch.*
*I wrote down her address **in case** I **should forget** it.*

L'espressione *just in case* significa 'per ogni evenienza'.

*Take your ticket, **just in case**.*
Prendi il tuo biglietto, per ogni evenienza. (= nel caso ti dovesse servire)

187 *indeed*

Si usa *indeed* per rafforzare *very*.

> *Thank you **very** much **indeed**.*
> Moltissime grazie.
>
> *I was **very** pleased **indeed** to hear from you.*
> Sono stato davvero molto contento di sentirti.
>
> *He was driving **very** fast **indeed**.*
> Stava guidando davvero molto forte.

Non si usa *indeed* dopo un avverbio o un aggettivo senza che vi sia *very*.

(NON *He was driving fast indeed*.)

188 l'infinito (1): negativo, progressivo, passato, passivo

1 infinito negativo

> *not* + infinito

> *Try **not to be** late.* (NON *... to not be late.*)
> Cerca di non essere in ritardo.
>
> *I decided **not to study** medicine.* (NON *... to not study ...*)
> Decisi di non studiare medicina.
>
> *You'd better **not say** that again.*
> Faresti meglio a non ripeterlo.
>
> *Why **not tell** me about your problems?*
> Perché non raccontarmi i tuoi problemi?

Per la differenza tra l'infinito con e senza *to*, cfr. 192.

2 infinito progressivo

> *(to) be* + *-ing*

> *It's nice **to be sitting** here with you.*
> È bello stare seduti qui con te.
>
> *This time tomorrow I'll **be lying** on the beach.*
> Domani a quest'ora sarò sdraiato sulla spiaggia.

3 infinito passato

> *(to) have* + participio passato

> *It's nice **to have finished** work.*
> È bello aver finito il lavoro.
>
> *Ann said she was sorry **to have missed** you.*
> Ann disse che era dispiaciuta di non averti incontrato.
>
> *You should **have told** me you were coming.*
> Avresti dovuto dirmi che venivi.

Per l'uso dell'infinito passato dopo i modali (*should*, *might*, ecc.), cfr. 354.3.

4 infinito passivo

> (to) be + participio passato

*There's a lot of work **to be done**.*
C'è molto lavoro da fare.

*She ought **to be told** about it.*
Dovrebbe esserne informata.

*That window must **be repaired** before tonight.*
Quella finestra deve essere riparata prima di sera.

Per il significato delle forme passive, cfr. 268.

189 l'infinito (2): uso

1 soggetto

Si può usare l'infinito come soggetto di una frase.

> ***To learn** Chinese is not easy.*
> Imparare il cinese non è facile.

Ma è più comune trovare come soggetto *it* (cfr. 198) o la forma *-ing* (cfr. 136).

> ***It** is not easy **to learn** Chinese.*
> ***Learning** Chinese isn't easy.*

2 dopo un verbo

Spesso si usa l'infinito dopo una forma verbale.

> *It's **beginning to rain**.*
> Comincia a piovere.

> *I **expect to be free** tomorrow evening.*
> Penso di essere libero domani sera.

> *I don't **want to see** you again.*
> Non voglio più vederti.

Ecco alcuni verbi d'uso frequente che possono reggere l'infinito:

afford	*happen*	*prefer*
appear	*hate*	*prepare*
arrange	*help*	*pretend*
ask	*hope*	*promise*
(can't) bear	*intend*	*refuse*
begin	*learn*	*remember*
dare (cfr. 95)	*like*	*seem*
decide	*love*	*start*
expect	*manage*	*try*
fail	*mean*	*want*
forget	*offer*	*wish*

Alcuni di questi verbi possono avere la costruzione oggetto + infinito (per esempio *I want her to be happy*). Per maggiori particolari, vedere più avanti. Alcuni di questi verbi possono anche reggere la forma *-ing*. Il significato, però, non è sempre lo stesso (per esempio *try running / try to run*). Per maggiori particolari, cfr. 193.

3 verbo + oggetto + infinito

Dopo alcuni verbi si può usare la costruzione oggetto + infinito.

*She didn't **want me to go**.* (NON ~~She didn't want that I go.~~)
Non voleva che andassi.

*I didn't **ask you to pay** for the meal.*
Non ti ho chiesto di pagare il pranzo.

Ecco alcuni verbi d'uso frequente che reggono questa costruzione:

advise	hate	prefer
allow	help (cfr. 172)	remind
ask	invite	teach
(can't) bear	like	tell
cause	mean	want
encourage	need	warn
expect	order	wish
get (cfr. 156)	persuade	

Per la costruzione verbo + infinito senza *to*, cfr. 192.

4 dopo un aggettivo

Si usa l'infinito dopo certi aggettivi.

*I'm **pleased to see** you.*
Sono contento di vederti.

*John was **surprised to get** Ann's letter.*
John fu sorpreso di ricevere la lettera di Ann.

*His accent is not **easy to understand**.*
Il suo accento non è facile da capire.

*She's very **interesting to listen to**.*
È molto interessante starla a sentire.

Per le costruzioni come *I'm anxious for the meeting to finish early*, cfr. 134.
Per *enough* e *too* con aggettivo + infinito, cfr. 113, 346.

5 dopo un nome

Si può usare l'infinito dopo certi nomi.

*I have no **wish to change**.*
Non ho alcun desiderio di cambiare.

*I told her about my **decision to leave**.*
Le ho comunicato la mia decisione di andarmene.

L'infinito spesso spiega lo scopo di una cosa, a che cosa serve o che cosa se ne farà.

*Have you got a key **to open this door**?*   *I need some more **work to do**.*
Hai una chiave per aprire questa porta?   Ho bisogno dell'altro lavoro da fare.

▶ Per vedere le costruzioni possibili con un particolare verbo, aggettivo o nome, consultare un buon dizionario.
Per l'infinito di scopo, cfr. 191.
Per l'infinito dopo *who, what, how*, ecc., cfr. 190.
Per *to* usato invece dell'infinito, cfr. 110.5.
Per l'uso dell'infinito senza *to*, cfr. 192.

190 l'infinito (3): dopo *who, what, how*, ecc.

1 Per formulare domande e risposte nel discorso indiretto (cfr. 98, 100), si può usare l'infinito subito dopo le parole interrogative *who, what, where*, ecc. (ad eccezione di *why*).

> verbo + *who/what*/ecc. + infinito

*I wonder **who to invite**.*
Mi domando chi invitare.

*Show me **what to do**.*
Mostrami che cosa fare.

*Can you tell me **how to get** to the station?*
Mi può dire come raggiungere la stazione?

*I don't know **where to put** the car.*
Non so dove mettere la macchina.

*Tell me **when to pay**.*
Dimmi quando pagare.

Non so decidere se rispondere alla sua lettera.

2 Non si può iniziare una domanda diretta con *How to . . . ?, What to . . . ?*, ecc. Spesso si usa *shall* o *should*.

*How **shall** I tell her?* (NON *How to tell her?*)
Come (devo) dirglielo?

*What **shall** we do today?* (NON *What to do?*)
Che cosa facciamo oggi?

*Who **should** I pay?* (NON *Who to pay?*)
Chi (dovrei) pagare?

▶ Per le domande che iniziano con *Why (not)* + infinito senza *to* , cfr. 192.3.

191 l'infinito (4): di scopo

Spesso si usa l'infinito per esprimere lo scopo di una persona o il perché di un'azione.

*I sat down **to rest**.* (NON *. . . for to rest.*)
Mi sedetti per riposarmi.

*He went abroad **to forget**.*
Andò all'estero per dimenticare.

*I'm going to Austria **to learn German**.*
Vado in Austria per imparare il tedesco.

Nello stile più formale si usa spesso *in order to* oppure *so as to*.

*He got up early **in order to have** time to pack.*
Si alzò presto in modo da avere tempo di fare i bagagli.

*I moved to a new flat **so as to be near** my work.*
Mi trasferii in un nuovo appartamento per essere vicino al lavoro.

Nelle frasi negative si usa quasi sempre la costruzione con *so as not to* oppure *in order not to*.

> *I'm going to leave now, **so as not to be late**.*
> (NON *I'm going to leave now, not to be late*.)
> Partirò adesso, per non essere in ritardo.

192 l'infinito (5): senza *to*

Di solito l'infinito ha *to* (per esempio *I want to go*; *It's nice to see you*). Ma si usa l'infinito senza *to* nei seguenti casi:

1 verbi modali

Dopo i verbi modali *will, shall, would, should, can, could, may, might, must* e dopo *had better*, si usa l'infinito senza *to*.

> *I **must go** now.* *Will you **help** me?*
> Ora devo andare. Mi aiuterai?
>
> *It **might rain**.* *You **had better stop**.*
> Potrebbe piovere. È meglio che ti fermi.

2 *let, make, hear,* ecc.

Dopo alcuni verbi si usa il complemento oggetto + infinito senza *to*. Quelli di uso più frequente sono *let, make, see, hear, feel, watch* e *notice*.

> verbo + oggetto + infinito senza *to*
>
> *She **lets her children do** what they want.*
> Lascia che i suoi figli facciano ciò che vogliono.
>
> *I **made them give** me the money back.*
> Mi sono fatto restituire i soldi (da loro).
>
> *I didn't **see you come in**.*
> Non ti ho visto entrare.
>
> *I **heard her say** that she was tired.*
> L'ho sentita dire che era stanca.

Nello stile informale si usa spesso *help* con questa costruzione.

> *Could you **help me push** the car?*
> Potresti aiutarmi a spingere la macchina?

3 *why (not)*

Si può usare l'infinito senza *to* dopo *why*. Di solito significa che non è necessario o è stupido fare qualcosa.

> ***Why pay** more at other shops? Our prices are the lowest.*
> Perché pagare di più negli altri negozi? I nostri prezzi sono i più bassi.

Why not . . . ? si usa per dare un suggerimento.

> ***Why not ask** Susan to help you?*
> Perché non chiedi a Susan di aiutarti?

4 *and, or, except, but, than*

Si possono unire due infiniti con *and, or, except, but, than*. Il secondo infinito è, di solito, senza *to*.

*I'd like **to lie down and go** to sleep.*
Vorrei sdraiarmi e addormentarmi.

*Do you want **to eat** now **or wait** till later?*
Volete mangiare ora o aspettare più tardi?

*We had nothing **to do except look** at the garden.*
Non avevamo nulla da fare salvo guardare il giardino.

*I'll **do** anything **but work** on a farm.*
Farò qualunque cosa tranne che lavorare in una fattoria.

*It's easier **to do** it yourself **than explain** to somebody else how to do it.*
È più facile farlo da te che spiegare a qualcun altro come farlo.

193 l'infinito (6): o forma *-ing*?

Alcuni verbi e aggettivi possono essere seguiti dall'infinito o dalla forma *-ing*, spesso con una differenza di significato.

1 *remember* e *forget*

Si usano *remember* e *forget* + *-ing* per riferirsi ad azioni compiute nel passato. *Forget* + *-ing* si usa soprattutto nella costruzione *I'll never forget* + *-ing*.

*I still **remember buying** my first packet of cigarettes.*
Mi ricordo ancora di quando ho comprato il mio primo pacchetto di sigarette.

*I'll never **forget meeting** the Queen.*
Non dimenticherò mai quando ho incontrato la Regina.

Si usano *remember* e *forget* + infinito per indicare delle azioni che si devono compiere.

*Did you **remember to buy** my cigarettes?*
Ti sei ricordato di comprare le sigarette?

*You mustn't **forget to go** and meet Mr Lewis at the station tomorrow.*
Non devi dimenticarti di andare a prendere Mr Lewis alla stazione domani.

2 *stop*

Si usa *stop* + *-ing* quando si smette di fare qualcosa.

*I really must **stop smoking**.*
Devo davvero smettere di fumare.

Si usa *stop* + infinito per indicare lo scopo per cui ci si ferma.

*Every hour I **stop** work **to have** a little rest.*
Ogni ora sospendo il lavoro per riposarmi un po'.

3 go on

Si usa *go on* + *-ing* per indicare un'azione che continua.

> She **went on talking** about her illnesses until everybody went to sleep.
> Continuò a parlare delle sue malattie fino a quando tutti si addormentarono.

Si usa *go on* + infinito per indicare che un'azione viene sospesa e ne comincia un'altra.

> She stopped talking about her illnesses and **went on to tell** us about all her other problems.
> Smise di parlare delle sue malattie e proseguì raccontandoci tutti gli altri suoi problemi.

4 regret

Si usa *regret* + *-ing* per indicare il rimpianto per un'azione compiuta nel passato.

> I don't **regret telling** her what I thought, even if it made her angry.
> Non rimpiango di averle detto ciò che pensavo, anche se ciò la fece arrabbiare.

L'espressione *I regret to say / tell you / announce . . .*, ecc. significa 'Sono spiacente di dover dire/annunciare . . .'.

> We **regret to announce** that the 13.15 train for Cardiff will leave approximately thirty-seven minutes late.
> Siamo spiacenti di dover annunciare che il treno delle 13,15 per Cardiff partirà con circa trentasette minuti di ritardo.

5 allow

Dopo *allow* si usa la forma *-ing* nelle frasi attive se essa rappresenta il complemento oggetto. Se c'è la persona a cui si dà il permesso, questa è seguita dall'infinito.

> We don't **allow smoking** in the lecture room.
> Non permettiamo che si fumi nella sala delle conferenze.

> We don't **allow people to smoke** in the lecture room.
> Non permettiamo alle persone di fumare nella sala delle conferenze.

6 see, watch, hear

Dopo questi verbi si usa la forma *-ing* se si parla di un'azione non conclusa, in corso di svolgimento. Si usa, invece, l'infinito senza *to* se si parla di un'azione completata.

> I looked out of the window and **saw Mary crossing** the road.
> Guardai fuori dalla finestra e vidi Mary che stava attraversando la strada.

> I **saw Mary** step off the pavement, **cross** the road and disappear into the post office.
> Vidi Mary scendere il marciapiede, attraversare la strada e scomparire nell'ufficio postale.

7 try

Try + *-ing* significa spesso 'fare un esperimento', 'fare qualcosa per vedere cosa succede'.

> I **tried sending** her flowers, **giving** her presents, **writing** her letters; but she still wouldn't speak to me.
> Provai a mandarle dei fiori, a farle dei regali, a scriverle delle lettere; ma, nonostante tutto, non mi rivolse una parola.

Try to . . . significa 'fare uno sforzo', 'tentare'. Si usa per le cose che sono difficili.

> I **tried to write** a letter, but my hands were too cold to hold a pen.
> Tentai di scrivere una lettera, ma le mie mani erano troppo fredde per tenere la penna.

8 afraid

Si usa *afraid of* + *-ing* per parlare di incidenti.

> I don't like to drive fast because I'm **afraid of crashing**. (NON . . . I'm afraid to crash.)
> Non mi piace guidare veloce perché ho paura di avere un incidente.

In altri casi, si possono usare *afraid of* + *-ing* oppure *afraid to*. . . senza differenza di significato.

> I'm not **afraid of telling/to tell** her the truth.
> Non ho paura di dirle la verità.

9 sorry

Si usa *sorry for* + *-ing* oppure *sorry about* + *-ing* per parlare di cose passate di cui si è spiacenti.

> I'm **sorry for/about waking** you up.
> Mi dispiace di averti svegliato.

Si può usare l'infinito passato con lo stesso significato.

> I'm **sorry to have woken** you up.

Si usa *sorry* + infinito per scusarsi di qualcosa che si sta facendo o che si ha intenzione di fare.

> **Sorry to disturb** you — could I speak to you a moment?
> Scusi se La disturbo, potrei parlarLe un momento?

> I'm **sorry to tell** you that you failed the exam.
> Mi dispiace dirti che non hai superato l'esame.

10 certain e sure

Si usa *certain/sure of* + *-ing* quando ci si sente sicuri di fare qualcosa.

> Before the game she felt **sure of winning**, but after five minutes she realized that it wasn't going to be so easy.
> Prima della gara si sentiva sicura di vincere, ma dopo cinque minuti capì che non sarebbe stato così facile.

Si usa *certain/sure* + infinito quando si esprime un giudizio su un'altra persona.

> 'Kroftovà's **sure to win** — the other girl hasn't got a chance.' 'Don't be so sure.'
> 'È sicuro che Kroftovà vincerà, l'altra ragazza non ha alcuna possibilità.'
> 'Non essere così sicuro.'

11 like, love, hate, prefer, begin, start, attempt, intend, continue, can't bear

Dopo questi verbi si può usare sia la forma *-ing* sia l'infinito senza grande differenza di significato.

I hate working / to work at weekends.
Odio lavorare nei weekend.

She began playing / to play the guitar when she was six.
Cominciò a suonare la chitarra quando aveva sei anni.

I intend telling her / to tell her what I think.
Ho intenzione di dirle ciò che penso.

Nell'inglese britannico, di solito, si usa *like + -ing* con le cose che si fanno per piacere e *like to* . . . per le cose che si fanno per abitudine o per propria scelta. Confrontare:

I like climbing mountains.
Mi piace scalare le montagne.

I like to start work early in the morning.
Mi piace cominciare a lavorare presto la mattina.

Dopo i condizionali *would like, would prefer, would hate* e *would love*, si usa l'infinito.

I'd like to tell you something.
Vorrei dirti qualcosa.

'*Can I give you a lift?*' '*No, thanks. I'd prefer to walk.*'
'Posso darti un passaggio?' 'No, grazie. Preferirei camminare.'

I'd love to have a coat like that.
Mi piacerebbe molto avere un cappotto così.

Confrontare:

Do you like dancing?	*Would you like to dance?* (invito)
Ti piace ballare?	Vuoi ballare?

▶ Per la differenza tra used to + infinito e be used to + -ing , cfr. 349–50.

194 l'inglese britannico e l'inglese americano

Queste due varietà d'inglese sono molto simili. Ci sono alcune differenze di grammatica e ortografia, ma più numerose sono le differenze di vocaboli. La pronuncia è talvolta molto diversa, ma questo non impedisce alla maggior parte degli inglesi e degli americani di capirsi.

1 grammatica

GB	US
He's just gone home. (Cfr. 201, 263.)	*He just went home.*
È appena andato a casa.	
Have you got a problem? (Cfr. 167.2.)	*Do you have a problem?*
Hai un problema?	
I've never really got to know him.	*I've never really gotten to know him.*
Non l'ho mai conosciuto veramente.	

It's important that he **should be** told. È importante che gli venga detto.	It's important that he **be** told. (Cfr. 91.1.)
(al telefono) Hello, is **that** Harold? (Cfr. 339.4.) Pronto, parla Harold?	Hello, is **this** Harold?
It looks **as if** it's going to rain. (Cfr. 46.3.) Sembra che stia per piovere.	It looks **like** it's going to rain.
He looked at me **really** strangely. Mi guardò in modo veramente strano.	He looked at me **real strange**. (informale)

2 lessico

Ci sono molte differenze. Talvolta la stessa parola ha diverso significato (GB *mad* = 'matto'; US *mad* = 'arrabbiato'). Talvolta si usano parole diverse per esprimere lo stesso concetto (GB *lorry* = 'autocarro'; US *truck* = 'autocarro').

Ecco alcuni esempi:

GB	US	
angry	*mad*	arrabbiato
autumn	*fall*	autunno
bill (al ristorante)	*check*	conto
biscuit	*cookie*	biscotto
chips	*french fries*	patate fritte
crisps	*potato chips*	patatine
crossroads	*intersection*	incrocio
cupboard	*closet* o *cabinet*	armadietto
engine	*motor*	motore
film	*movie*	film
first floor	*second floor*	primo piano
flat	*apartment*	appartamento
ground floor	*first floor*	pian terreno
holiday(s)	*vacation*	vacanza
lift	*elevator*	ascensore
lorry	*truck*	autocarro
mad	*crazy*	matto
main road	*highway*	strada statale
maize	*corn*	granturco
pavement	*sidewalk*	marciapiede
petrol	*gas(oline)*	benzina
post	*mail*	posta
railway	*railroad*	ferrovia
return (ticket)	*round-trip*	andata e ritorno (biglietto)
road surface	*pavement*	fondo stradale
rubbish	*garbage* o *trash*	immondizia
shop	*store*	negozio
single (ticket)	*one-way*	andata (biglietto)
sweets	*candy*	caramelle
taxi	*cab*	taxi
tin	*can*	scatoletta/lattina
trousers	*pants*	pantaloni
underground	*subway*	metropolitana
zip	*zipper*	cerniera

Alcune espressioni con preposizioni e avverbi:

GB	US	
check something	check something **out**	controllare qualcosa
do something **again**	do something **over**	rifare qualcosa
fill **in** a form	fill **in/out** a form	compilare un modulo
meet somebody	meet **with** somebody	vedersi con qualcuno
visit somebody	visit **with** somebody	andare a trovare qualcuno
Monday **to** Friday	Monday **through** Friday	da lunedì a venerdì
at home	home	a casa
on Mondays	Mondays	di lunedì

3 ortografia

GB	US	
alumin**i**um	aluminum	alluminio
analy**s**e	analyze	analizzare
catalo**gue**	catalog	catalogo
cent**re**	center	centro
che**que**	check	assegno (bancario)
colo**u**r	color	colore
defen**c**e	defense	difesa
hono**u**r	honor	onore
jew**elle**ry	jew**el**ry	gioielli
labo**u**r	labor	fatica, doglie
p**y**jamas	p**a**jamas	pigiama
practi**s**e (verbo)	practice	praticare
program**me**	program	programma
theat**re**	theater	teatro
t**y**re	tire	pneumatico
travel**l**er	traveler	viaggiatore

Molti verbi terminano in *-ize* in inglese americano e in *-ise* o *-ize* in inglese britannico (cfr. 248). Per esempio: US *realize*; GB *realise* o *realize* (= 'rendersi conto', 'realizzare').

195 *instead* e *instead of*

1 *instead*

Si colloca alla fine della frase.

> *We have no pudding left. There's some fruit **instead**.*
> Il dolce è finito. Però c'è della frutta.

2 *instead of*

Può essere seguito da un nome o dalla forma *-ing*, ma non dall'infinito.

> *Would you like to take a taxi **instead of a bus**?*
> Vuoi prendere un taxi invece dell'autobus?

> *Would you like to take a taxi **instead of going** by bus?*
> (NON *. . . instead of to go by bus?*)
> Vuoi prendere un taxi invece di andare con l'autobus?

196 inversione fra soggetto e ausiliare

> ausiliare + soggetto + verbo

Vi sono diverse costruzioni in cui un ausiliare precede il soggetto.

1 domande (cfr. 138.)

Have your mother and father arrived? (NON *Have arrived your father and mother?*)
Sono arrivati tuo padre e tua madre?

Where **is the concert** taking place? (NON *Where is taking place the concert?*)
Dove si tiene il concerto?

Le domande orali non sempre hanno la costruzione delle frasi interrogative (cfr. 139).

You're coming tomorrow?
Vieni domani?

Nel discorso indiretto, le domande non hanno questa costruzione (cfr. 100).

I wondered what time **the film was starting**.
(NON *. . . what time was the film starting?*)
Mi chiedevo a che ora cominciasse il film.

2 *if*

Nello stile formale, invece di *if I had . . .*, *if he had . . .*, ecc., si può usare *had I . . ., had he . . .*, ecc.; cioè, si può togliere *if* e invertire l'ordine soggetto + ausiliare.

Had I known *what was going to happen, I would have warned you.*
(= *If I had known . . .*)
Se avessi saputo che cosa sarebbe successo, ti avrei avvisato.

3 *neither, nor, so* (cfr. 226, 324.)

Queste parole sono seguite da ausiliare + soggetto.

'I don't like Mozart.' 'Neither/Nor **do I**.'   'I'm hungry.' 'So **am I**.'
'Non mi piace Mozart.' 'Neanche a me.'   'Ho fame.' 'Anch'io.'

4 espressioni avverbiali negative

Nello stile formale, si possono mettere un avverbio negativo o un'espressione avverbiale negativa all'inizio della frase e avere l'inversione:

> espressione negativa + ausiliare + soggetto

Under no circumstances can we *accept cheques.*
In nessun caso possiamo accettare assegni.

Hardly had I *arrived when the trouble started.*
Ero appena arrivato che iniziarono i guai.

5 *only*

Altrettanto avviene in espressioni con *only*.

Only then did I *understand what she meant.*
Soltanto allora capii che cosa intendeva dire.

Not only did we *lose our money, but we were also in danger of losing our lives.*
Non solo perdemmo i soldi, ma corremmo anche il rischio di perdere la vita.

6 esclamazioni

Le esclamazioni hanno spesso la stessa costruzione delle frasi interrogative negative (cfr. 114.3).

Isn't it cold!   *Hasn't she got lovely eyes!*
Che freddo!   Ha dei bellissimi occhi!

197 inversione fra soggetto e verbo

1 *here, there*, ecc.

Se si inizia una frase con *here* o *there* e il soggetto è un nome, si mette il verbo completo prima del soggetto.

*Here **comes** Mrs Foster.* (NON *Here Mrs Foster comes*.)
Ecco che arriva Mrs Foster.

*There **goes** your brother.*
Ecco che va tuo fratello.

Ma se il soggetto è un pronome, allora precede il verbo.

*Here **she comes**.*   *There **he goes** again.*
Ecco che arriva.   Ecco che ricomincia.

Questa costruzione è possibile con altri avverbi brevi come *down, up*.

*So I stopped the car, and **up walked a policeman**.*
Allora io fermai la macchina ed ecco arrivare un poliziotto.

2 altri avverbi (stile letterario)

Nelle descrizioni e nei racconti, si possono usare all'inizio della frase degli altri avverbi di luogo, seguiti poi da verbo e soggetto.

***Under a tree was sitting** the biggest man I have ever seen.*
Sotto un albero stava seduto l'uomo più grosso che io abbia mai visto.

***On the bed lay** a beautiful young girl.*
Sul letto giaceva una bella fanciulla.

3 verbi che introducono il discorso diretto (stile letterario)

Nei libri, quando si riporta il discorso diretto, spesso il soggetto segue i verbi come *said, asked*, ecc.

*'What do you mean?' **asked Harry**.*
'Cosa intendi dire?' chiese Harry.

Ma se il soggetto è un pronome, precede il verbo.

*'What do you mean?' **he asked**.*
'Cosa intendi dire?' chiese.

198 *it* (1): anticipatore del soggetto

Quando il soggetto di una frase è un infinito o una frase dipendente, si preferisce iniziare la frase con *it* come anticipatore del soggetto.

*It's nice **to be** with you.* (*To be with you is nice* è possibile, ma raro.)
È bello stare con te.

*It's probable **that** we'll be a little late.*
È probabile che arriviamo un po' in ritardo.

1 Spesso si usa questa costruzione nelle frasi con *be* + aggettivo.

> *It* + *be* + aggettivo + infinito

*It's hard **to live** on my salary.*
È difficile vivere del mio stipendio.

*It is possible **to go** by road or rail.*
È possibile andare per strada o per ferrovia.

*It is important **to book** in advance.*
È importante prenotare in anticipo.

> *It* + *be* + aggettivo + frase dipendente

*It's possible **that** I'll be here again next week.*
È possibile che io sia di nuovo qui la prossima settimana.

*It's surprising **how many** unhappy people there are.*
È sorprendente quante persone infelici ci sono.

*It wasn't clear **what** she meant.*
Non era chiaro che cosa (lei) volesse dire.

*Is **it** true **that** your father's ill?*
È vero che tuo padre è malato?

2 Si usa anche questa costruzione per parlare del tempo che ci vuole per fare qualcosa (cfr. 336).

*It took me months **to get to know her**.*
Mi ci sono voluti dei mesi per conoscerla.

*How long does **it** take **to get to London** from here?*
Quanto tempo ci vuole per andare da qui a Londra?

3 *It* può essere anticipatore del soggetto per la forma *-ing*, specialmente con *it's worth* (cfr. 369) e *it's no good/use*. Negli altri casi *it* è piuttosto informale.

*It's worth **going** to Wales if you have the time.*
Vale la pena di andare in Galles se hai tempo.

*It's no use **trying** to explain — I'm not interested.*
È inutile cercare di spiegare: non mi interessa.

*It was nice **seeing** you.*
È stato bello vederti.

▶ Per l'uso di *it* come soggetto nella costruzione enfatica, cfr. 93.
Per *it* come soggetto impersonale (per esempio *it's raining*) cfr. 289.4.
Per *it* come anticipatore dell'oggetto, cfr. 199.

199 *it* (2): anticipatore dell'oggetto

Qualche volta si usa *it* come anticipatore del complemento oggetto. Questo accade molto spesso nelle espressioni *make it clear that* . . . e *find/make it easy/difficult to* . . .

*George **made it clear that** he wasn't interested.*
(NON *George made clear that* . . .)
George mise in chiaro che non gli interessava.

*I **found it easy to talk** to her.* (NON *I found easy to* . . .)
Trovai facile parlare con lei.

*You **make it difficult to refuse**.*
Tu rendi difficile dire di no.

200 *it's time*

1. Dopo *it's time*, si può usare l'infinito.

    ***It's time to buy** a new car.*
    È ora di comprare una macchina nuova.

2. Si può anche usare una costruzione particolare con un verbo al passato.

    > *it's time* + soggetto + verbo passato

    *It's time **you went** to bed.*
    È ora che tu vada a letto.

    *It's time **she washed** that dress.*
    È ora che lei lavi quel vestito.

    *I'm getting tired. It's time **we went** home.*
    Mi sto stancando. È ora che andiamo a casa.

▶ Per altre costruzioni nelle quali un verbo passato ha significato presente o futuro, cfr. 267.

201 *just*

1. *Just* significa 'appena' e si usa, generalmente, col **present perfect** (*have* + participio passato) nell'inglese britannico. Si mette tra l'ausiliare e il verbo.

    *'Where's Eric?' 'He**'s just gone** out.'*
    'Dov'è Eric?' 'È appena uscito.'

    *I**'ve just had** a telephone call from Sarah.*
    Ho appena ricevuto una telefonata da Sarah.

    Nell'inglese americano, si usa generalmente il **simple past**.

    *'Where's Eric?' 'He **just went** out.'*
    *I **just had** a telephone call from Eric.*

    Si può anche usare *just* col **past perfect** se si parla di un'azione avvenuta prima di un'altra nel passato.

    *I **had just got** home when Sarah called.*
    Ero appena tornato a casa quando telefonò Sarah.

2 Quando precede un nome, una quantità o una frase, *just* significa 'soltanto' oppure 'esattamente', 'proprio'. Notare anche *just about* = 'quasi'.

> *'Would you like some biscuits?' '**Just** one, please.'*
> 'Vuoi dei biscotti?' 'Soltanto uno, grazie.'

> *'Are you coming?' '**Just** a moment! I'm **just about** ready.'*
> 'Vieni?' 'Un momento solo! Sono quasi pronto.'

> *That's **just** what I was looking for.*
> È proprio quello che cercavo.

3 *Just now* significa 'proprio in questo momento' e si usa col presente; oppure significa 'poco fa' e si usa col **simple past**.

> *'Could I speak to Eric?' 'He's out **just now**.'*
> 'Posso parlare con Eric?' 'In questo momento è fuori.'

> *Sarah rang up **just now**.*
> Sarah ha chiamato proprio adesso. (= poco fa)

202 *last* e *the last*

Nelle espressioni *last week, last month*, ecc., *last* significa 'scorso'. Se siamo in luglio, *last month* è giugno; se siamo nel 1998, *last year* è il 1997.
(Notare che non si usano le preposizioni davanti a queste espressioni di tempo.)

> *I had a cold **last week**.* (NON . . . *the last week*.)
> Ho avuto il raffreddore la settimana scorsa.

> *Were you at the meeting **last Tuesday**?*
> Eri alla riunione martedì scorso?

> *We bought this house **last year**.* (NON . . . *the last year*.)
> Comprammo questa casa l'anno scorso.

The last week, the last month, ecc. indicano il periodo di sette giorni, trenta giorni, ecc. che va fino al momento in cui si parla. Al 15 luglio 1998, *the last month* è il periodo dal 15 giugno al 15 luglio; *the last year* è il periodo da luglio 1997 a luglio 1998.

> *I've had a cold for **the last week**.* (= per i sette giorni fino ad oggi)
> Ho il raffreddore da una settimana.

> *We've lived here for **the last year**.* (= da dodici mesi fa)
> Abitiamo qui da un anno.

Notare l'uso del **present perfect** (cfr. 263) quando si parla di un periodo di tempo che continua fino al presente come *the last week*. Confrontare:

▶ Per la differenza tra *next* e *the next*, cfr. 228.
Per la differenza tra *last* e *latest*, cfr. 255.8.

203 *left*

Il participio passato *left* (dal verbo *leave*) può significare 'avanzato', 'rimasto'. Si usa dopo un nome o dopo *some, any, no* e i loro composti *somebody, anyone, nobody*, ecc. Si trova spesso nelle costruzioni con *there + be* o *have(n't) got*.

> *There are two eggs **left**, if you're hungry.*
> Sono avanzate due uova, se hai fame.

> *I haven't got any money **left**.*
> Non ho più soldi.

> *There's nothing **left** in the fridge.*
> Non c'è rimasto niente / Non c'è più niente nel frigo.

204 *let's*

Let's + infinito senza *to* si usa spesso per fare delle proposte. È più o meno come un imperativo alla prima persona plurale (cfr. 184).

> ***Let's*** *have a drink.*
> Beviamo qualcosa.

> ***Let's*** *go home, shall we?*
> Andiamo a casa, che ne dici?

Sono possibili due forme negative: *Let's not . . .* e *Don't let's . . .*.

> ***Let's not*** *get angry.*   ***Don't let's*** *get angry.*
> Non arrabbiamoci.

Let's not è considerato più 'corretto'.

205 le lettere

Le regole più importanti per scrivere una lettera sono:

1. In alto a destra, si mette l'indirizzo del mittente (prima il numero, poi la via, poi la città, ecc.). Nell'indirizzo, non si mette il nome del mittente.

2. Sotto questo indirizzo, si scrive la data. Per i vari modi di scrivere la data, cfr. 96.

3. In una lettera d'affari, si mettono nome e indirizzo del destinatario a sinistra, iniziando alla stessa altezza della data.

4. La lettera comincia sempre con *Dear X* a sinistra.

5. Se si inizia con *Dear Sir(s)* o *Dear Madam*, si finisce con *Yours faithfully . . .*
Se si inizia col nome della persona (*Dear Mrs Hawkins*), si finisce con *Yours sincerely . . .* o *Yours . . .* (più informale). Le lettere personali possono cominciare con un nome proprio (*Dear Keith*) e finire con espressioni come *Yours . . .* o *Love . . .*

Esempi di lettere e buste

a formale

```
                                        14 Plowden Road
                                        Torquay
                                        Devon
                                        TQ6 1RS

The Secretary                           16 June 1997
Hall School of Design
39 Beaumont Street
London
W4 4LJ

Dear Sir

I should be grateful if you would send me information
about the regulations for admission to the Hall School
of Design. Could you also tell me whether the School
arranges accommodation for students?

Yours faithfully

Keith Parker

Keith Parker
```

```
                    The Secretary
                    Hall School of Design
                    39 Beaumont Street
                    London
                    W4 4LJ
```

b informale

22 Green Street
London
W1B 6DH
19 March 1997

Dear Keith and Ann

Thanks a lot for a great weekend. Can I come again soon?

Bill and I were talking about the holidays. We thought it might be nice to go camping in Scotland for a couple of weeks. Are you interested? Let me know if you are, and we can talk about dates etc.

See you soon, I hope. Thanks again.

Yours
  Alan

Keith and Ann Parker
19 West Way House
Botley Road
Oxford
OX6 5JP

206 *like*

1. In genere, il verbo *like* corrisponde al verbo 'piacere', ma si costruisce personalmente ed è sempre seguito da un complemento oggetto (un nome, un pronome, un verbo).

    *'Do you like ballet?' 'Yes, **I like it**.'* (NON *Yes, I like.*)
    'Ti piace la danza classica?' 'Sì, mi piace.'

    ***I like swimming** in the sea.* (NON *It likes me . . .*)
    Mi piace nuotare nel mare.

    Per l'uso dell'infinito o della forma *-ing* dopo *like*, cfr. 193.11.

2. Il condizionale *would like* significa 'volere' e si usa specialmente nelle offerte e nelle richieste gentili. È sempre seguito dall'infinito o da un nome.

    ***Would you like to play** tennis with me?* (NON *Would you like playing . . ?*)
    Vuoi giocare a tennis con me?

    ***Would you like** a glass of wine?*
    Vuoi un bicchiere di vino?

    ***I'd like to go** for a walk.*
    Vorrei andare a fare una passeggiata.

▶ Per *like* = 'come', cfr. 45.

207 *likely/unlikely*

(Un)likely significa '(im)probabile' e si può usare con due costruzioni.

1. be + (un)likely + infinito

    ***I'm likely to be** busy tomorrow.*
    Domani probabilmente sarò occupato.

    ***Are you likely to be** at home this evening?*
    Pensi che sarai a casa questa sera?

    *Do you think **it's likely to rain**?*
    Pensi che pioverà?

    *He's **unlikely** to agree.*
    È improbabile che lui sia d'accordo.

2. it is (un)likely + that + frase dipendente

    ***It's likely that** the meeting will go on late.*
    È probabile che la riunione continui fino a tardi.

208 *long* e *a long time*

Long e *a long time* indicano una durata, una quantità di tempo. *Long* è più frequente nelle frasi interrogative e negative, e dopo *too* e *so*.

*How **long** did you wait?* (NON *How much time . . ?*)
Quanto hai aspettato?

*I didn't play for **long**.* (NON *. . . for much time.*)
Non ho giocato per molto tempo.

*The concert was **too long**.*
Il concerto è durato troppo.

Nelle frasi affermative si usa, di solito, *a long time*.

> *I waited (for)* **a long time**. (*I waited* **long** è possibile, ma non frequente.)
> Ho aspettato a lungo.
>
> *It takes* **a long time** *to get to her house.*
> Ci vuole molto tempo per arrivare a casa sua.

▶ *Much*, *many* e *far* sono anch'essi più comuni nelle frasi negative e interrogative. (Cfr. 125, 218.)

209 *look*

1 *Look* può significare 'sembrare', 'avere l'aspetto'. In questo caso, è un verbo copulativo (cfr. 352) ed è seguito da un aggettivo.

> *You look* **angry** *— what's the matter?*   *The garden looks* **nice**.
> Sembri arrabbiato: che cos'hai?   Il giardino ha un bell'aspetto.

Dopo *look* si possono anche usare *like* e *as if*.

> ⎡ *look like* + nome ⎤ (= 'somigliare', 'sembrare')
>
> *She* **looks like her mother**.
> Somiglia a sua madre.
>
> *'What's that bird?' 'It* **looks like a buzzard**.*'*
> 'Che uccello è?' 'Sembra una poiana.'
>
> ⎡ *look as if* + frase dipendente ⎤ (= 'sembra che . . .')
>
> *You* **look as if you've** *had a bad day.*
> Sembra che tu abbia avuto una brutta giornata.
>
> *It* **looks as if it's** *going to rain.*
> Sembra che stia per piovere.

Si può anche usare *look like* + frase dipendente (cfr. 46.3).

2 *Look* può anche significare 'guardare'. In questo caso, si può usare con un avverbio di modo.

> *The boss* **looked** *at me angrily.*
> Il capo mi guardò con aria arrabbiata.
>
> *She* **looked** *excitedly around the room.*
> Si guardò intorno nella stanza tutta eccitata.

▶ Per la differenza tra *look* e *watch*, cfr. 210.

210 *look (at)* e *watch*

Look (at) e *watch* significano entrambi 'guardare', ma si usa *watch* per le cose che cambiano, si muovono, si trasformano. Confrontare:

> *I* **looked at** *the photo, but I didn't* **see** *anybody I knew.*
> Guardai le foto, ma non vidi nessuno che conoscevo.
>
> *I usually* **watch** *a football match on Saturday afternoon.*
> Di solito, guardo la partita (di calcio) il sabato pomeriggio.

Notare che si usa *look* quando non c'è il complemento oggetto e *look at* quando c'è. Confrontare:

Look! (NON ~~Look at!~~)   **Look at** me! (NON ~~Look me!~~)
Guarda!   Guardami!

Si usa *watch* per la televisione, ma si usa *see* per i film e gli altri spettacoli. Confrontare:

*Did you **watch** 'Top of the Pops' last night?*
Hai guardato 'Top of the Pops' ieri sera?

*Have you **seen** any of the Chaplin films?*
Hai visto qualcuno dei film di Chaplin?

▶ Per *watch* + infinito o la forma *-ing*, cfr. 193.6.

211 *marry* e *divorce*

1 *Marry* e *divorce* (= 'sposarsi' e 'divorziare') si usano senza preposizione e reggono un complemento oggetto.

*She **married** a builder.* (NON ~~She married with a builder.~~)
Ha sposato / si è sposata con un costruttore.

*Will you **marry** me?*
Vuoi sposarmi?

*Andrew's going to **divorce** Carola.* (NON . . . ~~to divorce from Carola.~~)
Andrew sta per divorziare da Carola.

2 Quando non c'è il complemento oggetto, si usano espressioni come *get married*, *get divorced*, specialmente nello stile formale.

*Lulu and Joe **got married** last week.*
Lulu e Joe si sono sposati la settimana scorsa.
(*Lulu e Joe **married** . . .* è poco naturale.)

*When are you going to **get married**?*   *The Robinsons are **getting divorced**.*
Quando ti sposerai?   I Robinson stanno divorziando.

3 Si può usare la costruzione *get/be married + to +* persona.

*She **got married to** her childhood sweetheart.* (NON . . . ~~with her~~ . . .)
Si è sposata con il suo primo amore.

*I've **been married to** you for sixteen years and I still don't know what goes on inside your head.*
Sono sposato con te da sedici anni e ancora non so cosa ti passa per la testa.

212 *may* e *might* (1): forme

1 *May* è un verbo ausiliare modale. La terza persona singolare non ha la *-s*.

*She **may** be here tomorrow.* (NON ~~She mays~~ . . .)
Forse sarà qui domani.

Le frasi interrogative e negative si costruiscono senza *do*.

***May** I help you?* (NON ~~Do I may~~ . . ?)
Posso aiutarti?

Dopo *may* si usa l'infinito senza *to*.
> You **may be** right. (NON ~~You may to be right.~~)
> Può darsi che tu abbia ragione.

2 *May* non ha né l'infinito né il participio. Quando è necessario, si usano altre parole.
> She wants **to be allowed** to open a bank account. (NON . . . ~~to may open~~ . . .)
> Vuole poter aprire un conto in banca.

3 *Might* è una forma di *may* meno definita: non indica un tempo passato. Si usano sia *may* che *might* per indicare un'azione presente o futura (cfr. 213–214).

4 Esiste la forma contratta negativa *mightn't*. (*Mayn't* è molto raro.)

▶ *May* e *might* si usano sopratutto per indicare una probabilità e per chiedere o dare un permesso. Cfr. 213–14.

213 *may* e *might* (2): probabilità

1 possibilità

Si usano *may* e *might* per esprimere la possibilità che si verifichi un avvenimento o che qualcosa sia vero. La differenza tra i due sta nel diverso grado di probabilità (cfr. 213.3 più avanti).

> We **may** go climbing in the Alps next summer.
> Può darsi che l'estate prossima andiamo sulle Alpi a fare alpinismo.

> 'Where's Emma?' 'I don't know. She **may** be shopping, I suppose.'
> 'Dov'è Emma?' 'Non so. Potrebbe essere andata a fare la spesa.'

> Peter **might** phone. If he does, could you ask him to ring later?
> Forse telefonerà Peter. Se telefona, potresti chiedergli di richiamare più tardi?

> 'I **might** get a job soon.'
> 'Può darsi che io trovi presto un lavoro.'

> 'Yes, and pigs **might** fly.'
> 'Sì, certo; e può anche darsi che gli asini volino.'

2 domande

Per indicare probabilità o possibilità nelle forme interrogative non si usa mai *may* (*May I . . ? May you . . ?*).

> Do you think you'll go camping this summer?
> (NON ~~May you go camping this summer?~~)
> Pensi che andrai in campeggio quest'estate?

3 *might*

Might non è il passato di *may*. Si usa per esprimere una minore probabilità che qualcosa si verifichi. Confrontare:

> I **may** go to London tomorrow.
> È possibile che domani io vada a Londra. (circa il 50% di possibilità)

> John **might** come with me.
> Potrebbe venire anche John con me. (circa il 30% di probabilità)

4 condizionale

Si può usare *might* (ma non *may*) come condizionale (cfr. 180).

*If you went to bed for an hour, you **might** feel better.*
Se andassi un'ora a letto, forse ti sentiresti meglio.

5 *may/might have*

Per indicare la probabilità che sia accaduta una certa cosa nel passato, si può usare:

> *may/might have* + participio passato

*'Polly's very late.' 'She **may have missed** her train.'*
'Polly è molto in ritardo.' 'Può darsi che abbia perso il treno.'

*'What was that noise?' 'It **might have been** a cat.'*
'Cos'era quel rumore?' 'Potrebbe essere stato un gatto.'

Si usa la stessa costruzione (solo con *might*) per dire che qualcosa era possibile, ma non è accaduto.

*That was a bad place to go skiing. You **might have broken** your leg.*
Era un brutto posto per andare a sciare. Avresti potuto romperti una gamba.

(*Could have . . .* si usa nello stesso modo. Cfr. 78.3.)

214 *may* e *might* (3): permesso

1 chiedere un permesso

May e *might* si possono usare per domandare un permesso. Sono più formali di *can* e *could*. *Might* è molto educato e formale e non è molto frequente.

***May** I put the TV on?*   *I wonder if I **might** have a little more cheese?*
Posso accendere la TV?   Potrei prendere ancora un po' di formaggio?

2 dare o rifiutare un permesso

May si usa per dare un permesso. *May not* si usa per rifiutare un permesso o per proibire qualcosa.

*'May I put the TV on?' 'Yes, of course you **may**.'*
'Posso accendere la TV?' 'Sì, certo.'

*Students **may not** use the staff car park.*
Gli studenti non possono usare il parcheggio del personale.

May e *may not* sono piuttosto formali. Nella lingua informale si preferiscono *can* e *can't*. (Cfr. 79.)

3 parlare di permessi

Di solito, non si usano *may* e *might* per parlare di permessi che sono già stati dati o rifiutati. In tal caso si usano *can*, *could* o *be allowed to*.

*These days, children **can** do what they like.* (NON *. . . may do . . .*)
Di questi tempi, i bambini possono fare quello che vogliono.

*I **could** read what I liked as a child.* (NON *I might . . .*)
Io potevo leggere ciò che volevo quand'ero bambino.

215 *mind*

Il verbo *mind* corrisponde all'italiano 'dispiacere', 'importare' nel senso di provare fastidio o disapprovazione. A differenza dell'italiano, si costruisce personalmente (come *like*. Cfr. 206.). Di solito è seguito da un complemento oggetto (un nome, un pronome, un verbo). *Mind* si usa prevalentemente nelle frasi interrogative e negative.

*I **don't mind** you coming in late if you don't wake me up.*
Non mi importa che tu torni tardi, se non mi svegli.

*'**Do you mind** the smell of tobacco?' 'Not at all.'*
'Ti dà fastidio l'odore del tabacco?' 'Niente affatto.'

Do you mind . . . ? e *Would you mind. . ?* si usano spesso per chiedere un permesso o per chiedere alle persone di fare qualcosa. Possono essere seguiti dalla forma *-ing* o da una frase con *if*.

| Do you mind/Would you mind + -ing . . ? |

***Would you mind opening** the window?*
Ti dispiace aprire la finestra?

***Would you mind my opening** the window?*
Ti dispiace se apro la finestra?

***Do you mind people smoking** in the kitchen?*
Ti dà fastidio che si fumi in cucina?

| Do you mind/Would you mind if . . ? |

***Would you mind if** I opened the window?*
Ti dispiace se apro la finestra?

***Do you mind if** people smoke in the kitchen?*
Ti dà fastidio se si fuma in cucina?

*'**Do you mind if** I smoke?' 'No, please do.'*
'Ti dispiace se fumo?' 'No, fa' pure.'

Notare che, per dare un permesso dopo *Do you mind . . ?*, si usa la risposta *No*. (*I don't mind* significa 'Non ho niente in contrario', 'Va bene'.)

216 come tradurre 'molto'

L'avverbio italiano 'molto' si può rendere in inglese con:

1 *very*

Si usa davanti agli aggettivi, agli avverbi e ai participi passati che si riferiscono a uno stato o una qualità e sono usati come aggettivi.

*This book is **very** interesting and you can read it **very** fast.*
Questo libro è molto interessante e lo puoi leggere molto in fretta.

*I was **very** annoyed with my teacher.*
Ero molto seccato col mio insegnante.

2 *much* e *far*

Si usano davanti ai comparativi.
Much/far more = 'molto più'; *much/far better* = 'molto meglio'

> *The conference was **much/far more** interesting than I had expected.*
> Il convegno è stato molto più interessante di quanto mi aspettassi.
>
> *You could do **much/far better** than that.*
> Potresti fare molto meglio.

3 *much, very much* e *greatly*

Si usano davanti ai participi passati che indicano un'azione con significato passivo.

> *Your report was **much** appreciated by the members of the commission.*
> La tua relazione è stata molto apprezzata dai membri della commissione.

4 *a lot, (very) much, hard, long* e *a long time*

Si usano dopo i verbi.

a   *Much* e *a lot* si usano con quasi tutti i verbi (*a lot* è meno formale). Notare che è insolito trovare *much* nelle frasi affermative (cfr. 218).

> *Do you travel **much/a lot**?*
> Viaggi molto?
>
> *She doesn't talk **much/a lot**.*
> Non parla molto.
>
> *He eats **a lot**.*
> Mangia molto.

b   *Very much* si usa generalmente con i verbi che indicano sentimenti, gusti, stati d'animo. Nello stile informale si può anche usare *a lot*.

> *I love you **very much**.*
> Ti amo molto.
>
> *I enjoy swimming **very much**.*
> Mi piace molto nuotare.

Notare che l'avverbio si trova, normalmente, dopo il complemento oggetto.

c   *Hard* si usa con certi verbi come *work, study, rain, try*.

> *Is it raining **hard**?*
> Piove molto?
>
> *You must work **hard** if you want to leave tomorrow.*
> Devi lavorare molto se vuoi partire domani.

d   *Long* e *a long time* si riferiscono al tempo. Si usa *long* nelle frasi interrogative e negative e *a long time* nelle frasi affermative (cfr. 208).

> *Did you wait **long**?*
> Hai aspettato molto?
>
> *It took me **a long time** to find the house.*
> Mi ci volle molto tempo per trovare la casa.

217 *more (of)* e *most (of)*: determinanti

1. *More* (= 'più') e *most* (= 'la maggior parte') si usano davanti ai nomi non numerabili e a quelli plurali.

   > *more/most* + nome

   *We need **more** time.* (NON *. . . ~~more of time~~*.)
   Ci occorre più tempo.

   *I hate **most** pop music.* (NON *. . . ~~most of pop music~~*.)
   Odio la maggior parte della musica pop.

   ***More** people are drinking wine these days.*
   Oggi c'è più gente che beve il vino.

   ***Most** people disagree with me.* (NON *~~Most of people~~ . . .*) (NON *~~The most people~~ . . .*)
   La maggior parte della gente non è d'accordo con me.

2. *More of* e *most of* si usano davanti a un altro determinante (per esempio *the, my, this*) e davanti a un pronome personale.

   > *more of/most of* + determinante + nome
   > *more of/most of* + pronome personale

   *Can I have some **more of the** red wine, please?*
   Posso avere ancora del vino rosso, per favore?

   *Have you got any **more of that** smoked fish?*
   Ha ancora di quel pesce affumicato?

   *You've read **most of my** books.*
   Hai letto la maggior parte dei miei libri.

   ***Most of us** feel the same way.*
   La maggior parte di noi la pensa allo stesso modo.

3. Si può usare *more* da solo, senza un nome.

   *I'd like some **more**, please.*
   Ne vorrei ancora, per favore.

▶ Per l'uso di *more* nei comparativi, cfr. 85–7.
  Per l'uso di *most* nel superlativo di aggettivi e avverbi, cfr. 85–7.
  Per *far more, much more* e *many more*, cfr. 88.

218 *much, many, a lot*, ecc.

1. Nello stile informale, *much* e *many* si usano soprattutto nelle frasi interrogative e negative e dopo *so, as* e *too*. Nelle frasi affermative (tranne dopo *so, as* e *too*) si usano altre parole ed espressioni. Confrontare:

   *'How **much** money have you got?' 'I've got **plenty**.'* (NON *~~I've got much~~*.)
   'Quanti soldi hai?' 'Ne ho molti.'

   *I haven't got **many** rock CDs. I've got **a lot of** jazz CDs.*
   Non ho molti CD di rock. Ho molti CD di jazz.

   *You make **too many** mistakes.*
   Fai troppi errori.

   *You make **a lot of** mistakes.* (Di solito, NON *~~You make many mistakes~~*.)
   Fai molti errori.

2 *A lot of* e *lots of* si usano soprattutto nello stile informale. Si usano davanti ai nomi non numerabili, ai nomi plurali e ai pronomi personali. Se accompagnano un soggetto singolare, il verbo è singolare; se accompagnano un soggetto plurale, il verbo è plurale.

> *a lot of/lots of* + soggetto + verbo singolare

*A lot of time **is** needed to learn a language.*
Ci vuole molto tempo per imparare una lingua.

There's *lots of coffee in the pot.* (NON ~~There are lots of coffee~~ . . .)
C'è molto caffè nella caffettiera.

> *a lot of/lots of* + soggetto + verbo plurale

*A lot of my friends **think** there's going to be a war.*
(NON ~~A lot of my friends thinks~~ . . .)
Molti miei amici pensano che ci sarà una guerra.

*Lots of people **live** in the country and work in London.*
Molta gente abita in campagna e lavora a Londra.

*A lot of us **would like** to change our jobs.*
Molti di noi vorrebbero cambiare lavoro.

Si usano *a lot of* e *lots of* davanti a un nome o a un pronome personale. Se sono da soli, non si usa *of*. Confrontare:

*She's lost **a lot of weight**.* (NON . . . ~~a lot weight~~.)
Ha perso molto peso.

*She's lost **a lot**.* (NON . . . ~~a lot of~~.)
Ha perso molto.

3 *A lot (of)* e *lots (of)* sono piuttosto informali. Nello stile più formale, si usano altre espressioni come *a great deal (of)* (+ singolare), *a large number (of)* (+ plurale) o *plenty (of)* (+ singolare o plurale).

*Mr Lucas has spent **a great deal of time** in the Far East.*
Mr Lucas ha passato molto tempo nell'Estremo Oriente.

*We have **a large number of problems** to solve.*
Abbiamo molti problemi da risolvere.

*Thirty years ago there were **plenty of jobs**; now there are very few.*
Trent'anni fa c'erano molti posti di lavoro; ora ce ne sono pochissimi.

Nello stile formale, si possono usare anche *much* e *many* nelle frasi affermative.

Much *work has been done in this field.*
È stato fatto molto lavoro in questo campo.

Many *scientists believe* . . .
Molti scienziati credono . . .

▶ Per *far* e *a long way*, cfr. 125.
Per *long* e *a long time*, cfr. 208.

219 *much (of)*, *many (of)*: determinanti

1. Si usa *much* davanti ai nomi non numerabili (singolari) e *many* davanti ai nomi plurali.

   *I haven't got **much time**.*   *I haven't got **many friends**.*
   Non ho molto tempo.   Non ho molti amici.

2. Si usano *much of* e *many of* davanti ad altri determinanti (per esempio *the, my, this, these*) e davanti ai pronomi.

   > *much/many* + *of* + determinante + nome

   *How **much of the** house do you want to paint this year?*
   Quanta parte della casa vuoi dipingere quest'anno?

   *I don't think I'll pass the exam; I've missed too **many of my** lessons.*
   Non penso che passerò l'esame: ho perso troppe lezioni.

   *You didn't eat **much of it**.*
   Non ne hai mangiato molto.

   *How **many of you** are there?*
   Quanti siete?

3. *Much* e *many* si possono usare da soli, senza un nome dopo.

   *You haven't eaten **much**.*
   Non hai mangiato molto.

   *'Did you find any mushrooms?' 'Not **many**.'*
   'Hai trovato dei funghi?' 'Non molti.'

220 *must* (1): forme

1. *Must* è un verbo ausiliare modale. Non ha la *-s* alla terza persona singolare.

   *He **must** start coming on time.* (NON *He musts* . . .)
   Deve cominciare ad essere puntuale.

   Le frasi interrogative e negative si costruiscono senza l'ausiliare *do*.

   ***Must you** go?* (NON *Do you must go?*)
   Devi andare?

   *You **mustn't** worry.* (NON *You don't must worry.*)
   Non devi preoccuparti.

   Dopo *must* si usa l'infinito senza *to*.

   *I **must write** to my mother.* (NON *I must to write* . . .)
   Devo scrivere a mia madre.

2. *Must* non ha l'infinito e i participi. Quando è necessario, si usano altre espressioni come *have to*.

   *He'**ll have to** start coming on time.* (NON *He'll must* . . .)
   Dovrà cominciare ad essere puntuale.

   *I don't want **to have to** tell you again.* (NON *I don't want to must* . . .)
   Non voglio dovertelo ripetere.

3 *Must* non ha il passato. Si può esprimere un obbligo nel passato con *had to*.
> I **had to** push the car to start it this morning. (NON ~~I must push~~ . . .)
> Stamattina ho dovuto spingere la macchina per farla partire.

Must può avere significato di passato nel discorso indiretto.
> I told her she **must** be home by midnight.
> Le dissi che doveva essere a casa entro mezzanotte.

4 C'è una forma contratta negativa *mustn't*. Per la pronuncia di *must*, cfr. 296.

221 *must* (2): dovere

1 Si usa *must* per dare un ordine o imporre un certo comportamento a se stessi o agli altri.
> I really **must** stop smoking.
> Devo veramente smettere di fumare.
>
> You **must** be here before eight o'clock.
> Devi essere qui prima delle otto.

Nelle domande, si usa *must* per chiedere a chi ascolta che cosa pensa che si debba fare.
> **Must** I clean all the rooms?
> Devo proprio pulire tutte le stanze?
>
> Why **must** you always leave the door open?
> Devi lasciare sempre la porta aperta?

Must not o *mustn't* si usano per dire a qualcuno che cosa non deve fare.
> You **mustn't** open this parcel before Christmas Day.
> Non devi aprire questo pacchetto prima del giorno di Natale.

2 Per parlare di qualcosa che si deve fare, si può anche usare *have (got) to*.
Per la differenza tra *must* e *have (got) to*, cfr. 222.

3 Non si usa *must* per parlare di doveri al passato (*must* si usa, principalmente, per dare ordini e non si possono dare ordini al passato). Per gli usi di *had to*, cfr. 170.

▶ Per la differenza tra *must not* e *don't have to*, *haven't got to*, *don't need to* e *needn't*, cfr. 222.
Per la differenza tra *must*, *should* e *ought*, cfr. 311.

222 *must* e *have to*; *mustn't*, *haven't got to*, *don't have to*, *don't need to* e *needn't*

1 *Must* e *have (got) to* non hanno esattamente lo stesso significato. Di solito, si usa *must* per dare o chiedere ordini: il dovere viene dalle persone che stanno parlando o ascoltando.
Si usa *have (got) to* per parlare di un dovere che viene dall'esterno: una legge, una regola, una convenzione o perché qualcuno ha dato un ordine.

Confrontare:

> *I **must** stop smoking.*
> Devo smettere di fumare. (Sono io a decidere.)
>
> *I've **got to** stop smoking. Doctor's orders.*
> Devo smettere di fumare. È un ordine del dottore.
>
> *This is a terrible party. We really **must** go home.*
> Questa festa è terribile. Dobbiamo proprio andare a casa.
>
> *This is a lovely party, but we've **got to** go home because of the baby-sitter.*
> È una bella festa, ma dobbiamo andare a casa per via della baby-sitter.
>
> *I've got bad toothache. I **must** make an appointment with the dentist.*
> Ho un forte mal di denti. Devo prendere un appuntamento con il dentista.
>
> *I can't come to work tomorrow morning because I've **got to** see the dentist.*
> Non posso venire a lavorare domani mattina perché devo andare dal dentista. (Ho un appuntamento.)
>
> ***Must you** wear dirty old jeans all the time?*
> Devi proprio portare sempre vecchi jeans sporchi? (= È così importante per te?)
>
> ***Do you have to** wear a tie at work?*
> Devi portare la cravatta al lavoro? (= È una regola?)

2 *Mustn't* si usa per dire a qualcuno di non fare qualcosa: esprime un dovere negativo. *Haven't got to, don't have to, don't need to* e *needn't* si usano per dire che qualcosa non è necessario. Esprimono l'assenza di obbligo. Confrontare:

> *You **mustn't** tell George.* (= *Don't tell George.*)
> Non devi dirlo a George.
>
> *You **don't have to** tell Alice.*
> Non sei obbligato a dirlo ad Alice. (= Se vuoi, puoi farlo, ma non è necessario.)
>
> *You **don't have to** wear a tie to work, but you **mustn't** wear jeans.*
> Non è necessario che porti la cravatta al lavoro, ma non devi portare i jeans.

Haven't got to, don't have to, needn't e *don't need to* hanno tutti più o meno lo stesso significato.

223 *must* (4): deduzione

1 Si può usare *must* per dire che si è sicuri di qualcosa (perché è logico o si hanno delle buone ragioni per credere che sia così).

> *If A is bigger than B, and B is bigger than C, then A **must** be bigger than C.*
> Se A è più grande di B e B è più grande di C, allora A deve essere più grande di C.
>
> *Mary keeps crying. She **must** have some problem.*
> Mary continua a piangere. Deve avere qualche problema.
>
> *There's the doorbell. It **must** be Roger.*
> Hanno suonato. Dev'essere Roger.
>
> *'I'm in love.' 'That **must** be nice.'*
> 'Sono innamorata.' 'Dev'essere bello.'

2   Nelle frasi interrogative e negative, si usano *can* e *can't* con questo significato, non *must* e *mustn't*.

> *'There's somebody at the door. Who **can** it be?'*
> 'C'è qualcuno alla porta. Chi può essere?'
>
> *'It **can't** be the postman. It's only seven o'clock.'*
> 'Non può essere il postino. Sono solo le sette.'
>
> *What do you think this letter **can** mean?*
> Che cosa pensi che possa significare questa lettera?

3   Si usa must have + participio passato per deduzioni riferite al passato. (Nelle frasi interrogative e negative si usa *can have*.)

   must/can/can't have + participio passato

> *'We went to Rome last month.' 'That **must have been** nice.'*
> 'Il mese scorso siamo andati a Roma.' 'Dev'essere stato molto bello.'
>
> *I don't think he **can have heard** you. Call again.*
> Non penso che abbia potuto sentirti. Chiamalo di nuovo.
>
> *Where **can** John **have put** the matches? He **can't have thrown** them away.*
> Dove può aver messo i fiammiferi John? Non può averli gettati via.

224 *need*

1   *need* = 'aver bisogno di'

Generalmente, *need* si comporta come la maggior parte dei verbi inglesi: aggiunge la *-s* alla terza persona singolare del presente e usa *do* per la forma interrogativa e negativa. È seguito dall'infinito.

> *Everybody **needs to** rest sometimes.*
> Tutti hanno bisogno di riposarsi qualche volta.
>
> ***Do** we **need to** reserve seats on the train?*
> Dobbiamo prenotare i posti sul treno?

2   **verbo ausiliare modale**

Need può anche comportarsi come un verbo ausiliare modale (la terza persona singolare del presente senza la *-s*, niente *do* nelle frasi interrogative e negative, niente *to* nell'infinito che segue). Queste forme non sono, però, molto usate, tranne *needn't*.

> *We **needn't** reserve seats — there'll be plenty of room on the train.*
> Non è necessario che prenotiamo i posti: sul treno ci sarà posto.
>
> *You **needn't** explain — I quite understand.*
> Non è necessario che mi spieghi: capisco perfettamente.

3   needn't + perfect infinitive

Si usa questa costruzione per dire che una persona ha fatto qualcosa che avrebbe potuto non fare, che non era necessaria.

> *You **needn't have woken** me up. I don't have to go to work today.*
> Non era necessario che tu mi svegliassi. Oggi non devo andare a lavorare.

*I **needn't have cooked** so much food. Nobody was hungry.*
Non era necessario che io preparassi tanto da mangiare. Nessuno aveva fame.

Confrontare:

*I **needn't have watered** the flowers. Just after I finished, it started raining.*
Non era necessario innaffiare i fiori. Appena ho finito, è incominciato a piovere. (Avrei potuto farne a meno.)

*It started raining, so **I didn't need to** water the flowers.*
Incominciò a piovere, perciò non fu necessario innaffiare i fiori. (Non l'ho fatto perché non era necessario.)

▶ Per la differenza tra *needn't* e *mustn't*, cfr. 222.

225 *neither (of)*: determinante

1 Si usa *neither* davanti a un nome singolare col significato di 'né l'uno né l'altro', 'nessuno dei due'.

> *neither* + nome singolare

*'Can you come on Monday or Tuesday?' 'I'm afraid **neither day** is possible.'*
'Puoi venire lunedì o martedì?' 'Mi dispiace, ma nessuno dei due giorni è possibile.'

2 Si usa *neither of* davanti a un altro determinante (per esempio *the, my, these*) e davanti a un pronome. Il nome o il pronome sono plurali.

> *neither of* + determinante + nome plurale
> *neither of* + pronome

***Neither of my brothers** can sing.*
Né l'uno né l'altro dei miei fratelli sa cantare.

***Neither of us** saw it fall.*
Nessuno di noi (due) l'ha visto cadere.

Nello stile formale, dopo *neither of* + nome/pronome si usa un verbo singolare.

*Neither of my sisters **is** married.*
Nessuna delle mie (due) sorelle è sposata.

Nello stile informale, si può usare un verbo plurale.

*Neither of my sisters **are** married.*

3 Si può usare *neither* da solo, senza un nome o un pronome.

*'Which one do you want?' '**Neither**.'*
'Quale vuoi?' 'Né l'uno né l'altro.'

226 *neither, nor* e *not . . . either*

1. *Neither* e *nor* significano entrambi 'neppure', 'neanche'. *Neither* e *nor* si trovano all'inizio di una frase e sono seguiti da un verbo ausiliare + soggetto.

   > neither / nor + ausiliare + soggetto

   *'I can't swim.' '**Neither** can I.'* (NON ~~I also can't.~~)
   'Non so nuotare.' 'Neanch'io.'

   *'I don't like opera.' '**Nor** do I.'* (NON ~~I don't too.~~)
   'Non mi piace l'opera.' 'Neanche a me.'

2. Si usa *not . . . either* con lo stesso significato.

   *'I can't swim.' 'I **can't either**.'*
   *'I don't like opera.' 'I **don't either**.'*

▶ Per gli altri usi di *either*, cfr. 108–9.
Per *so am I, so do I*, ecc., cfr. 324.

227 *neither . . . nor . . .*

Si usa *neither . . . nor . . .* (= 'né . . . né . . .') per collegare due idee negative. È l'opposto di *both . . . and . . .* (= 'sia . . . sia . . .').

> **Neither** *James* **nor** *Virginia was at home.*
> Né James né Virginia erano a casa.

> *I* **neither** *smoke* **nor** *drink.*
> Non bevo e non fumo.

> *The film was* **neither** *well made* **nor** *well acted.*
> Il film non era né ben fatto né ben recitato.

Nello stile informale, si può usare un verbo plurale dopo due soggetti introdotti da *neither . . . nor . . .*.

> **Neither** *James* **nor** *Virginia were at home.*

228 *next* e *the next*

Next week, next month, ecc. sono la settimana o il mese subito dopo questo. Se stiamo parlando in luglio, *next month* è agosto; se stiamo parlando nel 1998, *next year* è il 1999. (Notare che non si usano le preposizioni davanti a queste espressioni di tempo.)

> *Goodbye! See you* **next** *week!*
> Ciao! Ci vediamo la prossima settimana!

> *I'm spending* **next** *Christmas with my family.*
> Passerò il prossimo Natale con la mia famiglia.

> **Next** *year will be difficult.* (= a partire da gennaio)
> L'anno prossimo sarà difficile.

The next week, the next month, ecc. indicano il periodo di sette giorni, di trenta giorni, ecc. che inizia nel momento in cui si parla. Al 15 luglio 1998, *the next month* è il periodo dal 15 luglio al 15 agosto; *the next year* è il periodo da luglio 1998 a luglio 1999.

*I'm going to be very busy for **the next week**.* (= a partire da adesso)
Avrò molto da fare la prossima settimana.

***The next year** will be difficult.* (= a partire da adesso)
Il prossimo anno sarà difficile.

▶ Per la differenza tra *last* e *the last,* cfr. 202.

229 *no* e *none*

1 Si usa *no* (= *not a*, *not any*) subito prima di un nome.

   | *no* + nome |

   ***No aeroplane** is 100% safe.*
   Nessun aereo è sicuro al 100%.

   *There's **no time** to talk about it now.*
   Non c'è tempo per parlarne adesso.

   Davanti a un altro determinante (per esempio *the, my, this*) si usa *none of.* Si usa anche *none of* davanti a un pronome.

   | *none of* + determinante + nome |
   | *none of* + pronome |

   ***None of the** keys would open the door.*
   Nessuna chiave apriva la porta.

   ***None of my** brothers remembered my birthday.*
   Nessuno dei miei fratelli si ricordò del mio compleanno.

   ***None of us** speaks French.*
   Nessuno di noi parla francese.

   Quando si usa *none of* con un nome al plurale, il verbo può essere al singolare (più formale) o al plurale (più informale).

   *None of my **friends is/are** interested.*
   Non interessa a nessuno dei miei amici.

2 Si può usare *none* da solo, senza un nome.

   *'How many books have you read?' '**None**.'*
   'Quanti libri hai letto?' 'Nessuno.'

3 Quando si parla di due persone o cose, si usa *neither* e non *none* (cfr. 225).

   ***Neither of** my parents could be there.* (NON *None of* . . .)
   Nessuno dei miei genitori ha potuto esserci.

▶ Per *no* e *not a / not any,* cfr. 231.

230 *no* e *not*

Se si vuole rendere negativa una parola, un'espressione o una frase, si usa *not*.

Not surprisingly, we missed the train. (NON *No surprisingly* . . .)
Non c'è da sorprendersi se perdemmo il treno.

The students went on strike, but **not the teachers**.
(NON . . . *but no the teachers*.)
Scioperarono gli studenti, ma non gli insegnanti.

I can see you tomorrow, but **not on Thursday**.
Ti posso vedere domani, ma non giovedì.

I **have not** received his answer.
Non ho ricevuto la sua risposta.

Si usa *no* con un nome per significare *not a* o *not any*, cioè 'nessuno' + nome.

No teachers went on strike. (= *There were not any teachers on strike*.)
Nessun insegnante scioperò.

I've got **no Thursdays** free this term. (= . . . *not any Thursdays*.)
Non ho nessun giovedì libero in questo trimestre.

I telephoned, but there was **no answer**. (= . . . *not an answer*.)
Telefonai, ma non rispose nessuno.

Qualche volta, verbo + *not* e *no* + nome possono avere lo stesso significato.

There **wasn't an answer**. / There **was no answer**.

Si può usare *no* con la forma *-ing*.

no smoking
VIETATO FUMARE

▶ Per la forma negativa, cfr. 143–4.

231 *no* e *not a* / *not any*

1 *No* è un determinante (cfr. 97); si usa davanti ai nomi singolari (numerabili e non) e plurali.

No ha lo stesso significato di *not a* o *not any*, ma si usa:
a) all'inizio di una frase
b) quando si vuole rafforzare il senso negativo.

a **No cigarette** is completely harmless. (NON *Not any cigarette* . . .)
Nessuna sigaretta è completamente innocua.

No beer? How do you expect me to sing without beer?
Niente birra? Come pretendi che io canti senza birra?

No tourists ever come to our village.
Nessun turista viene mai nel nostro paese.

b I can't get there. There's **no bus**. (Più enfatico di *There isn't a bus*.)
Non posso arrivarci. Non ci sono autobus.

Sorry I can't stop. I've got **no time**.
Spiacente, ma non posso fermarmi. Non ho tempo.

There were **no letters** for you this morning, I'm afraid.
Mi dispiace, ma non c'erano lettere per te questa mattina.

2 *Nobody, nothing, no-one* e *nowhere* si usano in modo simile a *no*. Confrontare:

> **Nobody** came. (NON ~~Not anybody came~~.)
> Non venne nessuno.
>
> I saw **nobody**. (Più enfatico di *I didn't see anybody*.)
> Non vidi nessuno.

3 *No* si usa soltanto subito prima di un nome. Negli altri casi si usa *none (of)*. (Cfr. 229.)

232 no more, not any more, no longer, not any longer

Si usa *no more* per parlare di quantità o di grado.

> There's **no more** bread.
> Non c'è più pane.
>
> She's **no more** a great singer than I am.
> Non è certo una gran cantante più di quanto lo sia io.

Non si usa *no more* per parlare di tempo. Si usa, invece, *no longer* (di solito prima del verbo), *not . . . any longer* oppure *not . . . any more*. (*Not . . . any more* è informale.)

> I **no longer** support the Conservative Party. (NON ~~I no more . . .~~)
> Non voto più per il Partito Conservatore.
>
> This **can't** go on **any longer**.
> Così non può più continuare.
>
> Annie **doesn't** live here **any more**.
> Annie non abita più qui.

233 nome + nome

1 costruzione

È molto comune in inglese mettere due nomi uno dopo l'altro senza una preposizione.

> *tennis shoes* = scarpe da tennis
> *a sheepdog* = un cane da pastore
> *the car door* = la portiera della macchina
> *orange juice* = succo d'arancia

In un certo senso, il primo nome funziona da aggettivo. Confrontare:

> *a race-horse* = un cavallo da corsa
> *a horse-race* = una corsa di cavalli
>
> *a flower garden* = un giardino di fiori
> *a garden flower* = un fiore da giardino
>
> *milk chocolate* = cioccolato al latte
> *chocolate milk* = latte col cioccolato

Il primo nome è, di solito, singolare, anche se il significato è plurale.

> *a* **shoe**-*shop* (NON ~~a shoes shop~~) = un negozio di scarpe
> *a* **bus**-*stop* (NON ~~a buses stop~~) = una fermata dell'autobus

A volte i due nomi si scrivono come una sola parola (per esempio *sheepdog*). A volte si scrivono con un trattino (per esempio *horse-race*) o separati (per esempio *milk chocolate*). Non ci sono regole precise e, spesso, si possono scrivere in più di un modo. Per sapere che cosa è corretto caso per caso, consultare un buon dizionario.

2 significato

Il primo nome può modificare il secondo in diversi modi.
Può indicare la sostanza di cui è fatto il secondo:

>**milk** *chocolate* = cioccolato al latte
>*a **glass** bowl* = una coppa di vetro

o il luogo in cui si trova:

>*the **kitchen** table* = il tavolo di cucina
>***Oxford** University* = l'Università di Oxford

o il tempo a cui si riferisce:

>*a **summer** course* = un corso estivo
>***afternoon** tea* = il tè del pomeriggio

o la sua funzione:

>*car keys* = le chiavi della macchina
>*a **conference** room* = una sala per convegni

3 nome + nome + nome + nome . . .

Si possono mettere tre, quattro o più nomi in un gruppo.

>*road accident research centre* (= *a centre for research into accidents on roads*)
>centro di ricerca sugli incidenti stradali

I titoli di giornali hanno spesso questa costruzione.

>HELICOPTER CRASH PILOT DEATH FEAR
>paura per la vita del pilota dell'elicottero precipitato

4   Non bisogna confondere la costruzione nome + nome (che indica il tipo, luogo, ecc.) con la forma possessiva del nome -'s (che indica, generalmente, il possessore). (Cfr. 277–8.) Confrontare:

>*the dog's food* = il cibo del cane
>*dog food* = cibo per cani

5   A volte due nomi sono collegati da una preposizione. Il significato può essere lo stesso della costruzione nome + nome.

>*I opened the door of the car.*
>*I opened the car door.* (NON . . . ~~the car's door~~.)
>Aprii la portiera della macchina.

Ma, generalmente, la costruzione nome + nome ha un significato più generale.

>*I need a frame for that picture.* (= una particolare)
>Ho bisogno di una cornice per quel quadro.

>*I need a picture-frame.* (= per quadri in generale)
>Ho bisogno di una cornice.

In certi casi si può usare solo la costruzione con *of*.

> *a piece **of** paper.* (NON *a paper piece*) = un pezzo di carta
> *a bunch **of** flowers* (NON *a flower bunch*) = un mazzo di fiori
> *the city **of** Rome* (NON *Rome city*) = la città di Roma

In altri casi le due costruzioni hanno significato diverso. Confrontare:

> *a matchbox* = una scatola di fiammiferi (forse vuota; indica il tipo)
> *a box of matches* = una scatola di fiammiferi (piena; indica il contenuto)
> *a coffee cup* = una tazza da caffè
> *a cup of coffee* = una tazza di caffè

Non è sempre facile sapere se usare la costruzione nome + nome (per esempio *the chair back* = 'lo schienale della sedia'), quella con *of* (per esempio *the back of his head* = 'la nuca') o la forma possessiva (per esempio *John's back* = 'la schiena di John'). Le regole sono molto complicate; l'esperienza dirà qual è la costruzione corretta caso per caso.

234 nomi e aggettivi di nazionalità

Per ogni paese, bisogna conoscere quattro parole:

a l'aggettivo

> ***American** civilisation*   ***French** perfume*
> la civiltà americana   il profumo francese
>
> ***Danish** bacon*
> la pancetta danese

b il nome singolare (per indicare un abitante del paese)

> *an **American***   *a **Frenchman***   *a **Dane***
> un americano   un francese   un danese

c l'espressione plurale *the* + nome plurale oppure aggettivo (per indicare gli abitanti del paese)

> *the **Americans**   the **French**   the **Danes***
> gli americani   i francesi   i danesi

d il nome del paese

> ***America** o **The United States**   France   Denmark***
> America o Stati Uniti   Francia   Danimarca

Il nome della lingua è, spesso, uguale all'aggettivo.

> *Do you speak **French**?*
> Parli francese?
>
> ***Danish** is a difficult language to pronounce.*
> Il danese ha una pronuncia difficile.

Di solito il nome singolare è uguale all'aggettivo (*American*, *Greek*) e l'espressione plurale è uguale all'aggettivo + *-s* (*the Americans*, *the Greeks*). Vi sono però delle eccezioni, specialmente con gli aggettivi che terminano in *-sh* o *-ch*.

Tutti i nomi e aggettivi di nazionalità, come pure le lingue, si scrivono con l'iniziale maiuscola. Ecco alcuni esempi. Per altre nazionalità, consultare un buon dizionario.

Gruppo 1 (regolari)

Aggettivo	Persona	Popolo	Paese
American	an American	the Americans	America
Belgian	a Belgian	the Belgians	Belgium
German	a German	the Germans	Germany
Italian	an Italian	the Italians	Italy
Mexican	a Mexican	the Mexicans	Mexico
Moroccan	a Moroccan	the Moroccans	Morocco
Norwegian	a Norwegian	the Norwegians	Norway
Russian	a Russian	the Russians	Russia
Czech	a Czech	the Czechs	The Czech Republic
Greek	a Greek	the Greeks	Greece
Thai	a Thai	the Thais	Thailand
Chinese	a Chinese	the Chinese	China
Japanese	a Japanese	the Japanese	Japan
Portuguese	a Portuguese	the Portuguese	Portugal
Swiss	a Swiss	the Swiss	Switzerland

(Per le parole terminanti in *-ese* e *Swiss*, l'espressione plurale è uguale all'aggettivo; non ha la *-s*.)

Gruppo 2 (eccezioni)

Aggettivo	Persona	Popolo	Paese
British	a Briton	the British	Britain
Dutch	a Dutchman/woman	the Dutch	Holland/the Netherlands
English	an Englishman/woman	the English	England
French	a Frenchman/woman	the French	France
Irish	an Irishman/woman	the Irish	Ireland
Spanish	a Spaniard	the Spanish	Spain
Welsh	a Welshman/woman	the Welsh	Wales
Danish	a Dane	the Danes	Denmark
Finnish	a Finn	the Finns	Finland
Polish	a Pole	the Poles	Poland
Scottish	a Scot	the Scots	Scotland
Swedish	a Swede	the Swedes	Sweden
Turkish	a Turk	the Turks	Turkey

Gli scozzesi preferiscono l'aggettivo *Scottish*, ma gli altri, spesso, usano *Scotch*. Per il whisky si usa *Scotch*. *Briton* si trova, di solito, nei titoli di giornale, per esempio *two britons killed in air crash* (= 'Due cittadini britannici uccisi in incidente aereo').

235 nomi numerabili e non numerabili

1. I nomi numerabili si riferiscono a persone o cose che si possono contare. Hanno il singolare e il plurale e possono essere preceduti da un numero o dall'articolo *a/an*.

    a cat   three cats   a newspaper   two newspapers

    I nomi non numerabili, invece, si riferiscono a materiali, sostanze o altre cose che non sono considerate come oggetti distinti. Non si possono usare al plurale e, di solito, non sono preceduti da *a/an* o da un numero.

Appartengono a questo tipo i nomi di molti cibi o bevande (*water*, *fish*, *spaghetti*, *salami*, *food*, ecc.), materiali (*gold*, *wood*, *glass*, ecc.) e molti nomi astratti (*health*, *freedom*, *patience*, ecc.).

2 Di solito, davanti a questi nomi non numerabili non si mette l'articolo *a/an*, neppure se c'è un aggettivo.

> *My father enjoys very good **health**.* (NON . . . *a very good health*.)
> Mio padre gode di un'ottima salute.
>
> *We're having terrible **weather**.* (NON . . . *a terrible weather*.)
> C'è un tempo orribile.
>
> *He speaks good **English**.* (NON . . . *a good English*.)
> Parla un buon inglese.

3 Di solito è facile capire se un nome è numerabile o no, ma qualche volta può non essere così ovvio. Per esempio, *travel* e *journey* hanno un significato molto simile, ma *travel* è non numerabile (significa 'viaggi in generale') e *journey* è numerabile (significa 'un viaggio in particolare').
Inoltre, il concetto di numerabile e non numerabile può variare da lingua a lingua. Per esempio, *hair* (= 'capelli') è non numerabile in inglese e numerabile plurale in italiano; *hair* (= 'pelo', 'capello') invece, è numerabile. Ecco un elenco di nomi che sono non numerabili in inglese con accanto la corrispondente espressione numerabile singolare:

Non numerabile	**Numerabile**
accommodation = sistemazione	*a place to live or stay* (NON *an accommodation*)
advice = consiglio/i	*a piece of advice* (NON *an advice*)
business = affari	*a transaction, a deal*
furniture = mobili	*a piece of furniture*
hair = capelli	*a hair*
homework = compiti	*an exercise*
information = informazioni	*a piece of information*
lightning = lampo/i	*a flash of lightning*
luggage = bagaglio/i	*a piece of luggage, a case, a trunk*
money = soldi, denaro	*a note, a coin, a sum*
news = notizie	*a piece of news*
progress = progressi	*a step forward*
research = ricerca (gen.)	*a piece of research, an experiment*
rubbish = immondizia, sciocchezze	*a piece of rubbish*
spaghetti	*a piece of spaghetti*
thunder = tuono/i	*a clap of thunder*
travel = viaggi (gen.)	*a journey, a trip*
work = lavoro (gen.)	*a job, a piece of work*

In questi casi, il nome inglese non numerabile corrisponde a un termine italiano plurale o usato in senso generale. Il verbo che segue è sempre singolare. Confrontare con l'italiano:

> *Where's my money?*
> Dove sono i miei soldi?
>
> *The information about the new place **is** satisfactory.*
> Le informazioni sul nuovo posto sono soddisfacenti.
>
> *Some people think spaghetti **is** delicious, but I don't like it.*
> Alcuni pensano che gli spaghetti siano squisiti, ma a me non piacciono.

4 Molti nomi si usano sia come numerabili che come non numerabili. Confrontare:

*I'd like some white **paper**.* (non numerabile)
Vorrei della carta bianca.

*I'm going out to buy **a paper**.* (= *a newspaper* numerabile)
Vado a comprare un giornale.

*The window's made of unbreakable **glass**.* (non numerabile)
La finestra è fatta di vetro infrangibile.

*Would you like **a glass** of water?* (numerabile)
Vuoi un bicchiere d'acqua?

*Could I have some **coffee**?* (non numerabile)
Posso avere del caffè?

*Could we have **two coffees**, please?* (numerabile)
Ci dà due caffè, per favore?

*She's got red **hair**.* (non numerabile)   *I've got two white **hairs**.* (numerabile)
Ha i capelli rossi.   Ho due capelli bianchi.

▶ Per maggiori informazioni su nomi particolari, consultare un buon dizionario.

236 i numeri

1 frazioni

Le frazioni si esprimono così:

1/8 *one eighth*   3/7 *three sevenths*
2/5 *two fifths*   11/16 *eleven sixteenths*

Per le frazioni e i decimali maggiori di uno, si usa un nome plurale.

*one and a half **hours*** (NON *one and a half hour*)
un'ora e mezza

*1.3 **millimetres*** (NON *1.3 millimetre*)
1,3 millimetri

2 decimali

I numeri decimali si scrivono e si leggono così:

0.125 nought point one two five
(NON *0,125 nought comma one two five*)
3.7 three point seven

3 *nought, zero, nil,* ecc.

Il numero 0 è, di solito, chiamato *nought* nell'inglese britannico e *zero* nell'inglese americano.
Quando si dicono i numeri uno alla volta, lo zero si dice, spesso, come la lettera O dell'alfabeto.

*My account number is four one three **O** six.*
Il numero del mio conto è 41306.

Per le temperature, si dice *zero*.

***Zero** degrees Centigrade is thirty-two degrees Fahrenheit.*
Zero gradi centigradi corrispondono a trentadue gradi Fahrenheit.

Nei giochi di squadra, il punteggio zero si dice *nil* (nell'inglese americano, *zero*). Nel tennis e altri sport simili, si dice *love*.

4 numeri telefonici

Ogni numero viene detto separatamente. Quando ci sono due numeri uguali, di solito, si dice *double* (solo in Gran Bretagna).

307 4922 three O seven four nine double two

5 re e regine

I numeri si dicono così:

Henry VIII Henry **the Eighth** (NON *Henry Eight*)
Louis XIV Louis **the Fourteenth**

6 piani

Il piano terra di una casa inglese (*ground floor*) corrisponde al primo piano di una casa americana (*first floor*); il *first floor* in Gran Bretagna corrisponde al *second floor* in America, ecc.

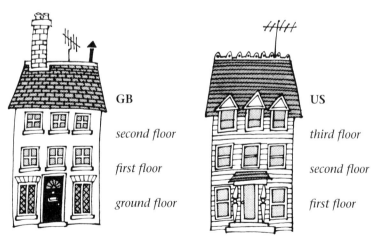

GB
second floor
first floor
ground floor

US
third floor
second floor
first floor

7 *and*

Nell'inglese britannico, tra le centinaia e le decine di un numero si usa *and*.

*310 three hundred **and** ten* (USA *three hundred ten*)
*5,642 five thousand, six hundred **and** forty-two*

Notare che, scrivendo, si usa la virgola per separare le migliaia.

8 *a* e *one*

Si può dire *a hundred* oppure *one hundred*, *a thousand* oppure *one thousand*. *One* è più formale.

*I want to live for **a** hundred years.* (NON *. . . for hundred years.*)
Voglio vivere cent'anni.

*Pay Mr J Baron **one** thousand pounds.* (su un assegno)
Pagate a Mr J Baron mille sterline.

A si usa solo all'inizio di un numero. Confrontare:

***a** hundred   three thousand **one** hundred*

Si può usare *a* con altre parole indicanti misura.

***a** foot*	***a** pint*	***a** mile*
un piede	una pinta	un miglio

9 **plurale senza -*s***

Dopo un numero o un determinante, le parole *hundred*, *thousand*, *million* e *dozen* non hanno la *-s* del plurale. Confrontare:

*five **hundred** pounds / **hundreds** of pounds*
*several **thousand** times / It cost **thousands**.*

Altre espressioni con numeri non hanno la *-s* finale quando si usano come aggettivi.

*a five-**pound** note*
un biglietto da cinque sterline

*a three-**mile** walk*
una passeggiata di tre miglia

10 **misure**

Nelle misure si usa il verbo *be*.

She's five feet eight (inches tall).
È alta cinque piedi e otto pollici.

*I'**m** sixty-eight kilos.*
Peso 68 Kg.

*What shoe size **are** you?*
Che misura porti di scarpe?

Nello stile informale di solito si usa *foot* invece di *feet* quando si parla dell'altezza delle persone.

*My father's six **foot** two.*
Mio padre è alto sei piedi e due pollici.

11 soldi

> *1p*   *one penny* (informale: *one p* /piː/ o *a penny*)
> *5p*   *five pence* (informale: *five p*)
> *£3.75*   *three pounds seventy-five*

Quando si usano somme di denaro come aggettivi, si utilizzano le forme singolari.

> *a five-**pound** note* (NON *a five-pounds note*)

12 aggettivi

Quando si usano come aggettivi, le parole che indicano misura, durata e quantità sono, di norma, singolari.

> *a ten-**mile** walk* (NON *a ten-miles walk*)
> una passeggiata di dieci miglia
>
> *six two-**hour** lessons*
> sei lezioni di due ore
>
> *a three-**month**-old baby*
> un bambino di tre mesi

Nelle espressioni di tempo si può usare la forma possessiva *'s*.

> *a **week's** holiday*
> una vacanza di una settimana
>
> *four **days'** journey*
> un viaggio di quattro giorni

13 *there are*

Quando si conta il numero di persone in un gruppo, spesso si usa la struttura *there are* + numero + *of* + pronome.

> ***There are** only **seven of us** here today.*
> Oggi siamo solo in sette.
>
> ***There were twelve of us** in my family.* (NON *We were twelve . . .*)
> Nella mia famiglia eravamo in dodici.

14 calcoli orali

Modi comuni di fare calcoli ad alta voce sono:

> $2 + 2 = 4$ *two and two is/are four* (informale)
>   *two plus two equals four* (formale)
>
> $7 - 4 = 3$ *four from seven is three* (informale)
>   *seven minus four equals three* (formale)
>
> $3 \times 4 = 12$ *three fours are twelve* (informale)
>   *three times four is twelve* (informale)
>   *three multiplied by four equals twelve* (formale)
>
> $9 \div 3 = 3$ *nine divided by three equals three*

Notare che il segno della divisione in inglese è $\div$.

▶ Per i modi in cui si dicono e si scrivono le date, cfr. 96.

237 *once*

Once (= 'una volta'), quando ha il significato indefinito di 'una volta o l'altra', si riferisce soltanto al passato e non al futuro. Confrontare:

*I met her **once** in Venezuela.*
L'ho conosciuta una volta in Venezuela.

***Once** upon a time there were three baby rabbits . . .*
C'erano una volta tre coniglietti . . .

*Come up and see me **some time**.* (NON . . . *once*.)
Qualche volta vieni su a trovarmi.

*We must have a drink together **one day**.* (NON . . . *once*.)
Una volta dobbiamo andare a bere qualcosa insieme.

238 *one* al posto di un nome

1 Spesso si usa *one* invece di ripetere un nome.

*I'm looking for a flat. I'd like **one** with a garden.*
Sto cercando un appartamento. Me ne piacerebbe uno col giardino.

*'Can you lend me a pen?' 'Sorry, I haven't got **one**.'*
'Mi puoi prestare una penna?' 'Mi dispiace, non ne ho.'

Notare che *the one* significa 'quello'.

*'Which is your child?' '**The one** in the blue coat.'*
'Qual è il tuo bambino?' 'Quello con il cappotto blu.'

2 Si usa *a/an* prima di *one* soltanto se c'è un aggettivo.

*I'd like **a big one** with cream on.*
Ne vorrei uno grande con la panna.

*I'd like **one** with cream on.* (NON . . . *a one* . . .)
Ne vorrei uno con la panna.

3 C'è un plurale *ones*, usato dopo *the* o dopo un aggettivo.

*'Which shoes do you want?' 'The **ones** at the front of the window.'*
'Quali scarpe vuoi?' 'Quelle davanti nella vetrina.'

*How much are the red **ones**?*
Quanto costano quelle rosse?

Confrontare:

*I've got five green **ones**.*   *I've got five.* (NON . . . *five ones*.)
Ne ho cinque verdi.   Ne ho cinque.

4 *One* si usa soltanto per i nomi numerabili. Confrontare:

*If you haven't got a fresh chicken, I'll take a frozen **one**.*
Se non ha un pollo fresco, ne prenderò uno surgelato.

If you haven't got fresh milk, I'll take tinned. (NON . . . *tinned one*.)
Se non ha latte fresco, prenderò quello in scatola.

239 *one* e *you*: pronomi personali indefiniti

1. Si possono usare *one* o *you* per parlare della gente in generale.

    You *can't learn a language in six weeks.*
    One *can't learn a language in six weeks.*
    Non si può imparare una lingua in sei settimane.

    One è più formale.

2. *One* e *you* significano 'chiunque' (incluso chi parla) e si usano soltanto in senso generale. Non si usano *you* o *one* quando ci si riferisce a una persona oppure a un gruppo che non include chi parla. Confrontare:

    One *usually knocks at a door before going into somebody's house.*
    Di solito, si bussa alla porta prima di entrare in casa di qualcuno. (= tutti in generale)

    Somebody's *knocking at the door.* (NON ~~One is knocking~~ . . .)
    Qualcuno sta bussando alla porta. (= qualcuno in particolare)

    One *can usually find people who speak English in Sweden.*
    Di solito, in Svezia si trovano persone che parlano inglese. (= tutti possono trovarle)

    English ***is spoken*** *in this shop.* (NON ~~One speaks English~~ . . .)
    In questo negozio si parla inglese. (= non tutta la gente lo parla)

    One *has to believe in something.*
    Si deve credere in qualcosa.

    In the sixteenth century ***people*** *believed in witches.* (NON . . . ~~one believed~~ . . . perché non è incluso chi parla.)
    Nel sedicesimo secolo credevano alle streghe.

3. *One* può essere soggetto o complemento oggetto. Ci sono anche una forma possessiva *one's* ed un pronome riflessivo *oneself*.

    He talks to ***one*** *like a teacher.*
    Parla agli altri come un insegnante.

    One's *family can be very difficult.*
    La (propria) famiglia può essere un problema.

    One should always give ***oneself*** *plenty of time to pack.*
    Bisognerebbe sempre concedersi molto tempo per fare i bagagli.

240 le ore

1. Ci sono due modi di dire che ora è:

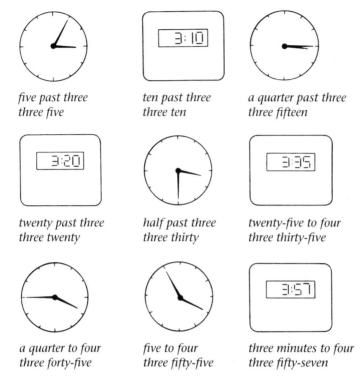

five past three
three five

ten past three
three ten

a quarter past three
three fifteen

twenty past three
three twenty

half past three
three thirty

twenty-five to four
three thirty-five

a quarter to four
three forty-five

five to four
three fifty-five

three minutes to four
three fifty-seven

2. Nella conversazione, di solito, non si usano le 24 ore ma soltanto 12, e per essere più precisi si specifica *in the morning, in the afternoon,* ecc., oppure *am* (= 'ante meridiem', 'prima di mezzogiorno') e *pm* (= 'post meridiem', 'dopo mezzogiorno').

3. L'ora si chiede così:

   What time is it? What's the time?
   Che ora è?

   What time does the match start?
   A che ora comincia la partita?

▶ Per la differenza tra *hour, time, weather* e *tense,* cfr. 177.

241 ortografia (1): l'iniziale maiuscola

Si usano le iniziali maiuscole per:
giorni, mesi e festività

Sunday   Tuesday   March   September   Easter   Christmas

nomi di persone e di luogo
>   *John   Mary   Canada   The United States   Mars   North Africa*
>   *The Ritz Hotel   The Super Cinema*

titoli davanti ai nomi
>   *Mr Smith   Professor Jones   Colonel Blake   Dr Webb*

parole che indicano la nazionalità o la regione di appartenenza (nomi o aggettivi)
>   *He's Russian   I speak German   Japanese history   Catalan cooking*

la prima parola (ma spesso anche le altre parole importanti) nei titoli di libri, film, quadri, riviste, opere teatrali, ecc.
>   *Gone with the wind* o *Gone with the Wind   New Scientist*

Notare che anche il pronome personale di prima persona singolare (*I*) si scrive sempre con la lettera maiuscola.

242 ortografia (2): *ch* e *tch*, *k* e *ck*

1. Di solito, alla fine di una parola, dopo una vocale sola, i suoni /k/ e /tʃ/ si scrivono *-ck* e *-tch*.

   back   neck   sick   lock   stuck
   catch   fetch   stitch   botch   hutch

   Eccezioni: *rich   which   such   much*

2. Dopo una consonante o due vocali, si scrivono *-k* e *-ch*.

   bank   work   talk   march   bench
   break   book   week   peach   coach

243 ortografia (3): raddoppio della consonante finale

Quando si aggiungono a una parola le desinenze *-ed*, *-ing*, *-er* o *-est*, talvolta si raddoppia la consonante finale.

> *big bigger   sit sitting   stop stopped*

1. Raddoppiano le seguenti lettere:

b: *rub rubbing*	n: *begin beginning*
d: *sad sadder*	p: *stop stopped*
g: *big bigger*	r: *prefer preferred*
l: *travel travelling*	t: *sit sitting*
m: *slim slimmer*	

2. Queste lettere raddoppiano solo quando si trovano alla fine di una parola. Confrontare:

hop hopping	MA	*hope hoping*
fat fatter	MA	*late later*
plan planned	MA	*phone phoned*

3 Raddoppiano soltanto quando c'è una sola consonante preceduta da una sola vocale. Confrontare:

> *fat fatter*   MA   *fast faster*
> *bet betting*   MA   *beat beating*

4 Nelle parole più lunghe, si raddoppia la consonante soltanto se l'accento cade sull'ultima sillaba. Confrontare:

> *up'set up'setting*   MA   *'visit 'visiting*
> *be'gin be'ginning*   MA   *'open 'opening*
> *re'fer re'ferring*   MA   *'offer 'offering*

Notare l'ortografia delle seguenti parole

> *'gallop 'galloping 'galloped* (NON ~~*gallopping gallopped*~~)
> *de'velop de'veloping de'veloped* (NON ~~*developping developped*~~)

5 Nell'inglese britannico si raddoppia la *-l* finale di una parola anche se la sillaba non è accentata.

> *'travel 'travelling*   *'equal 'equalled*

(Nell'inglese americano non si raddoppia la *-l* nelle sillabe atone: *'traveling*.)

6 La ragione per cui si raddoppia una consonante è di indicare che la vocale ha un suono breve. Nel mezzo di una parola, infatti, una vocale tonica che precede una consonante semplice, di solito, ha suono lungo. Confrontare:

> *hoping* /ˈhəʊpɪŋ/   *hopping* /ˈhɒpɪŋ/
> *later* /ˈleɪtə(r)/   *latter* /ˈlætə(r)/
> *dining* /ˈdaɪnɪŋ/   *dinner* /ˈdɪnə(r)/

244 ortografia (4): *-e* finale

1 Quando una parola termina in *-e* e si aggiunge una desinenza che inizia per vocale, di solito la *-e* scompare.

> *hope hoping*   *make making*   *note notable*   *fame famous*

Ma questo non succede se la parola termina in *-ee*.

> *see seeing*   *agree agreeable*

2 Nelle parole che terminano in *-ge* o *-ce*, non cade la *-e* davanti ad *a* e *o*.

> *courage courageous*   *replace replaceable*

245 ortografia (5): il punto nelle abbreviazioni

Nell'inglese americano le abbreviazioni sono generalmente seguite dal punto. Anche nelle sigle le lettere sono separate dal punto.

> *Mr. Lewis*   *Ms. Johnson*   *Andrew J. McCann*
> *etc.*   *e.g.*   *U.S.A.*   *S.E. Asia*   *T.S. Eliot*

Nell'inglese britannico si tende, ormai, a tralasciare il punto.

> *Mr Lewis*   *Ms Johnson*   *Andrew J McCann*
> *etc*   *eg*   *USA*   *SE Asia*   *T S Eliot*

246 ortografia (6): il trattino

1 In inglese, le regole sull'uso del trattino (*hyphen*) tra due parole sono complicate e non molto chiare. Se non si è sicuri, si consiglia di consultare il dizionario o di scrivere le due parole separate. Vi sono, tuttavia, alcune regole generali.

a Di solito si usa il trattino negli aggettivi formati da due parole come *blue-eyed, broken-hearted, grey-green, nice-looking*.

b Ci vuole il trattino quando si usa un gruppo di parole come aggettivo davanti a un nome. Confrontare:

*He's **out of work**.*   *an **out-of-work** lorry driver*
È disoccupato.   un camionista disoccupato

*It cost **ten pounds**.*   *a **ten-pound** note*
È costato dieci sterline.   un biglietto da dieci sterline

c Di solito si mette il trattino in gruppi di parole in cui sulla prima cade l'accento tonico. Confrontare:

'book-case   *a paper 'bag*
libreria   un sacchetto di carta

'make-up   *to make 'up*
trucco   truccare

2 Si usa il trattino per dividere una parola quando si va a capo. (Per vedere dove dividere una parola, consultare un buon dizionario.)

. . . is not in accordance with the recent economic policy of the present govern-ment, which was . . .

247 ortografia (7): *ie* e *ei*

Il suono /iː/ (come in *bel**ie**ve*) spesso è scritto *ie*, ma, di solito, non *ei*. Tuttavia, si scrive *ei* dopo *c*.

*bel**ie**ve   ch**ie**f   f**ie**ld   gr**ie**f
c**ei**ling   dec**ei**ve   rec**ei**ve   rec**ei**pt*

248 ortografia (8): *-ise* e *-ize*

Molti verbi inglesi possono terminare in *-ise* o in *-ize*. In questi casi, nell'inglese americano si preferisce *-ize*. Confrontare:

*mechan**ize**/mechan**ise*** (GB)   *mechan**ize*** (USA)
*computer**ize**/computer**ise*** (GB)   *computer**ize*** (USA)

Di solito le parole di due sillabe hanno *-ise*.

*surpr**ise*** (NON ~~surprize~~)   *rev**ise***   *adv**ise***   *compr**ise***   *desp**ise***

MA

*caps**ize**, bapt**ize*** (GB e USA); anche *bapt**ise*** (GB)

Alcune parole di tre sillabe hanno solo *-ise*.

compromise   exercise   supervise   televise
advertise (anche *advertize* nell'inglese americano)

Notare anche *analyse* (GB); *analyze* (USA).

È più sicuro scrivere *-ise*. Tranne alcune eccezioni, va sempre bene, almeno nell'inglese britannico.

249 ortografia (9): *-ly*

1. Spesso si trasforma un aggettivo in avverbio aggiungendo *-ly*.
   late lately   right rightly   hopeful hopefully
   real really (NON *realy*)   *definite definitely*
   complete completely (NON *completly*)

2. *-y* diventa *-i-* (Cfr. 250.)
   happy happily   easy easily   dry drily

3. Se un aggettivo termina in *-le*, *-le* si trasforma in *-ly*.
   idle idly   noble nobly

4. Se un aggettivo termina in *-ic*, l'avverbio termina in *-ically*.
   tragic tragically

5. Eccezioni: *truly, wholly, fully, shyly, publicly*.

250 ortografia (10): *y* e *i*

1. Quando si aggiunge una desinenza a una parola che termina in *-y*, di solito *-y* diventa *-i-* .
   hurry hurried   marry married
   happy happily   fury furious
   easy easier   merry merriment
   busy business

   Generalmente, i nomi e i verbi che terminano in *-y* hanno il plurale o la terza persona singolare in *-ies*.
   story stories   hurry hurries   spy spies

2. Non si cambia *-y* in *-i-* davanti a *-i-* (per esempio quando si aggiunge *-ing, -ish, -ism, -ize*).
   try trying   Tory Toryism   baby babyish

3. Non si cambia *-y* in *-i-* dopo una vocale.
   buy buying   play playing   enjoy enjoyment   grey greyish
   Eccezioni: *say said   lay laid   pay paid*

4. Si cambia *-ie* in *-y-* davanti a *-ing*.
   die dying   lie lying

251 ortografia e pronuncia

In molte parole inglesi l'ortografia è diversa dalla pronuncia. Ciò s
fatto che la pronuncia è cambiata negli ultimi secoli, mentre l'orto
rimasta sostanzialmente invariata. Ecco un elenco di parole che pos
risultare difficili da questo punto di vista:

1 due sillabe (non tre)
 asp(i)rin bus(i)ness cam(e)ra diff(e)rent ev(e)ning
 ev(e)ry marri(a)ge med(i)cine rest(au)rant sev(e)ral

2 tre sillabe (non quattro)
 comf(or)table secret(a)ry temp(e)rature veg(e)table
 us(u)ally drastic(al)ly tragic(al)ly

3 lettere che non si pronunciano
 shou(l)d cou(l)d wou(l)d ca(l)m wa(l)k ta(l)k ha(l)f
 whis(t)le cas(t)le lis(t)en fas(t)en Chris(t)mas of(t)en
 (w)rite (w)rong
 (w)ho (w)hose (w)hole
 (k)now (k)nife (k)nee (k)nock (k)nob
 si(g)n forei(g)n champa(g)ne
 clim(b) com(b) dum(b) hym(n) autum(n)
 w(h)ere w(h)y w(h)at w(h)en w(h)ich w(h)ether
 (h)onest (h)onour (h)our
 cu(p)board i(s)land i(r)on mus(c)le (p)sychology
 han(d)kerchief san(d)wich We(d)nesday
 g(u)ess g(u)ide g(u)itar
 dau(gh)ter hi(gh) hei(gh)t li(gh)t mi(gh)t ri(gh)t
 strai(gh)t throu(gh) ti(gh)t wei(gh)t nei(gh)bour
 ou(gh)t thou(gh)t cau(gh)t bou(gh)t brou(gh)t

La lettera *r* è muta quando non è seguita da una vocale che si pronuncia.
(Questa regola vale per l'inglese britannico standard.) Confrontare:
 sort /sɔːt/ skirt /skəːt/ car /'kɑː/
 four apples /'fɔːr'æplz/ more eggs /'mɔːr'egz/

4 gh = /f/
 cough enough laugh

5 ch = /k/
 chemist headache toothache stomach architect
 character Christmas archive archaeology

6 ce = /s/, se = /s/ o /z/
 ce = /s/: niece choice voice police Greece
 se = /s/: grease case release base
 se = /z/: cheese please noise raise phrase

7 ss = /s/

miss pass dressing

Eccezioni con /z/: *scissors possess dessert*
Talvolta ss = /ʃ/: *pressure issue mission*

8 s = /s/

this bus gas

s = /z/

is was his as has these those

9 th = /θ/

thin thick think third thirsty thief method author Catholic

th = /ð/

*this that these those the then than they them their there
therefore father mother brother weather with*

Confrontare: *bath* /bɑ:θ/ e *bathe* /beɪð/.

10 a = /e/

any many Thames/temz/

11 ea = /e/

*breakfast dead death head health heavy leather
pleasure read* (passato) *ready bread sweater instead*

ea = /eɪ/

break great steak

12 o = /ʌ/

*brother mother love company come cover month
money one nothing onion other some son stomach
government wonder worry London honey glove ton*

13 ou = /ʌ/

country couple cousin double enough trouble

14 u = /ʊ/

butcher cushion pull push put

15 parole che si pronunciano col dittongo /aɪ/

*dial either neither buy height idea iron
microphone biology science society*

16 er, ir, ur = /ɜ:/

her first third hurt

Notare anche la pronuncia /ɜ:/ nelle seguenti parole:

colonel heard journey word work world worth

17 parole con ortografia insolita

area /ˈeərɪə/	*foreign* /ˈfɒrən/	*once* /wʌns/
Asia /ˈeɪʃə/	*friend* /frend/	*one* /wʌn/
Australia /ɒsˈtreɪlɪə/	*fruit* /fruːt/	*theatre* /ˈθɪətə(r)/
bicycle /ˈbaɪsɪkl/	*heard* /hɜːd/	*two* /tuː/
biscuit /ˈbɪskɪt/	*heart* /hɑːt/	*woman* /ˈwʊmən/
blood /blʌd/	*juice* /dʒuːs/	*women* /ˈwɪmɪn/
busy /ˈbɪziː/	*minute* /ˈmɪnɪt/	
Europe /ˈjʊərəp/	*moustache* /məˈstɑːʃ/	

252 *other* e *others*

Quando *other* è aggettivo, non ha plurale.

> *Where are the **other** photos?* (NON . . . *the others photos?*)
> Dove sono le altre foto?

> *Have you got any **other** colours?*
> Ha degli altri colori?

Quando *other* si usa da solo, senza un nome, può avere il plurale.

> *Some grammars are easier to understand than **others**.*
> Alcune grammatiche sono più facili da capire di altre.

> *I'll be late. Can you tell the **others**?*
> Arriverò in ritardo. Puoi dirlo agli altri?

Quando *other* è singolare e preceduto dall'articolo *a/an*, si scrive *another* (cfr. 32).

253 *ought*

1 forme

Ought è un ausiliare modale (cfr. 354). La terza persona singolare non ha la *-s* finale.

> *She **ought** to understand.*
> Lei dovrebbe capire.

Non si usa *do* nelle frasi interrogative e negative.

> ***Ought** we to go now?* (NON *Do we ought . . ?*)
> Dovremmo andare adesso?

> *It **oughtn't** to rain today.*
> Non dovrebbe piovere oggi.

Dopo *ought* si usa l'infinito con *to*. (Questo differenzia *ought* dagli altri ausiliari modali.)

> *You **ought to see** a dentist.*
> Dovresti farti vedere da un dentista.

2 doveri

Si può usare *ought* per dare dei consigli (anche a se stessi); per dire a qualcuno che ha il dovere di fare qualcosa; per chiedere che cosa si dovrebbe fare. Il significato è simile a quello di *should* (cfr. 310); meno forte di *must* (cfr. 221).

*What time **ought** I to arrive?*
A che ora dovrei arrivare?

*I really **ought** to phone mother.*
Dovrei proprio telefonare alla mamma.

*People **ought** not to drive like that.*
Non si dovrebbe guidare in quel modo.

3 deduzione

Si può usare *ought* per dire che qualcosa è probabile (perché è logico o normale).

*Henry **ought** to be here soon—he left home at six.*
Henry dovrebbe essere qui fra poco: è uscito di casa alle sei.

*'We're spending the winter in Miami.' 'That **ought** to be nice.'*
'Passeremo l'inverno a Miami.' 'Dev'essere bello.'

4 *ought to have . . .*

Si può usare *ought* + infinito passato per parlare di cose che non sono accadute o che non si sa se siano accadute o no (cfr. 354.3).

> *ought to* + *have* + participio passato

*I **ought to have phoned** Ed this morning, but I forgot.*
Avrei dovuto telefonare a Ed questa mattina, ma mi sono dimenticato.

*Ten o'clock: she **ought to have arrived** at her office by now.*
Le dieci: ormai dovrebbe essere arrivata in ufficio.

▶ Per la differenza tra *ought*, *should* e *must*, cfr. 311.

254 *own*

1   *Own* si usa solo dopo un pronome possessivo.

*It's nice if a child can have **his own** room.* (NON *. . . an own room.*)
È bello che un bambino possa avere la sua stanza.

*I'm **my own** boss.*
Non dipendo da nessuno.

2   Notare la costruzione *a . . . of one's own*.

*It's nice if a child can have **a room of his own**.*
*I'd like to have **a car of my own**.*
Mi piacerebbe avere una macchina mia.

3   *Own* si può usare anche senza un nome.

*'Would you like one of my cigarettes?' 'No thanks. I prefer **my own**.'*
'Vuoi una delle mie sigarette?' 'No, grazie. Preferisco le mie.'

255 parole simili

In questo elenco si trovano coppie di parole che sembrano simili nella forma scritta o nella pronuncia, ma hanno diverso significato. Altre (per esempio *lay* e *lie*) sono trattate in altre sezioni del libro. Consultare l'indice per trovare la sezione corrispondente.

1 *beside* e *besides*

Beside = 'accanto a', 'vicino a'

> Come and sit **beside** me.
> Vieni a sederti accanto a me.

Besides = (a) 'oltre a' (preposizione)
(b) 'poi', 'inoltre' (avverbio)

a **Besides** German, she speaks French and Italian.
Oltre al tedesco, parla francese e italiano.

b I don't like those shoes. **Besides**, they're too expensive.
Quelle scarpe non mi piacciono. E poi, sono troppo care.

2 *clothes* e *cloths*

Clothes /kləʊðz/ = 'vestiti', 'indumenti'
Cloths /klɒθs/ = 'strofinacci'
Clothes non ha il singolare: per un indumento in generale si usa *something to wear*, *an article of clothing* oppure i nomi dei vari abiti (per esempio *a dress, a suit, a skirt*, ecc.), ma non *a clothe*.

3 *dead* e *died*

Dead /ded/ (aggettivo) = 'morto'

> a **dead** man   Mrs McGinty is **dead**.
> un uomo morto   Mrs McGinty è morta. (aggettivo = opposto di 'viva')

> That idea has been **dead** for years.
> Quell'idea è morta da anni.

Died /daɪd/ è il passato o il participio passato del verbo *die* (= 'morire').

> Shakespeare **died** in 1616. (NON *Shakespeare dead* . . .)
> Shakespeare morì nel 1616.

> She **died** in a car crash. (NON *She is dead* . . .)
> È morta in un incidente d'auto.

4 *economic* e *economical*

Economic = 'economico', riferito all'economia di un paese, ecc.

> **economic** theory   **economic** problems
> teoria economica   problemi economici

Economical = 'che non spreca soldi', 'che consuma poco'

> an **economical** little car   an **economical** person
> una macchina piccola ed economica   una persona economa

5 *elder* e *eldest*; *older* e *oldest*

Davanti ai nomi indicanti parentela, come *brother* (= 'fratello'), *sister* ('= sorella') *son* (= 'figlio'), *daughter* (= 'figlia'), *grandson* (= 'nipote maschio'), *granddaughter* (= 'nipote femmina'), si possono usare sia *elder*, *eldest* che *older*, *oldest* nel senso di 'maggiore'. Si dice *elder/older sister* se le sorelle sono soltanto due, altrimenti si deve dire *eldest/oldest sister*.

*My **elder/older** brother has just got married.*
Il mio fratello maggiore si è appena sposato. (Siamo due figli.)

*His **eldest/oldest** daughter is a medical student.*
La sua figlia maggiore studia medicina. (I figli sono più di due.)

In tutti gli altri casi si usano *older* e *oldest*.

*She likes **older** men.*
Le piacciono gli uomini più vecchi di lei.

*I'm the **oldest** person in the office.*
Sono il più vecchio nel mio ufficio.

6 *female* e *feminine*; *male* e *masculine*

Female = 'femmina'; *male* = 'maschio'

*A **female** fox is called a vixen.*
Una volpe femmina si chiama 'vixen' in inglese.

*He works as a **male** nurse.*
Lui fa l'infermiere.

Feminine = 'femminile'; *masculine* = 'maschile'

*She has a very **masculine** laugh.*
Lei ha una risata molto maschile.

*It was a very **feminine** bathroom.*
Era una stanza da bagno molto femminile.

*The word for 'moon' is **feminine** in French and **masculine** in German.*
La parola 'luna' è femminile in francese e maschile in tedesco.

7 *hard* e *hardly*

Hard può essere un aggettivo o un avverbio.

*It's a **hard** job.*
È un lavoro duro. (aggettivo)

*You have to work **hard**.* (NON . . . ~~to work hardly~~.)
Devi lavorare sodo. (avverbio)

Hardly (avverbio) = 'a malapena', 'quasi niente'

*He **hardly** works at all.*   *I've got **hardly** any money.*
Non lavora quasi niente.   Sono quasi senza soldi.

*He knows **hardly** anything about geography.*
Non sa quasi niente di geografia.

*I could **hardly** walk after the accident.*
Dopo l'incidente potevo a malapena camminare.

Notare che *hardly, hardly any, hardly ever*, ecc. si usano molto più spesso di *almost no, almost never*, ecc.

8 *last* e *latest*

Latest si usa per le cose nuove e significa 'il più recente'.
> *What do you think of his **latest** film?*
> Che cosa pensi del suo ultimo film?

Last può significare 'l'ultimo prima di questo'.
> *I like his new film better than his **last** one.*
> Preferisco il suo nuovo film all'ultimo che aveva fatto.

Last può anche significare 'l'ultimo' nel senso di 'finale'.
> *This is your **last** chance.*
> Questa è la tua ultima possibilità.

9 *look after* e *look for*

Look after = 'prendersi cura/occuparsi di qualcuno'
> *Will you **look after** the children while I'm out?*
> Mi guardi i bambini mentre sono fuori?

Look for = 'cercare'
> *'What are you doing down there?' '**Looking for** my keys.'*
> 'Che cosa stai facendo là sotto?' 'Sto cercando le chiavi.'

10 *lose* e *loose*

Lose è un verbo. Significa 'perdere'.
> *I keep **losing** my keys.* (NON . . . ~~loosing~~ . . .)
> Continuo a perdere le chiavi.

Loose è un aggettivo. Significa 'largo', 'sciolto' (di vestiti e simili).
> *My shoes are too **loose**.*
> Ho le scarpe troppo larghe.

11 *presently* e *at present*

Generalmente, *presently* significa 'non ora', 'più tardi', 'fra poco'.
> *'Mummy, can I have an ice-cream?' '**Presently**, dear.'*
> 'Mamma, posso avere un gelato?' 'Dopo, cara.'

> *He's having a rest now. He'll be down **presently**.*
> Adesso si sta riposando. Scenderà fra poco.

At present = 'adesso', 'attualmente'
> ***At present** my brother is working in a bank.*
> Mio fratello attualmente lavora in una banca.

Qualche volta si usa *presently* col significato di 'adesso', specialmente nell'inglese americano. In questo caso, è uguale a *at present*.
> *Professor Holloway is **presently** researching into plant disease.*
> Adesso il Professor Holloway sta studiando le malattie delle piante.

12 *price* e *prize*

Price = 'prezzo'
> What's the **price** of the green dress?
> Che prezzo ha il vestito verde?

Prize = 'premio'
> She received the Nobel **Prize** for physics.
> Ha ricevuto il Premio Nobel per la fisica.

13 *principal* e *principle*

Principal (aggettivo) = 'principale'
> What is your **principal** reason for wanting to be a doctor?
> Qual è la ragione principale per cui vuoi fare il medico?

Principal (nome) = 'preside'
> If you want to leave early, you'll have to ask the **Principal**.
> Se vuoi uscire prima, devi chiedere al/alla Preside.

Principle = 'principio' (scientifico, morale, ecc.)
> Newton discovered the **principle** of universal gravitation.
> Newton scoprì il principio della gravitazione universale.

> She's a girl with very strong **principles**.
> È una ragazza di saldissimi principi.

14 *quite* e *quiet*

Quite (avverbio) = 'piuttosto' (Cfr. 298.)
> Our neighbours are **quite** noisy.
> I nostri vicini sono piuttosto rumorosi.

Quiet (aggettivo) = 'tranquillo', 'silenzioso'
> She's very **quiet**. You never hear her moving about.
> È molto silenziosa. Non la senti mai muovere.

15 *sensible* e *sensitive*

Sensible = 'sensato', 'ragionevole'
> 'I want to buy that dress.' 'Be **sensible**, dear. You haven't got that much money.'
> 'Voglio comprare quel vestito.' 'Sii ragionevole, cara. Non hai tutti quei soldi.'

> It sounds a very **sensible** idea.
> Sembra un'idea molto sensata.

Sensitive = 'sensibile' (di persone o cose)
> Don't shout at her—she's very **sensitive**. (NON . . . ~~very sensible~~.)
> Non sgridarla, è molto sensibile.

> I had to use a very **sensitive** film.
> Ho dovuto usare una pellicola molto sensibile.

16 *shade* e *shadow*

Shade = 'ombra intesa come protezione dal sole' (non numerabile)

> *I'm hot. Let's sit in the **shade** of that tree.*
> Ho caldo. Sediamoci all'ombra di quell'albero.

Shadow = 'ombra proiettata da un corpo' (numerabile)

> *In the evening your **shadow** is longer than you are.*
> Di sera la tua ombra è più lunga di te.

17 *sometime* e *sometimes*

Sometime = 'una volta o l'altra' Si riferisce a un tempo indeterminato, generalmente futuro.

> *Let's have dinner together **sometime** next week.*
> Ceniamo insieme un giorno della prossima settimana.

Sometimes = 'qualche volta' (avverbio di frequenza: cfr. 56.2)

> *I **sometimes** went skiing when I lived in Germany.*
> Qualche volta andavo a sciare quando abitavo in Germania.

256 i participi: presente (*-ing*) e passato (*-ed*)

1 il participio presente (*-ing*)

Il participio presente è rappresentato in inglese dall'infinito (senza *to*) + *-ing*.

calling   *drinking*
che chiama   che beve

> *You must provide a translation **corresponding** to the original.*
> Devi fornire una traduzione corrispondente all'originale.

> *The book deals with problems **relating** to ecology.*
> Il libro tratta di problemi attinenti all'ecologia.

In italiano corrisponde spesso a una preposizione relativa.

> *The man **drinking** coffee looks familiar.*
> L'uomo che sta bevendo il caffè ha un'aria familiare.

> *Who's the woman **talking** to Elizabeth?*
> Chi è quella donna che sta parlando con Elizabeth?

Talvolta il participio presente inglese corrisponde a un participio passato italiano.

> *The woman **sitting** on the sofa is my mother-in-law.*
> La donna seduta sul divano è mia suocera.

> *The painting **hanging** on the wall was painted by Poussin.*
> Il quadro appeso al muro fu dipinto da Poussin.

Si usa con l'ausiliare *be* per costruire la forma progressiva dei verbi.

> *What **are** you **doing**?*
> Che cosa stai facendo?

Per le regole d'ortografia, cfr. 243–244.
Per la forma *-ing* usata come nome, cfr. 136.1.

2 il participio passato (-*ed*)

Il participio passato è rappresentato in inglese dalla forma *-ed* per i verbi regolari e da una forma particolare (terza forma del paradigma) per i verbi irregolari.

called   drunk
chiamato   bevuto

Ha un uso simile al participio passato in italiano.

*People **made** redundant have little chance of finding a new job.*
La gente messa in cassa integrazione ha poche possibilità di trovare un altro lavoro.

Il participio passato si può usare:

a con l'ausiliare *have* per formare i tempi composti o **perfect** (notare che in italiano si usano sia il verbo 'avere' che il verbo 'essere')

*I've **broken** my watch.*
Ho rotto l'orologio.

*He **had come** too late.* (NON *He was come* . . .)
Era arrivato troppo tardi.

b con l'ausiliare *be* per formare il passivo.

*The car **was repaired** very quickly.*
La macchina fu riparata molto in fretta.

▶ Per altri usi dei participi, vedere le sezioni seguenti.

257 i participi usati come aggettivi

1 Spesso si possono usare i participi come degli aggettivi.

*It was a very **tiring** meeting.*
È stata una riunione molto stancante.

*There are **broken** toys all over the floor.*
Ci sono giocattoli rotti sparsi sul pavimento.

*I thought the film was pretty **boring**.*
Ho giudicato il film abbastanza noioso.

*You look terribly **frightened**.*
Sembri terribilmente spaventato.

2 È bene non confondere coppie di parole come *tiring* (= 'stancante') e *tired* (= 'stanco'), *interesting* (= 'interessante') e *interested* (= 'interessato'), *boring* (= 'noioso') e *bored* (= 'annoiato'), *exciting* (= 'entusiasmante') e *excited* (= 'eccitato').

Il participio presente (*-ing*) ha significato attivo: se qualcosa è *interesting*, vuol dire che suscita interesse.
Il participio passato (*-ed*) ha significato passivo: una persona *interested* è interessata da o a qualcosa. Confrontare:

*I thought the lesson was **interesting**.*
Ho ritenuto la lezione interessante.

*I was **interested** in the lesson.* (NON *I was interesting in the lesson.*)
Ero interessato alla lezione.

*Sheila's party was pretty **boring**.*
La festa di Sheila era alquanto noiosa.

*I went home early because I felt **bored**.* (NON *... because I felt boring.*)
Andai a casa presto perché ero annoiato.

*It was **exciting** news.*
Era una notizia entusiasmante.

*We were all **excited** by the news.*
Eravamo tutti eccitati alla notizia.

*It was a **tiring** day.*
È stata una giornata faticosa. (= stancante)

*It made me **tired**.*
Mi ha stancato. (= reso stanco)

3 Ci sono alcuni participi passati che fanno eccezione e possono avere significato attivo. Ecco i più importanti:

fallen rocks   a **retired** army officer
massi caduti   un ufficiale in pensione

a **grown-up** daughter   an **escaped** prisoner
una figlia grande   un prigioniero evaso

258 i participi nelle frasi dipendenti

1 Si può usare un participio come una congiunzione per introdurre una frase dipendente.

*Who's the fat man **sitting in the corner**?*
Chi è quell'uomo grasso seduto nell'angolo?

*Do you know the number of people **employed by the government**?*
Conosci il numero di persone impiegate dal governo?

2 Queste frasi dipendenti possono avere funzioni diverse. Alcune svolgono una funzione 'aggettivale', modificando i nomi come un aggettivo o una frase relativa (cfr. 294). Confrontare:

*What's the name of the **noisy** child?* (aggettivo)
Come si chiama quel bambino (così) chiassoso?

*What's the name of the child **making the noise**?* (relativa implicita)
Come si chiama il bambino che fa (tutto) quel chiasso?

*What's the name of the child **who is making the noise**?* (relativa esplicita)
Come si chiama il bambino che fa (tutto) quel chiasso?

Altre volte, invece, queste frasi dipendenti svolgono una funzione 'avverbiale' e introducono, per esempio, una frase temporale, causale, consecutiva o condizionale.

***Putting down my newspaper**, I walked over to the window.*
Posato il giornale, andai verso la finestra. (tempo: Dopo aver posato ...)

*I sat **reading some old letters**.*
Restai seduto a leggere delle vecchie lettere. (tempo: ... mentre leggevo ...)

Not knowing what to do, I telephoned the police.
Non sapendo che cosa fare, telefonai alla polizia. (causa: Poiché non sapevo . . .)

*It rained all the time, **completely ruining our holiday**.*
Piovve tutto il tempo, rovinandoci completamente la vacanza. (conseguenza: . . . cosicché ci rovinò . . .)

***Driven carefully**, the car will do fifteen kilometres to the litre of petrol.*
Guidata bene, la macchina farà quindici chilometri con un litro di benzina. (condizione: Se è guidata bene, . . .)

3   Di solito la frase principale e quella dipendente hanno lo stesso soggetto.

> ***Hoping** to surprise her, **I** opened the door very quietly.*
> Sperando di farle una sorpresa, aprii la porta piano piano.
> (**Io** speravo . . ., **io** aprii . . .)
>
> ***Wanting** some excitement, **Mary** became a pilot.*
> Volendo un po' di brivido, Mary divenne pilota.
> (**Mary** voleva . . ., **Mary** divenne . . .)

4   Talvolta, però, la dipendente col participio presente e la principale hanno due soggetti 'espliciti' diversi. Di solito la frase dipendente col participio viene resa in italiano con 'con'.

> *A little girl walked past, **her hair blowing** in the wind.*
> Passò una ragazzina con i capelli al vento.
>
> *A car drove past **with smoke pouring** out of the back.*
> Passò una macchina che perdeva un gran quantità di fumo dalla parte posteriore.
>
> ***With all the family travelling** in America, the house seems very empty.*
> Con tutta la famiglia in viaggio in America, la casa sembra molto vuota.

5   Queste frasi dipendenti possono anche essere introdotte da congiunzioni e preposizioni.

> ***After talking** to you, I always feel better.*
> Dopo aver parlato con te, mi sento sempre meglio.
>
> ***Before driving off**, always check in the mirror.*
> Prima di partire (con la macchina), controlla sempre lo specchietto.
>
> ***When telephoning** central London from abroad, dial 171 before the number.*
> Quando dall'estero si chiama la zona centrale di Londra, bisogna fare il prefisso 171 prima del numero.
>
> ***On being introduced** to somebody, a British person doesn't always shake hands.*
> Un inglese, quando viene presentato a una persona, non sempre stringe la mano.
>
> *I got there **by taking** a new route through Worcester.*
> Ci sono arrivato prendendo una nuova strada che attraversa Worcester.

▶   Per la forma *-ing* dopo see, hear + oggetto , cfr. 193.6.

259 il passato (1): introduzione

Si possono usare sei tempi diversi per riferirsi al passato:

- **simple past** (*I worked* = lavorai, lavoravo, ho lavorato)
- **past progressive** (*I was working* = stavo lavorando, lavoravo)
- **present perfect simple** (*I have worked* = ho lavorato, lavoro da . . .)
- **present perfect progressive** (*I had been working* = ho lavorato, lavoro da . . .)
- **past perfect simple** (*I had worked* = avevo lavorato, lavoravo da . . .)
- **past perfect progressive** (*I had been working* = avevo lavorato, lavoravo da . . .)

I due tipi di **past** (**simple past** e **past progressive**) indicano un'azione o un avvenimento passato, finito.

> *I **worked** all day yesterday.*   *The boss came in while I **was working**.*
> Ieri ho lavorato tutto il giorno.   Il capo entrò mentre stavo lavorando.

I due tipi di **present perfect** indicano un'azione o un avvenimento passato, ma che ha rapporti con il presente.

> *I've **worked** with children before, so I know what to expect in my new job.*
> Ho già lavorato con i bambini, quindi so cosa mi aspetta nel mio nuovo lavoro.
>
> *I've **been working** all day — I've only just finished.*
> Ho lavorato tutto il giorno: ho finito proprio adesso.

I due tipi di **past perfect** si riferiscono ad un'azione o un avvenimento precedente al tempo passato di cui stiamo parlando.

> *I looked carefully, and realised that I **had seen** her somewhere before.*
> La guardai attentamente e mi accorsi che l'avevo già vista da qualche parte.
>
> *I was tired because I **had been working** all day.*
> Ero stanco perché avevo lavorato tutto il giorno.

260 il passato (2): simple past

1 forme

AFFERMATIVA	INTERROGATIVA	NEGATIVA
I worked you worked he/she/it worked, ecc.	did I work? did you work? did he/she/it work? ecc.	I did not work you did not work he/she/it did not work, ecc.

2 uso

In inglese, si usa il **simple past** per indicare una varietà di avvenimenti passati: azioni ed eventi completati in breve tempo o situazioni durate più a lungo. In questi casi, in italiano si usa il passato prossimo o il passato remoto.

> *Peter **broke** a window last night.* (NON . . . ~~has broken~~ . . .)
> Ieri sera Peter ha rotto una finestra.
>
> *I **saw** John this morning. He **told** me . . .* (NON ~~I have seen John~~ . . .)
> Questa mattina ho visto John. Mi ha detto . . .
>
> *I **spent** all my childhood in Scotland.* (NON ~~I have spent~~ . . .)
> Ho trascorso/Trascorsi tutta la mia infanzia in Scozia.

Il **simple past** può anche indicare azioni che si sono ripetute nel passato e corrisponde a un imperfetto italiano.

> *Regularly every summer, Janet **fell** in love.*
> Ogni estate, regolarmente, Janet si innamorava.

Si usa il **simple past** per raccontare una storia.

> *Once upon a time there **was** a beautiful princess who **lived** with her father. One day the king **decided** . . .*
> C'era una volta una bella principessa che viveva con suo padre. Un giorno il re decise . . .

Una semplice regola può essere quella di usare il **simple past** ogni volta che non ci sono validi motivi per usare le altre forme del passato.

261 il passato (3): pronuncia della desinenza -ed

La *-ed* finale del passato e del participio passato dei verbi regolari si pronuncia:

1 /t/ nei verbi che terminano coi suoni /p/ /k/ /f/ /s/ /θ/ /ʃ/ e /tʃ/

> *stopped* /stɒpt/   *looked* /lʊkt/

2 /ɪd/ dopo i suoni /t/ e /d/

> *waited* /ˈweɪtɪd/   *added* /ˈædɪd/

3 /d/ negli altri casi

> *lived* /lɪvd/   *answered* /ˈɑːnsəd/   *played* /pleɪd/

▶ Per la pronuncia della *-s* finale nei nomi e nei verbi, cfr. 274.

262 il passato (4): past progressive

1 forme

AFFERMATIVA	INTERROGATIVA	NEGATIVA
I was working you were working, ecc.	was I working? were you working? ecc.	I was not working you were not working, ecc.

2 uso

Si usa il **past progressive** per indicare un'azione che si svolge intorno a un momento specifico del passato. In italiano corrisponde spesso all'imperfetto (= 'lavoravo') o alla forma stare + gerundio (= 'stavo lavorando').

> *What **were** you **doing** at eight o'clock yesterday evening?*
> Che cosa stavi facendo/facevi ieri sera alle otto?

Spesso si usa il **past progressive** insieme al **simple past**. Il **past progressive** si riferisce a un'azione o a una situazione in corso mentre il **simple past** si riferisce a un'azione o a una situazione più breve che interviene durante la prima, talvolta interrompendola.

> *As I **was walking** down the road, I **saw** Bill.*
> Mentre stavo camminando per la strada, vidi Bill.

> *The phone **rang** while I **was having** dinner.*
> Il telefono suonò mentre stavo cenando.

Alcuni verbi non si usano alla forma progressiva (cfr. 145.3).

> *I tried a bit of the cake to see how it **tasted**.* (NON . . . ~~how it was tasting~~.)
> Ho assaggiato un pezzo di dolce per sentire che gusto aveva.

▶ Per *I was wondering if you could help me* e altre costruzioni simili, cfr. 267.3.

263 il passato (5): present perfect simple

1 forme

AFFERMATIVA	INTERROGATIVA	NEGATIVA
I have worked	you have worked, ecc.	have I worked?
have you worked? ecc.	I have not worked	you have not worked, ecc.

2 uso

Si usa il **present perfect simple** per dire che qualcosa avvenuto nel passato è in qualche modo legato al presente.
Se si dice che qualcosa *has happened*, si pensa al passato e al presente nello stesso tempo.
Spesso si può sostituire una frase col presente a una col **present perfect** mantenendo lo stesso significato.

> *I'**ve broken** my leg. = My leg **is** broken now.*
> Mi sono rotto una gamba. = Adesso la mia gamba è rotta.

> ***Have** you **read** the Bible? = **Do** you **know** the Bible?*
> Hai letto la Bibbia? = Conosci la Bibbia?

Non si usa il **present perfect simple** se non si sta pensando al presente.

> *I **saw** Lucy yesterday.* (NON ~~I have seen Lucy yesterday~~.)
> Ieri ho visto Lucy.

3 azioni finite: risultato presente

Spesso si usa il **present perfect** per parlare di azioni finite quando si pensa alle loro attuali conseguenze, al risultato che esse hanno prodotto sul presente.

*Somebody **has shot** the manager.* *The manager **is** dead.*
Qualcuno ha sparato al manager.   Il manager è morto.

| AZIONE FINITA |―――――――→| RISULTATO PRESENTE |

Altri esempi:

***Have** you **read** the Bible?* ―――――→ *Do you **know** the Bible?*
Hai letto la Bibbia? ―――――→ Conosci la Bibbia?

*Mary **has had** a baby.* ―――――→ *Baby.*
Mary ha avuto un bambino. ―――――→ Bambino.

*I've **broken** my leg.* ―――――→ *I can't walk.*
Mi sono rotto una gamba. ―――――→ Non posso camminare.

*Utopia **has invaded** Fantasia.* ―――――→ *War.*
Il Regno di Utopia ha invaso
il Regno di Fantasia. ―――――→ Guerra.

| AZIONE FINITA |―――――――→| RISULTATO PRESENTE |

Spesso si usa il **present perfect** per dare le notizie.

*And here are the main points of the news again. The pound **has fallen** against the dollar. The Prime Minister **has said** that the government's economic policies are working. The number of unemployed **has reached** five million. There **has been** a fire . . .*
Ecco di nuovo le principali notizie. La sterlina è scesa rispetto al dollaro. Il Primo Ministro ha detto che la politica economica del governo è efficace. Il numero dei disoccupati ha raggiunto i cinque milioni. C'è stato un incendio . . .

4 azioni finite: fino a questo momento

Spesso si usa il **present perfect** con *ever* per chiedere se una cosa è mai accaduta; con *before* o *already* per dire che è già accaduta; con *never* per dire che non è mai accaduta; con *not for* o *not since* per dire che non accade da . . .; con *yet* per chiedere se è già accaduta.

Have you ever seen a ghost.
Hai mai visto un fantasma?

I've never seen a ghost.
Non ho mai visto un fantasma.

I'm sure we've met before.
Sono sicuro che ci siamo già incontrati.

We haven't had a holiday for ages.
Sono secoli che non facciamo una vacanza.

I haven't seen Peter since Christmas.
Non vedo Peter da Natale.

'Has Ann come yet?' 'Yes, she has already arrived.'
'È già arrivata Ann?' 'Sì, è già arrivata.'

5 azioni ripetute fino a questo momento

Si usa il **present perfect** per dire che qualcosa è accaduto più volte prima d'ora.

I've written six letters since lunchtime.
Ho scritto sei lettere dall'ora di pranzo.

How often have you been in love in your life?
Quante volte sei stato innamorato nella tua vita?

6 azioni e stati che durano ancora adesso

Si usa il **present perfect** per parlare di azioni, stati e situazioni che sono iniziati nel passato e continuano tutt'ora.

In questo caso si usa anche il **present perfect progressive**. Per la differenza, cfr. 264.4.

Non si usa il **simple present** per dire quanto tempo dura qualcosa.

I've known him since 1960. (NON *I know him since 1960.*)
Lo conosco dal 1960.

7 Non si usa il **present perfect**:

a con gli avverbi di tempo finito (come *yesterday, last week, then, three years ago, in 1960*)

> *I **saw** Lucy **yesterday**.* (NON ~~*I have seen Lucy yesterday.*~~)
> Ieri ho visto Lucy.
>
> *Tom **was** ill **last week**.* (NON ~~*Tom has been ill last week.*~~)
> La settimana scorsa Tom è stato malato.
>
> *What **did** you **do then**?* (NON ~~*What have you done then?*~~)
> Che cosa hai fatto allora?
>
> *She **died three years ago**.* (NON ~~*She has died three years ago.*~~)
> È morta tre anni fa.
>
> *He **was born in 1960**.* (NON ~~*He has been born in 1960.*~~)
> È nato nel 1960.

b nelle narrazioni, quando si racconta una storia o si riferiscono particolari di avvenimenti passati. (Cfr. 260.)

▶ Per la struttura *This is the first time I have . . .*, cfr. 266.

264 il passato (6): present perfect progressive

1 forme

AFFERMATIVA	INTERROGATIVA	NEGATIVA
I have been working you have been working, ecc.	have I been working? have you been working? ecc.	I have not been working you have not been working, ecc.

2 uso

Si usa il **present perfect progressive** per parlare di azioni, stati o situazioni che hanno avuto inizio nel passato e che ancora continuano o si sono appena conclusi. Si usa, in modo particolare, per indicare che azioni, stati o situazioni sono durati per un certo tempo. Non esiste una forma corrispondente in italiano.

PASSATO *I've been working all day.* ADESSO
Ho lavorato tutto il giorno.

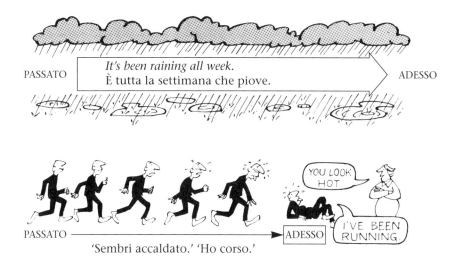

Have you been waiting long?
È molto che aspetti?

3 *since* e *for*

Spesso si usa il **present perfect progressive** con *since* e *for* per indicare da quanto tempo dura un'azione o una situazione.

It's been raining non-stop since Monday.
Piove senza interruzione da lunedì.

It's been raining non-stop for three days.
Piove senza interruzione da tre giorni.

We've been living here since July.
Abitiamo qui da luglio.

We've been living here for two months.
Abitiamo qui da due mesi.

Si usa *since* quando si indica l'inizio del periodo di tempo (per esempio 'lunedì', 'luglio', ecc.).
Si usa *for* quando si indica la durata del periodo di tempo (per esempio 'tre giorni', 'due mesi', ecc.).

▶ Per la differenza tra *for, since* e *from*, cfr. 135.

4 present perfect simple e progressive

Per parlare di azioni e situazioni che hanno avuto inizio nel passato e ancora continuano, si possono usare sia il **present perfect simple** che il **present perfect progressive**.

Si preferisce il **present perfect progressive** per le azioni e le situazioni più temporanee; quando si parla di situazioni più permanenti, di lunga durata, si preferisce il **present perfect simple**. Confrontare:

*That man's **been standing** in front of the shop all day.*
Quell'uomo è rimasto tutto il giorno davanti al negozio.

*For 900 years, the castle **has stood** on the hill above the village.*
Da 900 anni il castello domina il paese dall'alto della collina.

*I **haven't been working** very well recently.*
In questi ultimi tempi non lavoro molto bene.

*He **hasn't worked** for years.*
Da anni non lavora.

*I've **been living** in Sally's flat for the last month.*
Da un mese abito nell'appartamento di Sally.

*My parents **have lived** in Bristol all their lives.*
I miei genitori hanno vissuto tutta la vita a Bristol.

Alcuni verbi non si usano alla forma progressiva (cfr. 145).

*I've only **known** her for two days.* (NON *I've only been knowing her* ...)
La conosco solo da due giorni.

*I've **had** a cold since Monday.* (NON *I've been having a cold* ...)
Ho il raffreddore da lunedì.

5 present perfect progressive e present

Per dire da quanto tempo dura un'azione si può usare il **present perfect progressive**, ma non il **present simple** o il **present progressive**.

*I've **been working** since six this morning.* (NON *I am working since six* ...)
Lavoro dalle sei di stamattina.

*She's **been learning** English for six years.* (NON *She learns English for* ...)
Studia inglese da sei anni.

265 il passato (7): past perfect simple e progressive

1 forme

Past perfect simple

AFFERMATIVA	INTERROGATIVA	NEGATIVA
I had worked	had I worked?	I had not worked
you had worked	had you worked?	you had not worked
he had worked, ecc.	had he worked? ecc.	he had not worked, ecc.

Past perfect progressive

AFFERMATIVA	INTERROGATIVA	NEGATIVA
I had been working you had been working, ecc.	had I been working? had you been working?	I had not been working you had not been working, ecc.

2 uso

Si usa il **past perfect simple** per riferirsi a un passato precedente a un altro passato: per parlare di azioni o avvenimenti già accaduti prima di un certo momento del passato. Corrisponde al trapassato italiano (sia indicativo che congiuntivo).

*I **realized** that we **had met** before.*
Mi resi conto che ci eravamo già incontrati.

*I got to the party late. When I **arrived**, Lucy **had already gone home**.*
Sono arrivato tardi alla festa. Quando sono arrivato, Lucy era già andata a casa.

Si usa spesso il **past perfect simple** nel discorso indiretto, per riferirsi a fatti precedenti al momento in cui si dicevano o si pensavano.

*I **told** her (that) I **had finished**.*
Le dissi che avevo finito.

*I **wondered** who **had left** the door open.*
Mi chiesi chi avesse lasciato la porta aperta.

*I **thought** I **had sent** the cheque a week before.*
Pensavo di aver mandato l'assegno da una settimana.

3 past perfect progressive

Si usa il **past perfect progressive** per parlare di azioni o situazioni più lunghe, che sono continuate fino al momento del passato a cui si pensa. In italiano, generalmente, corrisponde all'imperfetto.

*When I found Mary, she **had been crying** for several hours.*
Quando trovai Mary, piangeva da diverse ore.

4 *if*, ecc.

Dopo *if*, *if only*, *wish* e *would rather*, si usa il **past perfect** per indicare cose che non sono accadute. (Cfr. 179, 181, 368, 371.)

*If I **had gone** to university, I would have studied medicine.*
Se fossi andato all'università, avrei studiato medicina.

*I **wish** you **had told** me the truth.*
Vorrei che mi avessi detto la verità.

266 il passato (8): tempi con *this is the first time...*, ecc.

1 Si usa il **present perfect** dopo le seguenti espressioni:

> *This/that/it is the first/second/third/fourth/* ecc.
> *This/that/it is the only . . .*
> *This/that/it is the best/worst/finest/most interesting/* ecc.

Esempi:

> *This is **the first time** (that) **I've heard** her sing.* (NON *. . . that I hear her sing.*)
> Questa è la prima volta che la sento cantare.
>
> *That's **the third time you've asked** me that question.*
> (NON *. . . the third time you ask me . . .*)
> È la terza volta che mi fai questa domanda.
>
> *It's one of **the most interesting** books **I've ever read**.*
> È uno dei libri più interessanti che abbia mai letto.

2 Quando si parla del passato, dopo le stesse espressioni si usa il **past perfect**.

> *It was **the third time he had been** in love that year.*
> (NON *. . . the third time he was . . .*)
> Era la terza volta che si innamorava quell'anno.

267 il passato (9): con valore di presente o di futuro

Un tempo passato non sempre ha un significato passato. In alcuni tipi di frase si usano verbi come *I had, you went* o *I was wondering* per parlare del presente o del futuro.

1 Dopo *if* (cfr. 179).

> *If I **had** the money now, I'd buy a car.*
> Se avessi i soldi ora, comprerei una macchina.
>
> *If you **caught** the ten o'clock train tomorrow, you could be in Edinburgh by supper-time.*
> Se tu prendessi il treno delle dieci domani, potresti essere a Edimburgo per l'ora di cena.

2 Dopo *it's time* (cfr. 200), *would rather* (cfr. 371) e *I wish* (cfr. 368).

> *Ten o'clock — **it's time** you **went** home.*
> Le dieci: è ora che tu vada a casa.
>
> *Don't come and see me today — **I'd rather** you **came** tomorrow.*
> Non venire a trovarmi oggi, preferirei che tu venissi domani.
>
> *I **wish** I **had** a better memory.*
> Vorrei avere una memoria migliore.

3 Quando si chiede qualcosa, si può esprimere gentilezza o rispetto iniziando con *I wondered, I thought, I hoped, I was wondering, I was thinking* o *I was hoping*.

I wondered if you were free this evening.
Mi chiedevo se tu fossi libera stasera.

I thought you might like some flowers.
Ho pensato che ti sarebbero piaciuti dei fiori.

I was hoping we could have dinner together.
Speravo che potessimo cenare insieme.

4 Se si parla del passato, generalmente si usano tempi passati anche per cose che sono ancora valide per situazioni tuttora esistenti.

*Are you deaf? I asked how old you **were**.*
Sei sordo? Ti ho chiesto quanti anni hai.

*I'm sorry we left Liverpool. It **was** such a nice place.*
Mi dispiace di aver lasciato Liverpool. Era un posto così bello.

*Do you remember that nice couple we met on holiday? They **were** German, **weren't** they?*
Ti ricordi quella simpatica coppia che incontrammo in vacanza? Erano tedeschi, vero?

268 il passivo (1): introduzione

La forma passiva si costruisce, come in italiano, col verbo *be* e il participio passato del verbo principale. Si può fare normalmente con i verbi transitivi, cioè quelli che hanno un complemento oggetto.

*They **built** this house in 1486.* (attiva)
Costruirono questa casa nel 1486.

*This house **was built** in 1486.* (passiva)
Questa casa fu costruita nel 1486.

*Do they **speak** French in Belgium?* (attiva)
Parlano francese in Belgio?

*Is French **spoken** in Belgium?* (passiva)
Si parla francese in Belgio?

Il complemento d'agente che segue il verbo passivo è introdotto dalla preposizione *by*.

*This book **will change** your life.* (attiva)
Questo libro cambierà la tua vita.

*Your life **will be changed** by this book.* (passiva)
La tua vita verrà cambiata da questo libro.

Spesso la costruzione passiva inglese corrisponde a una forma impersonale o riflessiva italiana.

*To **be** continued.*   *A lot of tea **is drunk** in England.*
Continua.   In Inghilterra si beve molto tè.

▶ Per l'uso di *get* come ausiliare nella forma passiva, cfr. 155.3.
Per la forma passiva dei verbi con due oggetti, cfr. 356.4

269 il passivo (2): forme verbali

La forma passiva si può costruire per tutti i tempi, ma non si usa generalmente per la forma progressiva del futuro (*will be being* + participio passato) e dei tempi **perfect** (*has been being* + participio passato). (Participio passato = pp.)

TEMPO	COSTRUZIONE	ESEMPIO
simple present	am/are/is + pp	*English is spoken here.* Qui si parla inglese.
present progressive	am/are/is being + pp	*Excuse the mess: the house is being painted.* Scusa la confusione: stanno dipingendo la casa.
simple past	was/were + pp	*I wasn't invited, but I went anyway.* Non sono stato invitato, ma sono andato lo stesso.
past progressive	was/were being + pp	*I felt as if I was being watched.* Mi sentivo (come se fossi) sorvegliato.
present perfect	have/has been + pp	*Has Mary been told?* È stato detto a Mary?
past perfect	had been + pp	*I knew why I had been chosen.* Sapevo perché ero stato scelto.
future	will be + pp	*You'll be told when the time comes.* Ti verrà detto quando sarà il momento.
future perfect	will have been + pp	*Everything will have been done by Tuesday.* Sarà tutto fatto per martedì.
going to	going to be + pp	*Who's going to be invited?* Chi verrà invitato?

I tempi passivi seguono la stesse regole dei tempi attivi. Per maggiori particolari sull'uso del **present progressive**, **present perfect**, ecc., consultare l'indice analitico.

270 il passivo (3): costruzione personale

I verbi che hanno due complementi oggetto (cfr. 356) possono avere una costruzione personale passiva che non esiste in italiano: la persona che rappresenta l'oggetto indiretto nella frase attiva diventa il soggetto della frase passiva.

John offered me a cigarette.
John mi ha offerto una sigaretta.

I was offered a cigarette (by John).
Mi è stata offerta una sigaretta (da John).

They will send her the bill.
Le manderanno il conto.

She will be sent the bill.
Le verrà mandato il conto.

Naturalmente, si può anche fare la costruzione:

A cigarette was offered to me (by John).
The bill will be sent to her.

La scelta dipende dalla persona o cosa che si ritiene più importante nella frase e che si mette, quindi, al primo posto. (Di solito si tratta della persona.)

271 come tradurre 'perché'

'Perché' si traduce in inglese in vari modi, a seconda della sua funzione grammaticale.

1 avverbio: *why*

Si usa nelle frasi interrogative dirette e indirette.

Why are you learning English?
Perché studi l'inglese?

Tell me why you are learning English.
Dimmi perché studi l'inglese.

2 congiunzione

a *because*
Si usa nelle frasi causali. (Cfr. 43.)

I couldn't buy anything because the shops were closed.
Non ho potuto comprare niente perché i negozi erano chiusi.

'Why are you talking so loudly?' 'Because she's deaf.'
'Perché parli così forte?' 'Perché è sorda.'

b *so that*, *in order that*, *so as*
Si usano nelle frasi finali.

I'll give you some money so that you can buy the tickets.
Ti darò dei soldi perché tu possa comprare i biglietti.

I was very careful so as not to upset him.
Sono stato molto cauto perché non si agitasse.

c *for* + oggetto + infinito
Si usa questa costruzione nelle frasi consecutive. (Cfr. 134)

It was too late for him to find a way out of it.
Era troppo tardi perché lui potesse trovarvi rimedio.

3   In inglese non esiste l'equivalente esatto del sostantivo 'un/il perché'. Generalmente, per esprimere lo stesso concetto, si usa *why* o *the reason*.

> *He was there without **a reason**.*
> Si trovava là senza un perché.
>
> *I'll tell you **why**.*
> Ti dico il perché.

272 *play* e *game*

Il verbo *play* significa 'giocare', ma il nome *play* significa 'opera teatrale (o televisiva)'.

> *Have you ever **played** rugby?*
> Hai mai giocato a rugby?
>
> *Julius Caesar is one of Shakespeare's early **plays**.*
> 'Giulio Cesare' è una delle prime opere di Shakespeare.

Il nome 'gioco' è *game*, che significa anche 'partita'.

> *Chess is a very slow **game**.*
> Gli scacchi sono un gioco molto lento.
>
> *Did you have a good **game**?*
> Hai fatto una bella partita?

273 il plurale dei nomi (1): ortografia

1   Generalmente, per fare il plurale di un nome, si aggiunge *-s* al singolare.

Singolare	Plurale	Singolare	Plurale
chair	chairs	boy	boys
table	tables	girl	girls

2   Se il singolare termina in consonante + *-y* (per esempio *-by*, *-dy*, *-ry*, *-ty*), si cambia *y* in *i* e si aggiunge *-es*.

Singolare	Plurale
consonante + *y*	consonante + *ies*
baby	bab**ies**
lady	lad**ies**
ferry	ferr**ies**
party	part**ies**

3   Se il singolare termina in *-ch*, *-sh*, *-s*, *-x* o *-z*, si aggiunge *-es*.

Singolare	Plurale
-ch/-sh/-s/-x/-z	*-ches/-shes/-ses/-xes/-zes*
church	chur**ches**
crash	cras**hes**
bus	bu**ses**
box	bo**xes**
buzz	buz**zes**

4   Alcuni nomi che terminano in *-o* fanno il plurale con *-es*. I più comuni sono:

Singolare	Plurale
echo	*echoes*
hero	*heroes*
potato	*potatoes*
tomato	*tomatoes*

274 il plurale dei nomi (2): pronuncia

La desinenza plurale *-(e)s* ha tre pronunce.

1   Dopo i suoni sibilanti /s/, /z/, /ʃ/, /ʒ/, /tʃ/ e /dʒ/, *-es* si pronuncia /ɪz/.

buses /'bʌsɪz/   *crashes* /'kræʃɪz/   *watches* /'wɒtʃɪz/   *quizzes* /'kwɪzɪz/
garages /'gærɑːʒɪz/   *bridges* /'brɪdʒɪz/

2   Dopo i suoni sordi non sibilanti /p/, /f/, /θ/, /t/ e /k/, *-(e)s* si pronuncia /s/.

cups /kʌps/   *baths* /bɑːθs/   *books* /bʊks/   *coughs* /kɒfs/   *plates* /pleɪts/

3   Dopo tutti gli altri suoni (vocali e consonanti sonore tranne /z/, /ʒ/ e /dʒ/), *-(e)s* si pronuncia /z/.

days /deɪz/   *knives* /naɪvz/   *hills* /hɪlz/   *dreams* /driːmz/   *boys* /bɔɪz/
clothes /kləʊðz/   *legs* /legz/   *songs* /sɒŋz/   *trees* /triːz/   *ends* /endz/

4   Eccezioni:

house /haʊs/   *houses* /'haʊzɪz/   *mouth* /maʊθ/   *mouths* /maʊðz/

275 il plurale dei nomi (3): forme irregolari

1   Le parole di uso più frequente che hanno un plurale irregolare sono:

Singolare	Plurale	Singolare	Plurale	Singolare	Plurale
calf	*calves*	*series*	*series*	*child*	*children*
half	*halves*	*analysis*	*analyses*		
knife	*knives*	*basis*	*bases*	*sheep*	*sheep*
leaf	*leaves*	*crisis*	*crises*	*fish*	*fish*
life	*lives*			*aircraft*	*aircraft*
loaf	*loaves*	*cactus*	*cacti*		
self	*selves*	*fungus*	*fungi*		
shelf	*shelves*	*nucleus*	*nuclei*		
thief	*thieves*	*radius*	*radii*		
wife	*wives*				
		bacterium	*bacteria*		
foot	*feet*				
tooth	*teeth*	*vertebra*	*vertebrae*		
goose	*geese*				
man	*men*	*criterion*	*criteria*		
woman	*women*	*phenomenon*	*phenomena*		
mouse	*mice*				

2 I nomi collettivi *cattle*, *people* e *police* vogliono il verbo al plurale.

> **Cattle are** selling for a very high price this year. (NON *Cattle is selling* . . .)
> Il bestiame si vende a caro prezzo quest'anno.
>
> **The police are** searching for a tall dark man with a beard.
> (NON *The police is searching* . . .)
> La polizia sta ricercando un uomo alto e bruno con la barba.
>
> **People are** funny. (NON *People is funny*.)
> La gente è strana.

276 come tradurre 'portare'

Il verbo 'portare' si può rendere con diversi verbi in inglese a seconda del modo o della direzione.

1 *bring* e *take*

Bring si usa per indicare un movimento verso chi parla/scrive o chi ascolta/legge (= 'portare qui o lì').
Take si usa per indicare un movimento verso altre direzioni (= 'portare là').
Confrontare:

> *This is a nice restaurant. Thanks for **bringing** me here.*
> (NON . . . *Thanks for taking me here*.)
> È carino questo ristorante. Grazie per avermi portato qui.
>
> *Let's have another drink, and then I'll **take** you home.*
> (NON . . . *and then I'll bring you home*.)
> Beviamo ancora un bicchiere e poi ti porto a casa.
>
> (al telefono) *Can we come and see you next weekend? We'll **bring** a picnic.*
> Possiamo venire a trovarvi il prossimo weekend? Porteremo l'occorrente per un picnic.
>
> *Let's go and see the Robinsons next weekend. We can **take** a picnic.*
> Andiamo a trovare i Robinson il prossimo weekend. Potremmo portare l'occorrente per un picnic.

Per altri usi di *take*, cfr. 335–6.

Si può usare *bring* anche per un movimento verso il luogo in cui è stato o sarà colui che parla/scrive o ascolta/legge. Confrontare:

> '*Where are those papers I asked for?' 'I **brought** them to you when you were in Mr Allen's office. Don't you remember?*'
> 'Dove sono le carte che ho chiesto?' 'Te le ho portate quand'eri nell'ufficio di Mr Allen. Non ti ricordi?'
>
> *I **took** the papers to John's office.*
> Ho portato le carte nell'ufficio di John.
>
> *Can you **bring** the car to my house tomorrow?*
> Può portarmi la macchina a casa domani?
>
> *Can you **take** the car to the garage tomorrow?*
> Puoi portare la macchina dal meccanico domani?

2 *carry*

Significa 'trasportare', 'portare con sé'.

*I can't **carry** this parcel: it's too heavy.*
Non posso portare questo pacco, è troppo pesante.

*I always **carry** my driving licence when I go out.*
Porto sempre la patente quando esco.

3 *fetch*

Significa 'andare a prendere e portare qui'.

***Fetch** me the book I left on the table, please.*
Per favore, vai a prendermi il libro che ho lasciato sul tavolo.

*I'm going to the station to **fetch** Uncle Peter.*
Vado alla stazione a prendere zio Peter.

4 *wear*

Significa 'indossare'.

*She always **wears** flat shoes.*   *He never **wears** sunglasses.*
Porta sempre i tacchi bassi.   Non porta mai gli occhiali da sole.

277 i possessivi (1): nome + 's (costruzione)

In inglese anche il nome può avere una forma possessiva.

1 forma scritta

| nome singolare + 's |

my father's car
la macchina di mio padre

| nome plurale + ' |

my parents' house
la casa dei miei genitori

| plurale irregolare + 's |

the children's room
la camera dei bambini

Qualche volta, si aggiunge solo l'apostrofo (') a un nome singolare che termina in -s: *Socrates' ideas* (= 'le idee di Socrate'); ma 's è più comune: *Charles's wife* (= 'la moglie di Charles').

2 pronuncia

La 's finale si pronuncia come un plurale (cfr. 274). L'apostrofo in una forma come *parents'* non modifica la pronuncia.

3 In questa costruzione il possessore precede la cosa o persona 'posseduta', che non è mai accompagnata da un determinante.

La macchina di John è ***John's*** *car* (NON ~~*the John's car*~~ NON ~~*John's the car*~~).

*Have you met **Jack's** new girlfriend?* (NON . . . ~~*the Jack's new girlfriend?*~~)
Conosci la nuova ragazza di Jack?

Per la costruzione *a friend of John's* ecc., cfr. 279.

Se, invece, il nome del possessore è accompagnato da un determinante, questo resta:

***my** father's car* (possessore = *my father*)
***the** children's room* (possessore = *the children*)
***my** teacher's house* (possessore = *my teacher*)

4 La forma possessiva si può usare anche da sola, senza un nome dopo.
*'Whose is that?' **'Peter's.'***
'Di chi è quello?' 'Di Peter.'

Spesso si usa questa forma quando si parla di case, negozi, chiese.

*Alice is at **the hairdresser's**.* (= . . . *at the hairdresser's salon*.)
Alice è dal parrucchiere.

*We had a nice time at **John and Susan's** last night.* (= . . . *at John and Susan's house.*)
Ieri sera ci siamo divertiti da John e Susan.

*Did you go to **St Paul's**?* (= *St Paul's church.*)
Siete andati alla chiesa di S. Paolo?

278 i possessivi (2): nome + 's (uso)

1 significati

Generalmente *'s* corrisponde alla preposizione italiana 'di'. Molto spesso indica possesso, ma può indicare anche altre relazioni.

*That's **my father's** house.*
Quella è la casa di mio padre.

*the **plan's** importance*
l'importanza del progetto

*Have you read **John's** letter?*
Hai letto la lettera di John?

*the **train's** arrival*
l'arrivo del treno

***Mary's** brother is a lawyer.*
Il fratello di Mary è un avvocato.

*I didn't believe **the girl's** story.*
Non credetti alla storia della ragazza.

*the **government's** decison*
la decisione del governo

2 's e *of*

Si preferisce la forma possessiva con *'s* quando il possessore è un essere animato. Negli altri casi, si usa spesso la costruzione con *of*. Confrontare:

*my **father's** house* (NON ~~*the house of my father*~~)
*the **plan's** importance* OPPURE *the importance **of** the plan*

3 espressioni di tempo

Spesso si usa la forma possessiva in riferimento a particolari momenti, giorni, settimane, ecc.

this evening's performance
lo spettacolo di questa sera

last Sunday's paper
il giornale di domenica scorsa

next week's TV programmes
i programmi televisivi della prossima settimana

this year's profits
i profitti di quest'anno

Ma non si usa la forma possessiva quando l'espressione di tempo ha un significato 'generale'.

the **nine o'clock** news (NON *the nine o'clock's news*)
il telegiornale delle nove

a **Sunday** newspaper (NON *a Sunday's newspaper*)
un giornale della domenica

Si usa anche la forma possessiva 's per espressioni di misura del tempo che iniziano con un numero.

ten minutes' walk
una passeggiata di dieci minuti

two weeks' holiday
una vacanza di due settimane

279 i possessivi (3): con i determinanti (*a friend of mine*, ecc.)

Non si può usare un possessivo insieme a un altro determinante prima di un nome. Si può dire *my friend, Ann's friend, a friend* o *that friend*, ma non *a my friend* o *that Ann's friend*.
Per unire un possessivo a un determinante, è necessaria una costruzione particolare:

| determinante + nome + *of* + possessivo |

*That policeman is **a friend of mine**.* (NON *... a my friend.*)
Quel poliziotto è un mio amico.

*Here's **that friend of yours**.* (NON *... that your friend.*)
Ecco qui quel tuo amico.

*We must see **some friends of his** tonight.* (NON *... some his friends ...*) (NON *... some friends of him ...*)
Dobbiamo vedere dei suoi amici stasera.

*He's **a cousin of the Queen's**.* (NON *... a Queen's cousin.*)
È un cugino della regina.

*Have you heard **this new idea of the boss's**?* (NON *... of the boss?*)
Hai sentito questa nuova idea del capo?

La stessa regola vale quando il possessivo è accompagnato da un numerale o da *another*.

>**Two friends of mine** have got measles. (NON ~~Two my friends~~ ...)
>Due miei amici hanno il morbillo.

>I met **another boyfriend of Lucy's** yesterday.
>Ieri ho conosciuto un altro ragazzo di Lucy.

280 i possessivi (4): *my* e *mine*, ecc.

1 *My, your, his, her, its, one's, our* e *their* sono dei determinanti che corrispondono agli aggettivi possessivi italiani 'mio', 'tuo', 'suo', ecc. Non si possono usare con altri determinanti (cfr. 97).
A differenza dell'italiano, i possessivi inglesi sono invariabili e ogni forma corrisponde a un possessore.

>*my* key   *my* shoes
>la mia chiave   le mie scarpe
>
>*my* coat   *my* hats
>il mio cappotto   i miei cappelli

Alla terza persona singolare ci sono tre forme: per possessore maschile, femminile e neutro.

>*Henry and* **his children, his wife, his dogs**. (NON ... ~~her wife~~ ...)
>Henry e i suoi bambini, sua moglie, i suoi cani.

>*Sue was playing with* **her sister and her friends**.
>Sue giocava con sua sorella e i suoi amici.

>*They visited* **their home town and its surroundings**.
>Visitarono la loro città natale e i suoi dintorni.

Notare che *its* (possessivo) non va confuso con *it's* (forma contratta di *it is* o *it has*).

One's è l'aggettivo possessivo impersonale.

>*to mind* **one's** *own business*
>badare ai fatti propri

2 *Mine, yours, his, hers, ours* e *theirs* sono pronomi possessivi.

>*That watch is* **mine**.
>Quell'orologio è mio.

>*Which car is* **yours**?
>Che macchina è la tua?

Con *mine, yours*, ecc. non si usano mai gli articoli.

>*Can I borrow your keys? I can't find* **mine**. (NON ... ~~I can't find the mine~~.)
>Mi puoi prestare le tue chiavi? Non riesco a trovare le mie.

3 *Whose* può essere un determinante (come *my*) oppure un pronome (come *mine*).

>**Whose** *bag is that?*   **Whose** *is that bag?*
>Di chi è quella borsa?

4   I nomi che indicano parti del corpo e indumenti sono spesso accompagnati dall'aggettivo possessivo.
>   *I want to take **my shoes** off. **My feet** hurt.*
>   Voglio togliermi le scarpe. Ho male ai piedi.

5   Un possessivo plurale è, di solito, seguito da un nome plurale, a meno che si indichi un possesso comune a più persone.
>   *The teacher told the children to open their **books**.* (NON . . . ~~their book~~.)
>   L'insegnante disse ai bambini di aprire il libro.
>
>   *We put our hands in our **pockets**.*
>   Ci mettemmo le mani in tasca.
>
>   *The children were playing with their **kite**.* (uno solo per tutti)
>   *The children were playing with their **kites**.* (uno per ciascuno)
>   I bambini giocavano con l'aquilone.

281 le preposizioni (1): dopo parole ed espressioni particolari

(Ecco un elenco di espressioni che possono causare dei problemi allo studente italiano. Per l'uso di *of* con i determinanti, cfr. 97.)

ability at (NON ~~in~~) = capacità in
>   *She shows great **ability at** mathematics.*
>   Mostra buone capacità nella matematica.

agree to = accettare una proposta/un suggerimento
>   *I'll **agree to** your suggestion if you lower the price.*
>   Accetterò la tua proposta se abbassi il prezzo.

angry about (talvolta ***at***) *something* (NON ~~for~~) = arrabbiato per qualcosa
>   *What are you so **angry about**?*
>   Per quale motivo sei così arrabbiato?

arrive at/in (NON ~~to~~) = arrivare a
>   *What time do we **arrive in** Cardiff?*
>   A che ora arriviamo a Cardiff?

ask = chiedere: cfr. 50.

bad at (NON ~~in~~) = non bravo in/a
>   *I'm not **bad at** tennis.*
>   Non sono male a tennis.

believe in *God, Father Christmas*, ecc. = credere in Dio, a Babbo Natale, ecc.
>   *I **believe in** life after death.*
>   Credo nella vita ultraterrena.

believe *a person or something that is said* = credere (a) una persona o (a) qualcosa che si dice
>   *Don't **believe** her! I don't **believe** a word she says.*
>   Non crederle! Non credo una parola di quello che dice.

blue with *cold*, ***red with*** *anger* = blu per il freddo, rosso d'ira
>   *My hands were **blue with** cold when I got home.*
>   Quando sono arrivato a casa, avevo le mani blu dal freddo.

call after = chiamare come
  We **called** him Thomas, **after** his grandfather.
  L'abbiamo chiamato Thomas come suo nonno.

clever at (NON ~~in~~) = bravo in/a
  I'm not very **clever at** cooking.
  Non sono molto bravo a cucinare.

congratulate/congratulations on (NON ~~for~~) = congratularsi/ congratulazioni per
  I must **congratulate** you **on** your exam results.
  Devo congratularmi con te per l'esito dei tuoi esami.

  Congratulations on your new job!
  Congratulazioni per il tuo nuovo lavoro!

crash into (NON ~~against~~) = sbattere contro
  I wasn't looking where I was going and **crashed into** the car in front.
  Non guardavo dove stavo andando e ho sbattuto contro la macchina che mi precedeva.

depend/dependent on (NON ~~from~~ o ~~of~~) = dipendere/dipendente da
  We may play football — it **depends on** the weather.
  Può darsi che giochiamo a pallone: dipende dal tempo.

  He doesn't want to be **dependent on** his parents.
  Non vuole dipendere dai suoi genitori.

MA ***independent of*** = indipendente da

different from (qualche volta **to**: in americano ***from*** o ***than***) = diverso da
  You're very **different from** your brother.
  Sei molto diverso da tuo fratello.

difficulty with something/**(in) doing** something = difficoltà a fare qualcosa
  I'm having **difficulty with** my travel arrangements.
  Ho delle difficoltà a organizzare il viaggio.

  You won't have much **difficulty in getting** to know people in Italy.
  Non avrai difficoltà a conoscere gente in Italia.

disappointed with somebody (NON ~~of~~) = deluso da/scontento di
  My father never showed it if he was **disappointed with** me.
  Mio padre non dimostrava mai se era scontento di me.

disappointed with/at/about something (NON ~~of~~ o ~~for~~) = deluso per/da
  You must be pretty **disappointed with/at/about** your exam results.
  Devi essere abbastanza deluso per i risultati dei tuoi esami.

divide into (NON ~~in~~) = dividere in
  The book is **divided into** three parts.
  Il libro è diviso in tre parti.

dream about = sognare
  What does it mean if you **dream about** mountains?
  Che cosa vuol dire se sogni le montagne?

dream of (NON ~~to~~) = sognare/desiderare/immaginare
  I often **dreamed of** being famous when I was younger.
  Quando ero più giovane, spesso sognavo di diventare famoso.

dress in (NON ~~of~~ o ~~with~~) = vestire di
  Who's the woman **dressed in** green?
  Chi è quella donna vestita di verde?

drive into = sbattere contro
    Granny **drove into** a tree yesterday.
    Ieri la nonna è andata a sbattere con la macchina contro un albero.

explain something **to** somebody (NON ~~explain somebody something~~) = spiegare a qualcuno
    Could you **explain** this rule **to** me?
    Potrebbe spiegarmi questa regola?

get in(to) e ***out of*** a car, taxi, small boat = salire e scendere da
    When I **got into** my car, I found the radio had been stolen.
    Quando salii in macchina, mi accorsi che la radio era stata rubata.

get on e ***off*** a bus, train, plane, ship = salire e scendere da
    We'll be **getting off** this train in ten minutes.
    Scenderemo da questo treno fra dieci minuti.

good at (NON ~~in~~) = bravo in/a
    Are you any **good at** tennis?
    Sei bravo a tennis?

the idea of doing something (NON ~~the idea to do~~ . . .) = l'idea di
    I don't like **the idea of getting** married yet.
    Non mi piace ancora l'idea di sposarmi.

ill with = malato di
    The boss has **been ill** with flu this week.
    Il capo ha avuto l'influenza questa settimana.

impressed with/by = colpito/impressionato da (nel senso positivo)
    I'm very **impressed with/by** your work.
    Sono molto colpito dal tuo lavoro.

independent of/independence of o ***from*** = indipendente/indipendenza da
    She got a job so that she could be **independent of** her parents.
    Trovò un lavoro in modo da essere indipendente dai suoi genitori.

    When did India get her **independence from** Britain?
    Quand'è che l'India ottenne l'indipendenza dalla Gran Bretagna?

insist on (NON ~~to~~) = insistere a/per
    George's father **insisted on** paying.
    Il padre di George insistette per pagare.

interest/interested in (NON ~~for~~ o ~~to~~) = interesse per/interessato a
    When did your **interest in** social work begin?
    Quando cominciò il tuo interesse per i servizi sociali?

    Not many people are **interested in** grammar.
    Non sono molte le persone interessate alla grammatica.

kind to (NON ~~with~~) = gentile con
    People have always been very **kind to** me.
    La gente è sempre stata molto gentile con me.

laugh at (NON ~~of~~) = ridere di
    I hate being **laughed at**.
    Non mi piace che si rida di me.

listen to = ascoltare
    If you don't **listen to** people, they won't listen to you.
    Se tu non ascolti gli altri, gli altri non ascolteranno te.

look at = guardare
*Stop **looking at** me like that!*
Smettila di guardarmi così!

look after = prendersi cura / occuparsi di
*Thanks for **looking after** me when I was ill.*
Grazie per esserti preso cura di me quando ero malato.

look for = cercare
*Can you help me **look for** my keys?*
Puoi aiutarmi a cercare le chiavi?

marriage to / get o ***be married to*** (NON ~~with~~) = matrimonio con / sposarsi con
*Her **marriage to** Philip didn't last very long.*
Il suo matrimonio con Philip non durò molto a lungo.

*How long have you been **married to** Sheila?*
Da quanto tempo sei sposato con Sheila?

nice to (NON ~~with~~) = gentile con
*You weren't very **nice to** me last night.*
Non sei stato molto gentile con me ieri sera.

pay for something = pagare qualcosa
*Excuse me, sir. You haven't **paid for** your drink.*
Mi scusi, signore. Lei non ha pagato la consumazione.

pleased with somebody = contento di qualcuno
*The boss is very **pleased with** you.*
Il capo è molto contento di te.

pleased with/about/at something = contento di qualcosa
*I wasn't very **pleased with/about/at** my exam results.*
Non fui molto contento dei risultati dei miei esami.

polite to (NON ~~with~~) = cortese con
*Try to be **polite to** Uncle Richard for once.*
Per una volta, cerca di essere cortese con lo zio Richard.

prevent somebody from doing something (NON . . . ~~of/to do~~ . . .) = impedire di
*The noise of your party **prevented** me **from** sleeping.*
Il baccano della tua festa mi impedì di dormire.

reason for (NON ~~of~~) = ragione/causa di
*Nobody knows the **reason for** the accident.*
Nessuno conosce la causa dell'incidente.

remind of = richiamare alla memoria/ricordare
*She **reminds** me **of** a girl I was at school with.*
Mi ricorda una ragazza con cui ero a scuola.

responsible/responsibility for = incaricato/incarico di
*Who's **responsible for** the shopping this week?*
Chi è incaricato della spesa questa settimana?

rude to (NON ~~with~~) = scortese/sgarbato con
*Peggy was pretty **rude to** my family last weekend.*
Nel weekend, Peggy è stata piuttosto scortese con la mia famiglia.

run into = incontrare per caso
*I **ran into** Philip at Victoria Station this morning.*
Ho incontrato Philip a Victoria Station questa mattina.

search for = cercare
   The customs were **searching for** drugs at the airport.
   I doganieri stavano cercando droga all'aeroporto.

search (senza preposizione) = perquisire/controllare
   They **searched** everybody's luggage.
   Perquisirono i bagagli di tutti.

   They **searched** the man in front of me from head to foot.
   Perquisirono l'uomo davanti a me dalla testa ai piedi.

shocked by/at = colpito/impressionato da
   I was terribly **shocked by/at** the news of Peter's accident.
   Fui terribilmente colpito dalla notizia dell'incidente di Peter.

shout at = gridare contro qualcuno
   If you don't stop **shouting at** me, I'll come and hit you.
   Se non la smetti di gridare contro di me, vengo lì e ti picchio.

shout to = gridare a qualcuno di fare qualcosa
   Mary **shouted to** us to come in and swim.
   Mary ci gridò di entrare in acqua e fare una nuotata.

smile at = sorridere a
   If you **smile at** me like that, I'll give you anything you want.
   Se mi sorridi così, ti darò tutto ciò che vuoi.

(I am) sorry about = Mi dispiace per qualcosa che è successo
   I'm **sorry about** your exam results.
   Mi dispiace per i risultati dei tuoi esami.

(I am) sorry for/about = Mi dispiace per qualcosa che si è fatto
   I'm **sorry for/about** breaking your window.
   Mi dispiace di aver rotto la tua finestra.

(I am) sorry for somebody = Mi dispiace per qualcuno
   I feel really **sorry for** her children.
   Mi dispiace proprio per i suoi bambini.

suffer from (NON ~~for/of~~) = soffrire di, avere (malattie)
   My wife is **suffering from** hepatitis.
   Mia moglie ha l'epatite.

surprised at/by = stupito, sorpreso per/a/di
   Everybody was **surprised at/by** the weather.
   Erano tutti stupiti per il tempo.

take part in (NON ~~at/to~~) = partecipare a
   I don't want to **take part in** any more conferences.
   Non voglio più partecipare a nessun convegno.

think of/about (NON ~~to~~) = pensare di/a
   I'm **thinking of** studying medicine.
   Sto pensando di studiare medicina.

the thought of (NON ~~the thought to~~) = l'idea di
   I hate **the thought of** going back to work.
   Odio l'idea di tornare al lavoro.

throw . . . at (aggressivo) = tirare/lanciare
   Stop **throwing** stones **at** the cars.
   Smettila di tirare i sassi alle macchine.

throw . . . to (in un gioco, ecc.) = tirare/lanciare
*If you get the ball, **throw** it **to** me.*
Se prendi la palla, tirala a me.

typical of (NON ~~for~~) = tipico di
*The wine's **typical of** the region.*
Il vino è tipico della regione.

wrong with = che non va/che non funziona
*What's **wrong with** Rachel today?*
Che cos'ha Rachel che non va oggi?

282 le preposizioni (2): davanti a parole ed espressioni particolari

(Ecco un elenco di espressioni che, di solito, creano problemi allo studente italiano. Per maggiori particolari su altre combinazioni preposizione + nome , consultare un buon dizionario.)

*a book **by** Joyce*	*a concert **by** Mozart*	*a film **by** Fassbinder*
un libro di Joyce	un concerto di Mozart	un film di Fassbinder

in *pen, pencil, ink,* ecc.
*Please fill in the form **in** pencil.*
Si prega di completare il modulo a matita.

in *the rain, snow, sun,* ecc.
*I like walking **in** the rain.*
Mi piace camminare sotto la pioggia.

in *a . . . voice*
*Stop talking to me **in** that stupid voice.*
Smetti di parlarmi con quella voce da scemo.

in *a suit, raincoat, shirt, skirt, hat,* ecc.
*Who's the man **in** the funny hat over there?*
Chi è quell'uomo con quel buffo cappello?

in *the end* = alla fine (dopo molto tempo)
In *the end, I got a visa for China.*
Alla fine ottenni il visto per la Cina.

at *the end* = alla fine (nella parte finale)
*I think the film's a bit weak **at** the end.*
Penso che il film sia un po' debole nella parte finale.

in *time* = in tempo / non tardi
*I didn't get an interview because I didn't send in the form **in** time.*
Non ottenni un colloquio perché non mandai il modulo in tempo.

on *time* = puntuale / in orario
*Concerts never start **on** time.*
I concerti non iniziano mai in orario.

on *the radio*	***on*** *TV*
alla radio	alla televisione

283 le preposizioni (3): espressioni in cui si possono omettere

(Ecco un elenco di espressioni importanti nelle quali le preposizioni non si usano o si possono omettere.)

1. Non si usano preposizioni dopo i verbi *marry* e *lack*.

    She **married** *a friend of her sister's.*
    Si sposò con un amico di sua sorella.

    He's clever, but he **lacks** *experience.*
    È intelligente, ma manca di esperienza.

2. Nello stile informale, a volte si omette *on* davanti ai nomi dei giorni della settimana. Ciò è molto frequente nell'inglese americano.

    Why don't you come round **(on)** *Monday evening?*
    Perché non vieni lunedì sera?

3. Si usa *a* invece di una preposizione in *three times a day* (= 'tre volte al giorno'), *sixty miles an hour* (= 'sessanta miglia all'ora'), *eighty pence a pound* (= 'ottanta penny alla libbra') ed espressioni simili.

4. Di solito si omette *at* in *(At) what time?*

    What time *does Granny's train arrive?*
    A che ora arriva il treno della nonna?

5. Espressioni che contengono parole come *height, length, size, shape, age, colour, volume, area* sono, di solito, unite al soggetto della frase tramite il verbo *be* senza preposizione.

    What colour *are her eyes?*
    Di che colore ha gli occhi?

    He's just **the right height** *to be a policeman.*
    Ha proprio l'altezza giusta per fare il poliziotto.

    She's **the same age** *as me.*
    Ha la mia stessa età.

    You're **a very nice shape.**
    Hai una bellissima linea.

    I'm **the same weight** *as I was twenty years ago.*
    Ho lo stesso peso che avevo vent'anni fa.

    What shoe size *are you?*
    Che misura di scarpe porti?

6. Spesso si omette *in* (specialmente nell'inglese parlato) nelle espressioni *(in) the same way* (= 'allo stesso modo'), *(in) this way* (= 'in questo modo'), *(in) another way* (= 'in un altro modo') ecc.

    They plant corn **the same way** *their ancestors used to 500 years ago.*
    Seminano il grano allo stesso modo dei loro antenati 500 anni fa.

7   Non si usa *to* davanti a *home*.

> *I'm going **home**.*
> Vado a casa.

Nell'inglese americano si può anche omettere *at* davanti a *home*.

> *Is anybody **home**?*
> C'è qualcuno in casa?

284 le preposizioni (4): in fine di frase

1   In inglese le preposizioni si trovano spesso alla fine della frase. Questo accade con:

a   domande che incominciano con *what, who, where,* ecc.

> ***What** are you looking **at**?*
> Che cosa stai guardando?
>
> ***Who** did you go **with**?*
> Con chi sei andato?
>
> ***Where** did he come **from**?*
> Da dove veniva?

b   frasi relative

> *There's the house (that) I told you **about**.*
> Ecco la casa di cui ti ho parlato.
>
> *You remember the boy I was going out **with**?*
> Ti ricordi il ragazzo con cui uscivo?

c   frasi passive

> *I hate **being laughed at**.*
> Non mi piace che si rida di me.
>
> *They took him to hospital yesterday and **he's** already **been operated on**.*
> È stato portato all'ospedale ieri ed è già stato operato.

d   costruzioni con l'infinito

> *It's a boring place **to live in**.*
> È un posto noioso per viverci.
>
> *I need something **to write with**.*
> Ho bisogno di qualcosa con cui scrivere.

2   Nello stile più formale, si può mettere una preposizione davanti a una parola interrogativa (cfr. 364) o a un pronome relativo.

> ***To whom** is that letter addressed?*
> A chi è indirizzata quella lettera?
>
> *She met a man **with whom** she had been friendly years before.*
> Incontrò un uomo di cui era stata amica anni prima.
>
> ***On which** flight is the general travelling?*
> Su quale volo viaggia il generale?

285 preposizioni e avverbi (adverb particles)

Parole come *down* e *in* possono fungere sia da preposizione che da avverbio. Confrontare:

*I ran **down** the road.*	*He's **in** his office.*
Corsi giù per la strada.	Lui è nel suo ufficio.
*Please sit **down**.*	*You can go **in**.*
Prego, si accomodi.	Puoi entrare.

Nelle espressioni *down the road* e *in his office*, *down* e *in* sono preposizioni perché accompagnano un nome. In *Please sit down* e *You can go in*, *down* e *in* non sono preposizioni, ma avverbi di luogo che modificano i verbi *sit* e *go*. Gli avverbi di questo tipo (generalmente monosillabi o bisillabi) si chiamano in inglese **adverb particles** e comprendono: *up, out, on, off, through, past, away, back, across, over, under*. Si combinano frequentemente con un verbo per formare dei verbi composti, che talvolta hanno un significato completamente diverso dal verbo di partenza.

Esempi: *break down* = smettere di funzionare
put off = ritardare, posporre
work out = calcolare
give up = rinunciare

▶ Per maggiori particolari su questo tipo di verbi, cfr. 355.

286 il presente (1): introduzione

Per esprimere azioni che accadono in diversi momenti del presente, si usano in inglese due tempi: il **simple present** e il **present progressive**.

1 Adesso, in questo momento esatto

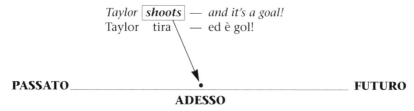

2 Intorno a questo momento

3 'Tempo generico': in qualsiasi momento, sempre, non solo in questo momento

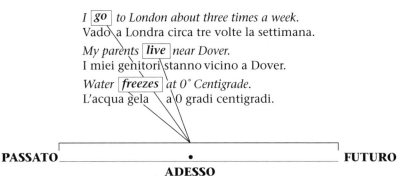

I go to London about three times a week.
Vado a Londra circa tre volte la settimana.

My parents live near Dover.
I miei genitori stanno vicino a Dover.

Water freezes at 0° Centigrade.
L'acqua gela a 0 gradi centigradi.

PASSATO ——————————•—————————— FUTURO
ADESSO

Quando si parla di fatti che accadono 'intorno a questo momento', generalmente si usa il **present progressive** (per esempio *I'm going, I'm reading*). Altre volte si usa il **simple present** (*I go, I read*). Per maggiori particolari, cfr. 287-8.

Per dire da quanto tempo dura un'azione o una situazione, si usa il **present perfect** e non un presente. Cfr. 263-4.

I've known her since 1960. (NON *I know her* . . .)
La conosco dal 1960.

I've been learning English for three years. (NON *I'm learning* . . .)
Studio l'inglese da tre anni.

287 il presente (2): simple present

1 forme

AFFERMATIVA	INTERROGATIVA	NEGATIVA
I work	do I work?	I do not work
you work	do you work?	you do not work
he/she/it works	does he/she/it work?	he/she/it does not work
we work	do we work?	we do not work
they work	do they work?	they do not work

I verbi che terminano in *-s, -z, -x, -ch* e *-sh* aggiungono *-es* alla terza persona singolare (per esempio *misses, buzzes, fixes, watches, pushes*).
Gli altri verbi aggiungono -s. Eccezioni: *goes, does*.
I verbi che terminano in consonante + *y* fanno *-ies* alla terza persona singolare (per esempio *hurries, worries*).
La pronuncia di *-(e)s* della terza persona singolare segue le stesse regole del plurale *-(e)s*. Cfr. 274.

2 uso

a Il **simple present** si usa, in inglese come in italiano, per descrivere delle azioni abituali o delle condizioni generali. Non si usa per descrivere una situazione o un'azione in corso in questo momento: in questo caso, in inglese, si usa il **present progressive**. Confrontare:

> *Every night I **read** something before going to sleep.*
> Tutte le sere leggo qualcosa prima di addormentarmi.

> *'What are you doing?' '**I'm reading**.'*
> 'Che cosa stai facendo?' 'Sto leggendo.'

b Si può usare il **simple present** per delle azioni che si svolgono in questo preciso momento, quando sono particolarmente brevi e momentanee, per esempio nelle telecronache sportive.

> *Lydiard **passes** to Taylor, Taylor to Morrison, Morrison back to Taylor . . . and Taylor **shoots** — and it's a goal!!!*
> Lydiard passa a Taylor, Taylor a Morrison, Morrison indietro a Taylor . . . e Taylor tira: gol!!!

c Si usa il **simple present** con significato di futuro dopo le congiunzioni nelle frasi dipendenti (cfr. 151.2, 340), ma notare che nella frase principale c'è un futuro (e non un presente, come avviene spesso in italiano).

> *I'll phone you **when I come** back.* (NON *. . . when I will come back*.)
> Ti telefonerò quando tornerò. / Ti telefono quando torno.

> *She won't come **if you don't ask** her.*
> Non verrà se non glielo chiederai. / Se non glielo chiedi, non viene.

> *I'll always love you **whatever you do**.*
> Ti amerò sempre, qualsiasi cosa tu faccia.

d Il **simple present** si usa per parlare di programmi ed orari.

> *The train **arrives** at 7.46.*
> Il treno arriva alle 7,46.

> *I **start** work tomorrow.*
> Comincio domani a lavorare.

In altri casi, per parlare del futuro è preferibile usare il **present progressive** invece del **simple present** (cfr. 288).

> ***Are you going out** tonight?* (NON *Do you go out tonight?*)
> Esci stasera?

288 il presente (3): present progressive

1 forme

AFFERMATIVA	INTERROGATIVA	NEGATIVA
I am working you are working he/she/it is working, ecc.	am I working? are you working? is he/she/it working? ecc.	I am not working you are not working he/she/it is not working, ecc.

2 uso

a **Intorno a questo momento**

Il **present progressive** corrisponde alla forma italiana 'stare' + gerundio ('sto facendo', ecc.) e si usa per descrivere azioni o situazioni che si stanno svolgendo 'intorno a' questo momento: vale a dire prima, durante e dopo il momento in cui si parla.

Hurry up! We're all waiting for you! (NON *We all wait* . . .)
Sbrigati! Ti stiamo aspettando tutti!

'What are you doing?' 'I'm reading.'
'Che cosa stai facendo?' 'Sto leggendo.'

I'm going to a lot of parties these days.
Vado a molte feste in questo periodo.

b **Mutamenti**

Si usa il **present progressive** anche per descrivere mutamenti e sviluppi.

The weather's getting warmer.
Il tempo si va facendo caldo.

That child's getting bigger every day.
Quel bambino diventa ogni giorno più grande.

c **Present progressive e simple present**

Il **present progressive** non si usa per parlare di 'tempo generico'. In questo caso, si usa il **simple present** (cfr. 287). Confrontare:

My sister's living at home for the moment.
Per il momento, mia sorella abita dai miei. (intorno a questo momento)

You live in North London, don't you?
Abiti nella zona nord di Londra, vero? (tempo generico)

Why is that girl standing on the table?
Quella ragazza, perché sta in piedi sulla tavola?

Chetford Castle stands on a hill outside the town.
Il castello di Chetford sorge su una collina fuori città.

The leaves are going brown.
Le foglie stanno diventando marroni.

I go to the mountains about twice a year.
Vado in montagna circa due volte l'anno.

d Spesso, per parlare del futuro, si usa il **present progressive**. (Per maggiori particolari, cfr. 148.)

What are you doing tomorrow evening?
Cosa fai domani sera?

e Certi verbi non si usano alla forma progressiva (cfr. 145).

I like this wine. (NON *I'm liking this wine.*)
Mi piace questo vino.

f I verbi che si riferiscono a sensazioni fisiche (per esempio *feel, hurt, ache*) si possono usare al **simple present** o al **present progressive** senza grande differenza di significato.

> *How **do** you **feel**?* OPPURE *How **are** you **feeling**?*
> Come ti senti?
>
> *My head **aches**.* OPPURE *My head **is aching**.*
> Mi fa male la testa.

g Per l'uso di *always* con le forme progressive, cfr. 146.

> *She's always **losing** her keys.*
> Perde sempre le chiavi.

289 i pronomi personali (*I*, *me*, *it*, ecc.)

1 I pronomi personali inglesi sono sette e hanno due forme, una soggetto (*I, you, he, she, it, we, they*) e una complemento (*me, you, him, her, it, us, them*). Cfr. 290.
I si scrive sempre con la lettera maiuscola.
You si usa per la seconda persona singolare e plurale. Si usa anche per la forma di cortesia italiana 'Lei'.

> *Would **you** like some wine?*   ⎡ Vuoi del vino?
> (NON *Would she like . . . ?*)   ⎯ Volete del vino?
>   ⎣ Vuole del vino?

Per la terza persona singolare ci sono tre pronomi:
he/him riferito a persona (o talvolta animale) di sesso maschile
she/her riferito a persona (o talvolta animale) di sesso femminile
it riferito a cosa o animale

2 Si può usare *it* per riferirsi a una persona quando si vuole identificarla, dire chi è. Confrontare:

> '*Who's that?*' '***It's** John Cook. **He's** a friend of my father's.*'
> (NON *He's John Cook.* NON *It's a friend . . .*)
> 'Chi è?' 'È John Cook. È un amico di mio padre.'

3 Si usa *it* con riferimento a *nothing, everything* e *all*.

> ***Nothing** happened, did **it**?*   ***Everything's** all right, isn't **it**?*
> Non accadde nulla, vero?   Va tutto bene, vero?
>
> *I did **all** I could, but **it** wasn't enough.*
> Feci tutto il possibile, ma non bastò.

4 Si usa *it* come soggetto impersonale nelle frasi che esprimono l'ora, il tempo, la temperatura e la distanza.

> ***It's** ten o'clock.*   ***It's** Monday again.*
> Sono le dieci.   È di nuovo lunedì.
>
> ***It** rained for three days.*   ***It's** thirty degrees.*
> Piovve per tre giorni.   Ci sono trenta gradi.
>
> ***It's** ten miles to the nearest petrol station.*
> La stazione di servizio più vicina è a dieci miglia.

5 *It* può significare 'la situazione attuale'.

> *It's terrible — everybody's got colds, and the central heating isn't working.*
> È terribile: hanno tutti il raffreddore e il riscaldamento non funziona.
> *Isn't **it** lovely here?*
> Non è bello qui?

6 I pronomi personali in inglese non si possono sottintendere.

> *It's raining.* (NON ~~Is raining.~~)
> Piove.
> *She loved the picture because **it** was beautiful.* (NON *. . . ~~because was beautiful~~*.)
> Le piaceva il quadro perché era bello.
> *'Have some chocolate.' 'No, I don't like **it**.'* (NON *'. . . ~~don't like.~~'*)
> 'Prendi della cioccolata.' 'No, non mi piace.'
> *They arrested him and put **him** in prison.* (NON *. . . ~~and put in prison~~*.)
> Lo arrestarono e lo misero in prigione.

Notare che non sempre si usa *it* dopo i verbi *know* e *tell*.

> *'It's getting late.' 'I know.'* (NON *'~~I know it.~~'*)
> 'Si sta facendo tardi,' 'Lo so.'
> *'Let me know when you come.' 'OK. I'll tell you tomorrow.'*
> (NON *'. . . ~~I'll tell it~~ . . .'*)
> 'Fammi sapere quando vieni.' 'Bene. Te lo dirò domani.'

7 Si usa un solo soggetto in una frase. Di solito non c'è bisogno di un pronome personale se la frase contiene già un soggetto.

> *My car is parked outside.* (NON ~~My car it is parked~~ . . .)
> La mia macchina è parcheggiata qua fuori.
> *The boss makes me really angry.* (NON ~~The boss he really~~ . . .)
> Il capo mi fa veramente arrabbiare.
> *The situation is terrible.* (NON ~~It is terrible the situation~~.)
> La situazione è terribile.

▶ Per l'uso di *they, them* e *their* riferiti a *somebody, everybody,* ecc., cfr. 320.
Per il pronome indefinito *one*, cfr. 239.
Per l'uso di *it* come anticipatore del soggetto, cfr. 198.

290 i pronomi: uso delle forme soggetto e complemento

SOGGETTO	COMPLEMENTO
I	me
he	him
she	her
we	us
they	them
who	whom

1 Nello stile informale, si usano le forme complemento dopo il verbo *be* e nelle risposte di una sola parola.

    *'Who's that?' 'It's **me**.'*   *'Who said that?' '**Him**.'*
    'Chi è?' 'Sono io.'   'Chi l'ha detto?' 'Lui.'

Nello stile più formale, si preferisce la forma soggetto con un verbo.

    *'Who said that?' '**He did**.'*

2 *Whom* non si usa spesso nell'inglese informale. Si preferisce *who* come complemento, specialmente nelle domande.

    ***Who** did you go with?*   ***Who** have you invited?*
    Con chi sei andato?   Chi hai invitato?

Nello stile più formale, invece, si usa *whom*. *Whom* si deve anche usare dopo una preposizione.

    ***Whom** did they arrest?* (formale)   ***With whom** did you go?* (molto formale)
    Chi hanno arrestato?   Con chi sei andato?

3 Nello stile informale, si usano le forme complemento dopo *as, than, but* e *except*.

    *My sister's nearly as tall as **me**.*
    Mia sorella è quasi alta come me.

    *I'm prettier than **her**.*
    Io sono più carina di lei.

    *Everybody but **me** knew what was happening.*
    Tutti tranne me sapevano che cosa stava succedendo.

    *Everybody except **him** can come.*
    Possono venire tutti tranne lui.

Si usano le forme soggetto dopo *as* e *than* nello stile più formale (di solito con un ausiliare o *be*).

    *My sister's nearly as tall as **I am**.*
    *I'm prettier than **she is**.*

291 i pronomi relativi (1): regole generali

1 I pronomi relativi sono *who, whom, whose, which, that, what*. Essi servono a collegare due frasi e rappresentano il soggetto o un complemento della seconda (tranne *whose*).

    *What's the name of the tall man? **He** just came in.*
    *What's the name of the tall man **who** just came in?*
    Come si chiama quel signore alto che è appena entrato?
    (*Who* è il soggetto della seconda frase.)

    *This is Ms Rogers. You met **her** last year.*
    *This is Ms Rogers, **whom** you met last year.*
    Questa è Ms Rogers, che hai conosciuto l'anno scorso.
    (*Whom* è il complemento oggetto della seconda frase.)

    *I've got a book. **It** might interest you.*
    *I've got a book **which** might interest you.*
    Ho un libro che potrebbe interessarti.
    (*Which* è il soggetto della seconda frase.)

*I've found the paper. You were looking for **it**.*
*I've found the paper **which** you were looking for.*
(NON . . . ~~which you were looking for it~~.)
Ho trovato il documento che cercavi.
(*Which* è il complemento oggetto della seconda frase.)

2 Come si è visto negli esempi precedenti, *who* e *whom* si usano per le persone e *which* si usa per le cose. *Whom* è complemento, ma si usa solo nello stile formale.

*She's a person **who** can do anything.* (NON . . . ~~a person which~~ . . .)
È una persona che sa fare di tutto.

*It's a machine **which** can do anything.* (NON . . . ~~a machine who~~ . . .)
È una macchina che sa fare di tutto.

3 Spesso nelle frasi relative attributive si usa *that* invece di *which* (cfr. 294).

*I've got a book **that** might interest you.*
Ho un libro che potrebbe interessarti.

*Have you got a map **that** shows all the motorways?*
Hai una carta che indichi tutte le autostrade?

Nello stile informale, si usa *that* anche al posto di *who(m)*.

*There's the woman **that** works in the photographer's.*
Ecco la signora che lavora dal fotografo.

*Do you remember the boy **that** I was talking about?*
Ti ricordi il ragazzo di cui ti parlavo?

4 Spesso nelle frasi relative attributive si omette il pronome relativo, quando non è soggetto.

Do you remember the boy (that) I was talking about?
Ti ricordi il ragazzo di cui ti parlavo?

I've found the paper (that) you were looking for.
Ho trovato il documento che cercavi.

5 *When* e *where* si possono usare in modo simile ai pronomi relativi.

*Can you tell me **a time when** you'll be free?* (= . . . *a time at which* . . .)
Puoi dirmi un momento in cui sarai libero?

*I know **a place where** you can find wild strawberries.*
Conosco un posto dove si possono trovare le fragoline di bosco.

6 *What* non si deve mai usare al posto di *that* o *which*.

*Everything **that** happened was my fault.* (NON ~~Everything what happened~~ . . .)
Tutto quello che accadde fu per colpa mia.

*She got married again, **which** surprised everybody.*
(NON . . . ~~what surprised~~ . . .)
Si sposò un'altra volta, cosa che stupì tutti quanti.

▶ Per *whose*, cfr. 293.
Per *what* (= 'ciò che', 'il che'), cfr. 292.

292 i pronomi relativi (2): come tradurre 'ciò che', 'il che'

I pronomi relativi 'ciò che', 'il che' si possono rendere in inglese con:

1 *what*

Normalmente significa 'ciò che'.

*I gave her **what** she wanted.*
Le diedi ciò che voleva.

***What** I'd like most is a horse.*
Ciò che desidero di più è un cavallo.

2 *everything that, all that*

Significa 'tutto ciò che'.

*I gave her **all that** she wanted.* (NON . . . *all what she wanted*.)
Le diedi tutto ciò che voleva.

3 *which*

Significa 'ciò che', 'il che' e si usa in riferimento a un'intera frase che precede.

*Sally married George, **which** made Paul very unhappy.*
(NON . . . *what made Paul* . . .)
Sally sposò George, il che rese Paul alquanto infelice.

293 i pronomi relativi (3): *whose*

Whose è un pronome relativo che indica possesso e corrisponde all'italiano 'cui'. A differenza dell'italiano, però, *whose* non si usa mai insieme all'articolo.

*I saw a girl **whose** hair came down to her waist.* (NON . . . *the whose hair* . . .)
Ho visto una ragazza i cui capelli le arrivavano alla vita.

*This is Felicity, **whose** sister you met last week.*
Questa è Felicity, la cui sorella hai conosciuto la settimana scorsa.

*Our friends the Robbins, at **whose** farmhouse we spent the summer, are moving to Scotland.*
I nostri amici Robbins, nella cui fattoria abbiamo passato l'estate, si trasferiscono in Scozia.

▶ Per *whose* come pronome interrogativo, cfr. 280.3.

294 i pronomi relativi (3): frasi attributive e appositive

1. Alcune frasi relative servono a definire una persona o una cosa attribuendole una caratteristica particolare. Queste frasi si chiamano 'attributive'.

   *What's the name of the tall man **who just came in**?*
   Come si chiama quel signore alto che è appena entrato?
   (*who just came in* serve a definire l'uomo di cui si chiede il nome.)

   *Whose is the car **that's parked outside**?*
   Di chi è la macchina che è posteggiata fuori?
   (*that's parked outside* indica di quale macchina si tratta.)

   Altre frasi relative hanno, invece, la funzione di aggiungere (apporre) informazioni su persone o cose già identificate. Queste frasi si chiamano 'appositive'.

   *This is Ms Rogers, **whom you met last year**.*
   Questa è Ms Rogers, che hai conosciuto l'anno scorso.
   (*whom you met last year* non ci dice di quale donna si tratta: sappiamo già che si tratta di Ms Rogers.)

   *Have you seen my new car, **which I bought last week**?*
   Hai visto la mia macchina nuova, che ho comprato la settimana scorsa?
   (*which I bought* non definisce, ma aggiunge informazioni alla 'mia macchina nuova'.)

2. Le frasi relative appositive sono generalmente separate dal resto della frase per mezzo di una o due virgole. Le frasi relative attributive invece non sono delimitate da virgole. Confrontare:

   *The girl **who does my hair** has moved to another hairdresser's.*
   La ragazza che mi fa i capelli è andata a lavorare da un altro parrucchiere.

   *Dorothy, **who does my hair**, has moved to another hairdresser's.*
   Dorothy, (la ragazza) che mi fa i capelli, è andata a lavorare da un altro parrucchiere.

3. *That* si può usare soltanto nelle frasi relative attributive e, quando non è soggetto, si può omettere.
   Nelle frasi relative appositive invece non si può usare *that* e non si può omettere il pronome. Confrontare:

   *The whisky **(that)** you drank last night costs £25 a bottle.*
   Il whisky che hai bevuto ieri sera costa 25 sterline alla bottiglia.

   *I gave him a large glass of whisky, **which** he drank at once.*
   (NON . . . *whisky, that he drank* . . .) (NON . . . *whisky, he drank* . . .)
   Gli diedi un grosso bicchiere di whisky, che bevve immediatamente.

4. Di solito non si usa *whom* nelle frasi relative attributive. Confrontare:

   *The man **(that)** my daughter wants to marry has been divorced twice.*
   L'uomo che mia figlia vuole sposare è due volte divorziato.

   *Max Harrison, **whom** my daughter wants to marry, has been divorced twice.*
   Max Harrison, che mia figlia vuole sposare, è due volte divorziato.

5 Le frasi relative appositive si usano di solito nello stile formale. Nello stile informale si tende ad usare due frasi coordinate, come in italiano. (*I gave him a large glass of whisky and he drank it at once.*)

295 i pronomi riflessivi

I pronomi riflessivi sono:

SINGOLARE	PLURALE
myself	ourselves
yourself	yourselves
himself	themselves
herself	
itself	
oneself	

1 Si usano per parlare di azioni in cui il soggetto e l'oggetto sono la stessa persona e, insieme al verbo, corrispondono alla forma riflessiva italiana.

*I cut **myself** shaving this morning.* (NON *I cut me* . . .)
Mi sono tagliato facendomi la barba stamattina.

*We got out of the river and dried **ourselves**.* (NON . . . *dried us* . . .)
Uscimmo dal fiume e ci asciugammo.

to cut oneself   to dry oneself
tagliarsi   asciugarsi

Di solito non si usano i pronomi riflessivi con i verbi *wash*, *dress* e *shave*.

*Do you **shave** on Sundays?* (NON . . . *shave yourself* . . .)
Ti fai la barba la domenica?

Ecco altri esempi di verbi che sono riflessivi in italiano, ma non in inglese. Notare che, spesso, questi sono formati da *get* + aggettivo/avverbio.

to be ashamed	vergognarsi
to be worried	preoccuparsi
to catch a cold	raffreddarsi
to fall asleep	addormentarsi
to fall in love	innamorarsi
to get wet	bagnarsi
to get ill	ammalarsi
to get undressed	spogliarsi
to get dressed	vestirsi
to get up	alzarsi
to get angry	arrabbiarsi
to get lost	smarrirsi
to get drunk	ubriacarsi
to sit down	sedersi
to wake up	svegliarsi

2 I pronomi riflessivi si possono usare dopo le preposizioni, ma non sono necessari se non c'è ambiguità. Confrontare:

> *Why's she talking **to herself**?*
> Perché parla da sola?
>
> *She took her dog **with her**.* (NON ... ~~with herself~~ ...)
> Portò con sé il cane.

3 A volte si usano come pronomi enfatici alla fine della frase o subito dopo il nome a cui si riferiscono.

> *The manager spoke to me **himself**.*
> Mi ha parlato il direttore in persona.
>
> *The house **itself** is nice, but the garden's very small.*
> La casa in se stessa è bella, ma il giardino è molto piccolo.

4 I pronomi riflessivi possono anche significare 'per me', 'per sé', ecc.

> *She bought **herself** a new car.* (= *She bought a new car for herself.*)
> Si comprò una macchina nuova.
>
> *I made **myself** a sandwich.* (= *I made a sandwich for myself.*)
> Mi feci un panino.

5 *By* + pronome riflessivo significa 'da solo'.

a 'senza compagnia'

> *I often like to spend time **by myself**.*
> Spesso mi piace passare il tempo da solo.

b 'senza aiuto'

> *'Can I help you?' 'No, thanks. I can do it **by myself**.'*
> 'Vuoi che ti aiuti?' 'No, grazie. So farlo da solo.'

6 Attenzione a non confondere *-selves* e *each other* (cfr. 107). Confrontare:

> *They looked at **themselves** in the mirror.*
> Si guardarono nello specchio. (= Ognuno guardò se stesso.)
>
> *They looked at **each other** angrily.*
> Si guardarono con rabbia. (= Ognuno guardò l'altro.)

7 Quando il complemento oggetto è una parte del corpo o un indumento, si usa il possessivo e non il pronome riflessivo (cfr. 280.4).

> *He fell and hurt **his** head.* (NON ... ~~hurt himself the head.~~)
> Cadde e si ferì il capo.
>
> *She's washing **her** hands.*
> Si sta lavando le mani.

296 pronuncia: forme toniche e forme atone

1 Alcune parole inglesi hanno due pronunce: una 'forte' o tonica quando sono accentate e una 'debole' o atona quando non lo sono. (L'accento non si scrive, ma si fa sentire con la voce.) Confrontare:

*I got up **at*** /ət/ *six o'clock.*
Mi sono alzato alle sei.

*What are you looking **at**?* /ˈæt/
Che cosa guardi?

La maggior parte di queste parole sono preposizioni, pronomi, congiunzioni, articoli e verbi ausiliari. Di solito hanno la pronuncia atona o 'debole': la vocale non viene pronunciata o corrisponde al suono /ə/. La pronuncia 'forte' corrisponde invece al suono della vocale scritta. Confrontare:

*I **was** late.* /w(ə)z/
Ero in ritardo.

*It **was** raining.* /w(ə)z/
Pioveva.

*Yes, I ˈ**was**.* /wɒz/
Sì.

*I **must** go now.* /m(ə)s/
Adesso devo andare.

*I really ˈ**must** stop smoking.* /mʌst/
Devo veramente smettere di fumare.

*Where **have** you been?* /(ə)v/
Dove sei stato?

*You might **have** told me.* /(ə)v/
Avresti potuto dirmelo.

*What did you ˈ**have** for breakfast?* /hæv/
Che cosa hai mangiato per colazione?
(In questa frase *have* non è un ausiliare.)

Le forme contratte negative hanno sempre la pronuncia 'forte'.
can't /kɑːnt/   *mustn't* /ˈmʌsnt/   *wasn't* /ˈwɒznt/

2 Le parole di uso più frequente che hanno sia una pronuncia 'forte' che una 'debole' sono:

	Forma atona	Forma tonica
a	/ə/	/eɪ/ (poco usato)
am	/(ə)m/	/æm/
an	/ən/	/æn/ (poco usato)
and	/(ə)n(d)/	/ænd/
are	/ə(r)/	/ɑː(r)/
as	/əz/	/æz/
at	/ət/	/æt/
be	/bɪ/	/biː/
been	/bɪn/	/biːn/
but	/bət/	/bʌt/
can	/k(ə)n/	/kæn/

could	/kəd/	/kʊd/
do	/də/	/duː/
does	/dəz/	/dʌz/
for	/fə(r)/	/fɔː(r)/
from	/frəm/	/frɒm/
had	/(h)əd/	/hæd/
has	/(h)əz, z, s/	/hæz/
have	/(h)əv/	/hæv/
he	/(h)ɪ/	/hiː/
her	/(h)ə(r)/	/hɜː/
him	/ɪm/	/hɪm/
his	/ɪz/	/hɪz/
is	/z, s/	/ɪz/
must	/m(ə)s/	/mʌst/
not	/nt/	/nɒt/
of	/əv/	/ɒv/
our	/ɑː(r)/	/aʊə(r)/
Saint	/ʃ(ə)nt/	/seɪnt/
shall	/ʃ(ə)l/	/ʃæl/
she	/ʃɪ/	/ʃiː/
should	/ʃ(ə)d/	/ʃʊd/
sir	/sə(r)/	/sɜː(r)/
some	/s(ə)m/	/sʌm/
than	/ð(ə)n/	/ðæn/
that (cong.)	/ð(ə)t/	/ðæt/
the	/ðə, ðɪ/	/ðiː/
them	/ð(ə)m/	/ðem/
there	/ðə(r)/	/ðeə(r)/
to	/tə/	/tuː/
us	/əs/	/ʌs/
was	/w(ə)z/	/wɒz/
we	/wɪ/	/wiː/
were	/wə(r)/	/wɜː(r)/
who	/hʊ/	/huː/
would	/wəd, əd/	/wʊd/
will	/(ə)l/	/wɪl/
you	/jʊ/	/juː/
your	/jə(r)/	/jɔː(r)/

297 punteggiatura

I principali segni di interpunzione in inglese sono:
.   **full stop** (o **period**)
,   **comma**
;   **semi-colon**
:   **colon**
?   **question mark**
!   **exclamation mark**
—   **dash**
... **dots**
' ' **quotation marks** (o **inverted commas**)
( ) **brackets**
'   **apostrophe**

Molto spesso l'uso della punteggiatura in inglese è lo stesso che in italiano, ma ci sono alcune differenze.

1. Si usa la virgola (**comma**) quando ci sono più aggettivi che seguono un verbo, ma non sempre quando precedono un nome, a meno che si tratti di colori. Confrontare:

    a tall(,) dark(,) handsome cowboy
    The cowboy was tall, dark and handsome.
    a green, red and gold carpet

2. Nei numeri si usa la virgola invece del punto dopo le migliaia.

    3,164 = three thousand, one hundred and sixty-four

    Si usa il punto e non la virgola nei decimali.

    3.5 = three point five OPPURE *three and a half*
    (NON *3,5 three comma five*)

3. Il punto e virgola (**semi-colon**) in inglese si può usare fra due frasi grammaticalmente ma non concettualmente separate. In italiano l'uso è più libero e si può avere una virgola, un punto o un punto e virgola.

    Some people like Picasso; others dislike him.
    Alcuni amano Picasso, altri no.

    It is a good idea; whether it will work or not is another question.
    È una buona idea; se funzionerà o meno è un altro discorso.

4. In inglese si usa spesso il trattino (**dash**) nella lingua scritta informale, per esempio nelle lettere personali. Generalmente corrisponde in italiano:

    a una virgola, se precede un ripensamento o un'aggiunta

    We'll be arriving on Monday morning — at least I think so.
    Arriveremo lunedì mattina, almeno credo.

    a due virgole o due parentesi, quando c'è un doppio trattino

    My mother — who rarely gets angry — really lost her temper.
    Mia madre, che si arrabbia raramente, andò su tutte le furie.

    a due punti (:), quando introduce una spiegazione

    We had a great time in Greece — the kids really loved it.
    Ci siamo divertiti molto in Grecia: ai bambini è piaciuta moltissimo.

5. L'apostrofo (**apostrophe**) si usa in due casi:

    a. nelle forme contratte per indicare che sono state tolte una o più lettere. (Cfr. 92.)

        can't = *cannot*   **she's** = *she is*   **I'd** = *I would*

    b. nella forma possessiva (cfr. 277).

        the girl's father   *Charles's wife*   *three miles' walk*
        il padre della ragazza la moglie di Charles una camminata di tre miglia

    Non si usa l'apostrofo nei plurali o con gli aggettivi e pronomi possessivi.

    *blue **jeans*** (NON *blue jean's*)   *This is **yours**.* (NON *... your's.*)
                                            Questo è il tuo.

    *The dog wagged **its** tail.* (NON *... it's tail.*)
    Il cane scodinzolò.

298 quite

1. *Quite* ha due significati. Confrontare:

    It's **quite** good.   It's **quite** impossible.
    È abbastanza buono.   È assolutamente impossibile.

    Good è un aggettivo graduabile: le cose possono essere più o meno buone. *Impossible* non è graduabile: le cose non possono essere più o meno impossibili: o sono possibili o sono impossibili.
    Con aggettivi graduabili, *quite* significa 'piuttosto', 'abbastanza'. (Cfr. 123.)

    'How's your steak?' '**Quite** nice.'
    'Com'è la tua bistecca?' 'Abbastanza buona.'

    She's **quite** pretty. She'd look better if she dressed differently, though.
    È abbastanza carina. Comunque starebbe meglio se si vestisse in un altro modo.

    Con aggettivi non graduabili, *quite* significa 'assolutamente', 'proprio'.

    His French is **quite** perfect.   The bird was **quite** dead.
    Il suo francese è assolutamente perfetto.   L'uccello era proprio morto.

2. Di solito *quite* precede *a/an*.

    quite a nice day   **quite an** interesting film
    una giornata piuttosto bella   un film abbastanza interessante

3. Si può usare *quite* con i verbi.

    I **quite** like her.   Have you **quite** finished?
    Mi è abbastanza simpatica.   Allora, hai finito?

299 remember e remind

1. *Remember* significa 'ricordare', 'ricordarsi di' e non è seguito da alcuna preposizione.

    I still **remember** her mother.
    Ricordo ancora sua madre.

    Si usa remember + infinito per ricordare qualcosa che si deve fare.

    Remember to buy the bread.
    Ricordati di comprare il pane.

    Si usa remember + -ing per ricordare qualcosa che si è fatto.

    I don't **remember going** to that party.
    Non mi ricordo di essere andato a quella festa.

2. *Remind* significa 'ricordare' nel senso di 'far ricordare a qualcuno di fare qualcosa che potrebbe altrimenti dimenticare'. Si usa con l'infinito.

    remind + persona + infinito

    Please **remind me to post** these letters.
    (NON *Please remember me* . . .) (NON . . . *of to post* . . .)
    Per favore, ricordami di impostare queste lettere.

Si usa *remind . . . of* per dire che qualcosa ci fa ricordare qualcos'altro.

> *remind* + persona + *of* . . .

*The smell of hay always **reminds me of** our old house in the country.*
L'odore del fieno mi ricorda sempre la nostra vecchia casa in campagna.

*She **reminds me of** her mother.*
Lei mi ricorda sua madre.

300 le richieste

1 Per chiedere a qualcuno di fare qualcosa si usa generalmente una domanda che prevede come risposta 'sì' o 'no'. (In questo modo si lascia alla persona la possibilità di rispondere negativamente.)
Ecco alcune delle forme più comuni per fare una richiesta gentile:

> *Could you possibly help me for a few minutes?* (molto gentile)
> *I wonder if you could help me for a few minutes?* (molto gentile)
> Avrebbe qualche minuto per aiutarmi?
>
> *Could you help me for a few minutes?*
> *You couldn't help me for a few minutes, could you?*
> Potresti aiutarmi un momento?

2 Se si usano altre forme (come ad esempio gli imperativi), non si chiede agli altri di fare qualcosa, ma gli si dà un ordine. *Please* può attenuare un ordine, ma non lo trasforma in una richiesta.

> *Please help me for a few minutes.*
> Per favore, aiutami un momento.
>
> *Carry this for me please.*
> Portami questo, per favore.
>
> *You had better help me.*
> Faresti meglio ad aiutarmi.

(Questi sono tutti ordini e non si usano per chiedere cortesemente qualcosa.)
Per l'uso degli imperativi nei consigli, suggerimenti, ecc., cfr. 184.

3 Nei negozi, ristoranti, ecc., generalmente si dice:

> ***Can I*** *have one of those, please?*   ***Could I*** *have a red one?*
> Può darmi una di quelle, per favore?   Può darmene una rossa?
>
> ***I'd like*** *another glass of wine, please.*   ***I would prefer*** *a small one.*
> Vorrei un altro bicchiere di vino, per favore.   Ne preferirei uno piccolo.

Could è un po' più cortese di *can*.

4 Nelle richieste gentili non si usano frasi interrogative negative, ma spesso si usano delle frasi negative con le **question tags**.

> ***You couldn't*** *give me a light,* ***could you?*** (NON ~~Couldn't you give me a light?~~)
> Non mi faresti accendere?

▶ Per l'uso della forma interrogativa negativa, cfr. 140.
Per le **question tags**, cfr. 142.
Per altre regole dell'uso 'sociale' della lingua, cfr. 115.

301 le risposte brevi (short answers)

1. In inglese si può rispondere a una domanda che prevede come risposta 'sì' o 'no' ripetendo il soggetto e l'ausiliare della domanda.

    'Can he swim?' 'Yes, he can.' *'Did you win?' 'No, I didn't.'*
    'Sa nuotare?' 'Sì.' 'Hai vinto?' 'No.'

    Si possono usare i verbi *be* e *have* in questo tipo di risposte brevi.

    'Are you happy?' 'Yes, I am.' *'Have you a light?' 'Yes, I have.'*
    'Sei felice?' 'Sì.' 'Hai da accendere?' 'Sì.'

2. Si possono anche usare queste risposte brevi per replicare ad affermazioni, richieste e ordini.

    'You'll be on holiday soon.' 'Yes, I will.'
    'Sarai presto in vacanza.' 'Sì.'

    'Don't forget to telephone.' 'I won't.'
    'Non dimenticarti di telefonare.' 'No.'

    'You're late.' 'No, I'm not.'
    'Sei in ritardo.' 'No.'

3. Se nella frase precedente non c'è un ausiliare, nella replica si usano *do* e *did*.

    'She likes cakes.' 'Yes, she does.'
    'Le piacciono i dolci.' 'Sì.'

    'That surprised you.' 'It certainly did.'
    'Ciò vi sorprese.' 'Sì, certo.'

302 *road*, *street* e *way*

1. *Street* è una strada con le case sui due lati. Si usa per le strade di città, ma non per le altre.

    Cars can park on both sides of our street.
    Nella nostra via si possono posteggiare le macchine sui due lati.

2. *Road* si usa sia per le strade di città che per quelle di campagna.

    Cars can park on both sides of our road.

    There's a narrow winding road from our village to the next one.
    (NON *... a narrow winding street ...*)
    C'è una strada stretta e tortuosa che va dal nostro paese a quello dopo.

3. *Way* indica il cammino, la direzione.

    Could you tell me the way to the nearest bank?
    Potrebbe indicarmi la via per la banca più vicina?

    I'm afraid I've lost my way.
    Temo di aver perso la strada.

4. Pronunciando i nomi delle strade, l'accento cade su *road*, ma non su *street*.

    Marylebone 'Road 'Oxford Street

303 *the same*

Same è sempre preceduto dall'articolo *the*.

> *Give me **the same** again, please.*
> Ridammi lo stesso, per favore.

Quando *the same* è seguito da un nome o da un pronome, questi sono preceduti da *as*. Notare che dopo *as* si trova sempre un possessivo.

> *I want **the same shirt as** my friend's.* (NON *. . . of my friend.*)
> Voglio la stessa camicia del mio amico.

> *I want **the same shirt as** his.* (NON *. . . of his.*)
> Voglio la stessa camicia che ha lui.

> *Her hair's **the same colour as** her mother's.*
> Ha i capelli dello stesso colore di sua madre.

The same può anche essere seguito da una frase relativa con *that*.

> *That's **the same man that** asked me for money yesterday.*
> Quello è lo stesso uomo che ieri mi ha chiesto dei soldi.

304 *say* e *tell*

1 *Say* e *tell* significano entrambi 'dire', ma *tell* ha anche il significato di 'raccontare' e 'ordinare'. Di solito, dopo *tell* si indica la persona a cui si dice qualcosa: ci vuole un nome o un pronome personale complemento (*me, you, her*, ecc.).

> *tell* + persona

> *She **told me** that she would be late.* (NON *She told that she . . .*)
> Mi disse che sarebbe arrivata in ritardo.

> *I **told the children** to go away.*
> Dissi ai bambini di andar via.

Say si usa, di solito, senza la persona a cui si dice qualcosa.

> *She **said** that she would be late.* (NON *She said me . . .*)
> Disse che sarebbe arrivata in ritardo.

Se si vuole indicare la persona dopo *say*, si usa la preposizione *to*.

> *She said 'Go away' **to** the children.*
> Disse ai bambini: 'Andate via'.

2 Nel discorso diretto si usa, generalmente, *say* e non *tell*.

> *She **said** 'Go away'.* (NON *She told 'Go away'.*)
> Disse: 'Andate via'.

3 In certe espressioni idiomatiche si usa *tell* senza la persona. Le più comuni sono: *tell the truth* (= 'dire la verità'), *tell a lie* (= 'dire una bugia'), *tell the time* (= 'dire l'ora'), *tell a story* (= 'raccontare una storia').

> *I don't think she's **telling the truth**.* (NON *. . . saying the truth.*)
> Non penso che stia dicendo la verità.

> *He's seven years old and he still can't **tell the time**.*
> Ha sette anni e non sa ancora dire l'ora.

▶ Per altre costruzioni di *tell*, cfr. 189.3, 289.6, 356.

305 see

1. Quando *see* significa 'vedere', non si usa alla forma progressiva. Si usa, invece, spesso con *can* (cfr. 80).

    *I **can see** a rabbit over there.* (NON ~~I'm seeing~~ . . .)
    Vedo un coniglio laggiù.

2. *See* può anche significare 'capire' e non si usa alla forma progressiva.

    *'We've got a problem.' '**I see**.'* (NON ~~I'm seeing~~.)
    'Abbiamo un problema.' 'Capisco.'

3. Quando, invece, significa 'incontrare', 'avere un appuntamento con', *see* si può usare alla forma progressiva.

    ***I'm seeing** Miss Barnett at four o'clock.*
    Mi vedo con Miss Barnett alle quattro.

▶ Per altre costruzioni di *see*, cfr. 192.2, 193.6.
Per *let me see*, cfr. 307.9.
Per *see you*, cfr. 115.2.

306 seem

1. *Seem* è un verbo copulativo (cfr. 352) e può essere seguito da un aggettivo.

    $\boxed{\text{seem + aggettivo}}$

    *You **seem angry** about something.*
    Sembri arrabbiata per qualcosa.

2. Davanti a un nome si usa *seem to be*.

    $\boxed{\text{seem to be + nome}}$

    *I spoke to a man who **seemed to be the boss**.*
    Parlai con una persona che sembrava essere il capo.

3. Altre costruzioni: *seem* + infinito; *seem like*

    $\boxed{\text{seem + infinito}}$

    *Ann **seems to have** a new boyfriend.*
    Sembra che Ann abbia un nuovo ragazzo.

    $\boxed{\text{seem like}}$

    *North Wales **seems like** a good place for a holiday — let's go there.*
    (NON . . . ~~seems as a good place~~ . . .)
    Il Galles del Nord sembra un bel posto per una vacanza: andiamoci.

▶ Per 'sembrare' = *look*, cfr. 209.

307 segnali del discorso

I segnali del discorso sono delle parole ed espressioni che si usano per costruire un discorso. Possono servire a collegare ciò che si sta per dire a ciò che è stato detto prima, o ciò che ha detto un altro a ciò che diciamo noi; oppure possono indicare il nostro atteggiamento rispetto a ciò che stiamo dicendo o il perché lo stiamo dicendo.

Ecco un elenco di segnali del discorso di uso frequente:

1 *by the way*

Si usa per introdurre un nuovo argomento di conversazione.

'Nice day.' 'Yes, isn't it? ***By the way****, have you heard from Peter?'*
'Bella giornata.' 'Sì, vero? A proposito, hai avuto notizie di Peter?'

2 *talking about* . . .

Si usa per collegare un argomento all'altro nella conversazione.

'I played tennis with Mary yesterday.' 'Oh yes, ***talking about*** *Mary, do you know she's going to get married?'*
'Ieri ho giocato a tennis con Mary.' 'Ah, sì? A proposito di Mary, lo sai che sta per sposarsi?'

3 *firstly*, *secondly*, *thirdly*; *first of all*; *to start with*

Si usano per indicare la struttura del discorso.

Firstly*, we need somewhere to live.* ***Secondly****, we need to find work. And* ***thirdly****, . .*
Primo, abbiamo bisogno di un'abitazione. Secondo, dobbiamo trovare un lavoro. Terzo, . . .

'What are you going to do?' 'Well, ***to start with*** *I'm going to buy a newspaper.'*
'Che cosa intendi fare?' 'Tanto per cominciare mi compro un giornale.'

4 *all the same*, *yet*, *still*, *on the other hand*, *however*

Indicano un contrasto con ciò che è stato detto prima.

*'She's not working very well.' '****All the same****, she's trying hard.'*
'Il suo lavoro non va tanto bene.' 'Comunque ce la mette tutta.'

He says he's a socialist, and ***yet*** *he's got two houses and a Rolls Royce.*
Dice di essere socialista, eppure possiede due case e una Rolls Royce.

It's not much of a flat. ***Still****, it's home.*
Non è un gran appartamento. Ma è la mia casa.

'Shall we go by car or train?' 'Well, it's quicker by train. ***On the other hand****, it's cheaper by car.'*
'Andiamo in macchina o in treno?' 'Beh, col treno è più veloce. D'altro canto, la macchina costa meno.'

Jane fell down the stairs yesterday. ***However****, she didn't really hurt herself.*
Ieri Jane è caduta dalle scale. Però non si è fatta niente di grave.

5 *anyway*, *anyhow*, *at any rate*

Possono significare: 'ciò che è stato detto prima non è molto importante, quello che conta è che . . .'

> *I'm not sure what time I'll arrive: maybe half past seven or a quarter to eight.* **Anyway**, *I'll be there before eight.*
> Non so con certezza a che ora arriverò: forse alle sette e mezza o alle otto meno un quarto. In ogni caso, ci sarò prima delle otto.
>
> *What a terrible experience!* **Anyhow**, *you're all right — that's the main thing.*
> Che esperienza terribile! Comunque tu stai bene e questa è la cosa più importante.

6 *mind you*

Si usa per introdurre un'eccezione a ciò che è stato detto prima.

> *I don't like the job at all, really.* **Mind you**, *the money's good.*
> In realtà il lavoro non mi piace affatto. Certo però, si guadagna bene.

7 *I mean*

Si usa per chiarire le cose o dare maggiori particolari.

> *It was a terrible evening.* **I mean**, *they all sat round and talked politics for hours.*
> È stata una serata tremenda. Cioè, se ne sono stati seduti a parlare di politica per delle ore.

8 *kind of, sort of*

Si usano per indicare che si parla con approssimazione.

> *I* **sort of** *think we ought to start going home, perhaps, really.*
> Direi che, forse, dovremmo cominciare ad avviarci verso casa.

9 *well, let me see*

Servono a lasciare il tempo di pensare a chi parla.

> '*How much are you selling it for?*' '**Well, let me see** . . .'
> 'A quanto lo vendi?' 'Beh, vediamo . . .'

10 *well*

Si usa per attenuare l'accordo o il disaccordo su qualcosa.

> '*Do you like it?*' '**Well**, *yes, it's all right.*'
> 'Ti piace?' ' Beh, sì, va bene.'
>
> '*Can I borrow your car?*' '**Well**, *no, I'm afraid you can't.*'
> 'Posso prendere la tua macchina?' 'Beh, no, mi dispiace ma non puoi.'

11 *I suppose*

Si usa per chiedere qualcosa garbatamente, in modo indiretto.

> *I* **suppose** *you're not free this evening?*
> Immagino che tu non sia libera stasera, vero?

Si usa anche per indicare che si accetta qualcosa di malavoglia.

> '*Can you help me?*' '**I suppose** *so.*'
> 'Puoi aiutarmi?' 'Direi di sì.'

12 *I'm afraid*

Si usa per esprimere rincrescimento nel dare una risposta negativa. (Cfr. 5.2.)

*'Do you speak German?' '**I'm afraid** I can't.'*
'Parli tedesco?' 'No, mi dispiace.'

13 *actual(ly)*

Si usa spesso per correggere errori e incomprensioni o quando si dice qualcosa di inaspettato. Notare che *actual(ly)* non corrisponde in italiano a 'attuale/attualmente' (cfr. 124).

*The book says he was 47 when he died, but his **actual** age was 43.*
Il libro dice che aveva 47 anni quando è morto, ma in realtà ne aveva 43.

*'Hello John. Nice to see you again.' '**Actually**, my name's Andy.'*
'Ciao John. Sono contento di rivederti.' 'Veramente mi chiamo Andy.'

*'Do you like opera?' 'Yes, I do.' '**Actually**, I've got two tickets . . .'*
'Ti piace l'opera?' 'Sì.' 'A dire il vero, io avrei due biglietti . . .'

*She was so angry that she **actually** tore up the letter.*
Era così arrabbiata che ha realmente fatto a pezzi la lettera.

La maggior parte di queste espressioni ha più di un significato. Per maggiori particolari, consultare un buon vocabulario.

▶ Per *after all*, cfr. 8.

308 come tradurre 'sentire'

Il verbo 'sentire' si può rendere in inglese con:

1 *hear*

Si usa quando si riferisce all'udito.

*I **heard** a funny noise in the next room.*
Sentii uno strano rumore nella stanza accanto.

2 *smell*

Si usa quando si riferisce all'olfatto.

*Can you **smell** the jasmine on the balcony?*
Senti l'odore del gelsomino sul balcone?

3 *feel*

Si usa quando si riferisce al tatto, alle sensazioni e ai sentimenti.

*Just **feel** how soft it is!*
Senti com'è morbido!

*I suddenly **felt** very tired.*
Sentii improvvisamente una grande stanchezza.

*We **feel** pity for them, but we can't help them.*
Proviamo pietà per loro, ma non possiamo aiutarli.

309 *shall*

1 *Shall* è un ausiliare modale (cfr. 354). Si può usare *shall* al posto di *will* con i pronomi *I* e *we*.

> *I'm catching the 10.30 train. What time **shall I be** in London?*
> (OPPURE *. . . will I be in London?*)
> Prendo il treno delle 10,30. A che ora sarò a Londra?

Le forme contratte sono *I'll*, *we'll* e *shan't* (cfr. 92).

> *I'll see you tomorrow.*   *I **shan't** be late.*
> Ci vediamo domani.   Non farò tardi.

2 Quando si fanno offerte o proposte e quando si chiede che cosa si deve fare, si può usare *shall I/we . . ?*, ma non *will I/we . . ?*

> ***Shall I** carry your bag?*   ***Shall we** go out for lunch?*
> Vuoi che ti porti la borsa?   Usciamo per pranzo?
>
> *What **shall we** do?*
> Che cosa facciamo?

310 *should* (1): regole generali

1 forme

Should è un verbo ausiliare modale (cfr. 354). Non ha la *-s* alla terza persona singolare.

> *He **should** be here soon.* (NON *He shoulds . . .*)
> Dovrebbe essere qui fra poco.

Non si usa *do* nelle frasi interrogative e negative.

> ***Should** we tell Judy?* (NON *Do we should . . ?*)
> Dovremmo dirlo a Judy?

Should è seguito dall'infinito senza *to*.

> ***Should** I go?* (NON *Should I to go?*)
> Dovrei andare?

2 obblighi (= 'dovrei', 'dovresti', ecc.)

Spesso si usa *should* per parlare di doveri e obblighi morali.

> *People **should** drive more carefully.*
> La gente dovrebbe guidare più attentamente.
>
> *You **shouldn't** say things like that to Granny.*
> Non dovresti dire cose di questo genere alla nonna.

Si usa *should I . . ?* per chiedere un consiglio, offrire un aiuto o chiedere che cosa si deve fare (come *shall I . . ?*, cfr. 309).

> ***Should** I go and see the police, do you think?*
> Pensi che dovrei andare alla polizia?
>
> ***Should** I help you with the washing up?*
> Vuoi che ti aiuti a lavare i piatti?
>
> *What **should** I do?*
> Che cosa dovrei fare?

3 **deduzione** (= 'dovrei', 'dovresti', ecc.)

Si può usare *should* per dire che qualcosa è possibile o probabile (perché è logico o normale).

*Henry **should** be here soon — he left home at six.*
Henry dovrebbe essere qui tra poco: è uscito di casa alle sei.

*'We're spending the winter in Miami.' 'That **should** be nice.'*
'Passeremo l'inverno a Miami.' 'Dovrebbe essere bello.'

4 **should have** . . . (= 'avrei dovuto', ecc.)

Per parlare del passato con riferimento a cose che non sono accadute o che non si sa se siano accadute o no, si può usare

> *should* + *have* + participio passato

*I **should have phoned** Ed this morning, but I forgot.*
Avrei dovuto telefonare a Ed questa mattina, ma mi sono dimenticato.

*Ten o'clock: she **should have arrived** in her office by now.*
Le dieci: ormai dovrebbe essere arrivata in ufficio.

5 **condizionale** (= 'sarei', 'avrei', ecc.)

Si usa *should* (come *would*) con *I* e *we* per formare il condizionale (cfr. 90).

*I **should/would** be very happy if I had nothing to do.*
Sarei molto felice se non avessi niente da fare.

▶ Per *should* dopo *in case*, cfr. 186.
Per *should* con valore di congiuntivo, cfr. 90.
Per *should* e *would*, cfr. 312.

311 *should* (2): *should, ought* e *must*

1 *Should* e *ought* sono molto simili. Si usano entrambi per parlare di doveri e obblighi morali, per dare consigli e per dire che cosa si dovrebbe fare secondo noi.

*You **ought to/should** see 'Daughter of the Moon' — it's a great film.*
Dovresti andare a vedere 'Daughter of the Moon': è un gran bel film.

2 *Must* è più forte di *should* e *ought*. Per esempio, con *should* e *ought* si può dare un consiglio e con *must* si può dare un ordine. Notare che, spesso, *should* e *ought* corrispondono a 'dovrei, dovresti', ecc., mentre *must* corrisponde a 'devo, devi, ecc.'. Confrontare:

*You **ought to** give up smoking.*
Dovresti smettere di fumare. (È una buona idea.)

*The doctor said I **must** give up smoking.*
Il dottore ha detto che devo smettere di fumare. (Me l'ha ordinato.)

Si possono usare *should* e *ought* per dire che qualcosa è probabile; si può usare *must* per dire che qualcosa è sicuro. Confrontare:

> *Henry **ought to** be at home now.*
> Henry dovrebbe essere a casa ora. (C'è una buona ragione per pensare che sia a casa.)
>
> *Henry **must** be at home now.*
> Henry dev'essere a casa ora. (Sono sicuro che è a casa.)

312 *should* (3): *should* e *would*

Ci sono in realtà tre verbi diversi.

1 *should*

Questo verbo (*I should/you should/he should*, ecc.) si usa per parlare di obblighi e per dare consigli, ma viene impiegato anche in altri modi. Per maggiori particolari, cfr. 310.

2 *would*

Questo verbo (*I would/you would/he would*, ecc) si può usare per parlare di abitudini del passato e per fare delle richieste gentili. Per maggiori particolari, cfr. 370.

3 *should/would*

Questo verbo serve a formare il condizionale e ha le seguenti forme:

> *I should/would*
> *you would*
> *he/she/it would*
> *we should/would*
> *they would*

Il condizionale si usa nelle frasi con *if* e anche in altre costruzioni. Per maggiori particolari, cfr. 90.

313 *should* (4): dopo *why* e *how*

1 Per mostrare che non si capisce il motivo di qualcosa, si può fare una domanda che cominci con *Why should . . ?*

> ***Why should** it get colder when you go up a mountain? You're getting nearer the sun.*
> Perché dovrebbe fare più freddo quando si sale su una montagna? Ci si avvicina di più al sole.

2 *Why should I?* e *How should I know?* indicano che si è arrabbiati.

> *'Give me a cigarette.' '**Why should I?**'*
> 'Dammi una sigaretta.' 'Perché dovrei (farlo)?'
>
> *'What's Susan's phone number?' '**How should I know?**'*
> 'Qual è il numero di telefono di Susan?' 'Come faccio a saperlo?'

314 *should* (5): *(If I were you,) I should . . .*

Spesso si danno dei consigli usando l'espressione *If I were you . . .* (= 'Se fossi in te . . .').

> *If I were you, I should get that car serviced.*
> Se fossi in te, porterei a controllare quella macchina.
>
> *I shouldn't worry if I were you.*
> Se fossi in te, non mi preoccuperei.

If I were you . . . si può anche sottintendere.

> *I should get that car serviced.*
> Io porterei a controllare quella macchina.
>
> *I shouldn't worry.*
> Io non mi preoccuperei.

In frasi come queste, *I should* ha un significato simile a *you should*.

315 come tradurre 'si'

Il 'si' italiano si può rendere in inglese con:

1 *one, you*

One e *you* sono soggetti impersonali. *One* è più formale. (Cfr. 239.)

> *One/you can't make an omelette without breaking eggs.*
> Non si può fare una frittata senza rompere le uova.

2 **la forma passiva** (Cfr. 268.)

> *English is spoken in this shop.*
> In questo negozio si parla inglese.

3 *himself, herself, themselves*

Talvolta, 'si' corrisponde a un pronome riflessivo di terza persona singolare o plurale. (Cfr. 295.)

> *He cut himself with a knife.*
> Si tagliò con un coltello.
>
> *They've bought themselves a new car.*
> Si sono comprati una macchina nuova.

4 **niente**

Se il verbo inglese non è riflessivo, 'si' non si traduce.

> *She complained to the manager about the food.*   *He put on a coat.*
> Si lamentò del cibo col direttore.   Si mise un cappotto.

5 *each other, one another*

Si usano quando 'si' indica un rapporto di reciprocità. (Cfr. 107.)

> *The two boys see each other every morning.*
> I due ragazzi si vedono ogni mattina.

316 *since* (congiunzione temporale): tempi verbali

Since può essere una congiunzione temporale. Nella frase introdotta da *since*, si possono avere il **present perfect** o il **simple past** a seconda del significato. Confrontare:

> I've known her **since we were** at school together.
> La conosco da quando eravamo a scuola insieme. (Non vado più a scuola.)
> I've known her **since I've lived** in this street.
> La conosco da quando abito in questa via. (Abito ancora qui.)

Notare che il tempo nella frase principale è, di solito, il **present perfect** (cfr. 263.6, 264.3).

> **I've known** her since . . . (NON *I know her since* . . .)

▶ Per *since* e *for*, cfr. 135.

317 singolare e plurale(1): nomi singolari terminanti in *-s*

Alcuni nomi che terminano in *-s* sono singolari; alcuni esempi sono:

a nomi di giochi come *billiards* (= 'biliardo') e *draughts* (= 'dama')

> *Draughts **is** an easier game than chess.*
> La dama è un gioco più facile degli scacchi.

b nomi di malattie come *measles* (= 'morbillo') e *rabies* (= 'rabbia')

> *Rabies **is** widespread in Europe. We hope we can keep it out of Britain.*
> La rabbia è diffusa in Europa. Speriamo di riuscire a tenerla fuori dalla Gran Bretagna.

c nomi di discipline come *politics* (= 'politica'), *athletics* (= 'atletica'), *mathematics* (= 'matematica'), *economics* (= 'economia'), *phonetics* (= 'fonetica'), ecc.

> *The mathematics that I did at school **has** not been very useful to me.*
> La matematica che ho fatto a scuola non mi è stata molto utile.

d la parola *news*

> *Ten o'clock. Here **is** the news.*
> Ore dieci. Ecco le notizie.

318 singolare e plurale (2): nomi singolari col verbo plurale

1 Nomi come *class, family, group, team, government,* che si riferiscono a gruppi di persone, hanno spesso il verbo al plurale.

> ***My family have*** *decided to move to Nottingham.*
> La mia famiglia ha deciso di trasferirsi a Nottingham.

Con questi nomi si usano anche i pronomi plurali e il pronome relativo *who* (non *which*).

My family are wonderful. They do all they can for me.
La mia famiglia è meravigliosa. Fa/Fanno tutto il possibile per me.

'How are the team?' 'They are very confident.' 'Not surprising. They're the only team who have ever won all their matches right through the season.'
'Come va la squadra?' 'È molto fiduciosa.' 'Non c'è da stupirsi. È l'unica squadra che abbia mai vinto tutte le partite del campionato.'

2 Quando il gruppo è visto come un'unità impersonale (per esempio in statistica), si usano pronomi e verbi singolari e il pronome relativo *which*.

The average family, which has four members, is smaller than it used to be.
La famiglia media, che ha quattro membri, è più piccola di una volta.

The team is at the bottom of the third division.
La squadra è in fondo alla classifica della terza divisione.

3 *A number of* e *a group of* si usano con nomi, pronomi e verbi plurali.

A number of my friends feel that they are not properly paid for the work they do. (NON *A number of my friends feels . . .*)
Perecchi miei amici pensano di non essere pagati abbastanza per il lavoro che fanno.

▶ Per il singolare e plurale con *a lot of*, cfr. 218.2.

319 singolare e plurale (3): espressioni plurali con verbi singolari

1 Di solito, quando si parla di una quantità, i verbi, i pronomi e i determinanti sono al singolare anche se il nome è plurale.

Where's that five pounds I lent you? (NON *Where are those five pounds . . ?*)
Dove sono quelle cinque sterline che ti ho prestato?

Twenty miles is a long way to walk.
Venti miglia sono un bel pezzo di strada da fare a piedi.

'How much petrol have we got left?' 'About five litres.' 'That isn't enough. We'll have to get some more.'
'Quanta benzina c'è rimasta?' 'Circa cinque litri.' 'Non basta. Dovremo prenderne ancora.'

Per espressioni come *another six weeks*, cfr. 32.3.

2 L'espressione *more than one* si usa con un nome e un verbo singolare.

More than one person has complained.
Più d'una persona ha reclamato.

3 Espressioni come *one of my . . .* sono seguiti da un nome plurale e un verbo singolare.

One of my friends is going to Honolulu.
Uno dei miei amici va a Honolulu.

4 Alcune espressioni con *and* hanno il verbo singolare. Questo avviene quando si pensa ai due nomi come una cosa sola.

> **Fish and chips is** *getting very expensive.* (NON *Fish and chips are* . . .)
> 'Fish and chips' sta diventando molto caro.
>
> *'War and Peace'* **is** *the longest book I've ever read.*
> 'Guerra e pace' è il libro più lungo che abbia mai letto.

320 singolare e plurale (4): *anybody*, ecc.

Anybody, anyone, somebody, someone, nobody, no-one, everybody e *everyone* si usano col verbo al singolare.

> **Is** *everybody ready?* (NON *Are everybody ready?*)
> Sono tutti pronti?

Tuttavia, si usano spesso *they, them, their* in riferimento a queste parole, specialmente nello stile informale.

> *If anybody calls, tell* **them** *I'm out, but take* **their** *name and address.*
> Se chiama qualcuno, digli che sono fuori, ma prendi il nome e l'indirizzo.
>
> *Somebody left* **their** *umbrella behind yesterday. Would* **they** *please collect it from the office?*
> Qualcuno ieri ha dimenticato l'ombrello. È pregato di ritirarlo in ufficio.
>
> *Everybody thinks* **they're** *different from everybody else.*
> Ognuno pensa di essere diverso da tutti gli altri.

Nello stile più formale, generalmente si usano *he or she, him or her, his or hers.*

> *When somebody does not want to live,* **he or she** *can be very difficult to help.*
> Quando qualcuno non vuole vivere, può essere molto difficile aiutarlo.

321 *small* e *little*

Small si usa soltanto per indicare la dimensione. È l'opposto di *big* e *large* (cfr. 66).

> *Could I have a* **small** *sandwich, please?*
> Mi può dare un panino piccolo, per favore?
>
> *You're too* **small** *to be a policeman.*
> Sei troppo piccolo per fare il poliziotto.

L'aggettivo *little* aggiunge alla dimensione una connotazione emotiva; indica un sentimento personale di chi parla, che può essere di simpatia o di antipatia, di affetto o di ironia, come negli esempi:

> *Poor* **little** *thing — come here and let me look after you.*
> Poverino, vieni qui e lascia che mi occupi di te.
>
> *'What's he like?' 'Oh, he's a funny* **little** *man.'*
> 'Com'è?' 'Oh, è un buffo ometto.'
>
> *What's that nasty* **little** *boy doing in our garden?*
> Cosa sta facendo quell'orribile ragazzino nel nostro giardino?

Little + aggettivo corrisponde, spesso, a un diminutivo o vezzeggiativo in italiano.

> *They've bought a **pretty little house** in the country.*
> Hanno comprato una graziosa casetta in campagna.

Di solito *little* non si usa dopo un verbo (cfr. 12).

▶ Per i determinanti *little* e *few*, cfr. 130.

322 smell

Ci sono tre modi di usare *smell*.

1 Come verbo copulativo (cfr. 352), per dire che tipo di odore ha qualcosa (o qualcuno). Non si usa alla forma progressiva.

> soggetto + *smell* + aggettivo
>
> *That **smells** funny. What's in it?* (NON *That's smelling funny* . . .)
> Ha un odore strano. Cosa c'è dentro?
>
> *Those roses **smell** beautiful.* (NON . . . *beautifully*.)
> Quelle rose hanno un buon profumo.

> soggetto + *smell of* + nome
>
> *The railway carriage **smelt of** beer and dirty socks.*
> Il vagone ferroviario puzzava di birra e di calzini sporchi.

2 Con un soggetto personale, col significato di 'sentire odore di'. Non si usa alla forma progressiva. Spesso si usa *can smell* (cfr. 80).

> ***Can** you **smell** burning?*   *I **can smell** food.*
> Senti odore di bruciato?   Sento odore di roba da mangiare.

3 Col significato di 'annusare'. In questo caso, si può usare alla forma progressiva.

> *'What are you doing?' 'I'**m smelling** the sauce to see if there is any garlic in it.'*
> 'Cosa stai facendo?' 'Sto annusando la salsa per vedere se c'è dentro dell'aglio.'

323 so e not con hope, believe, ecc.

1 Si usa *so* dopo alcuni verbi invece di ripetere una frase con *that*.

> *'Do you think we'll have good weather?' 'I hope **so**.'* (= *I hope that we'll have good weather.*)
> 'Pensi che avremo bel tempo?' 'Lo spero.'

Le espressioni più comuni sono *be afraid so, believe so, expect so, guess so, hope so, imagine so, reckon so, suppose so, think so*.

> *'Is that Alex?' '**I think so**.'*
> 'È Alex?' 'Penso di sì.'
>
> *'Did you lose?' '**I'm afraid so**.'*
> 'Hai perso?' 'Sì, purtroppo.'

2 Le espressioni negative si formano in due modi:

a soggetto + verbo + *not*

'Will it rain?' '*I hope not.*'
'Pioverà?' 'Spero di no.'

'You won't be here tomorrow, will you?' '*I suppose not.*'
'Domani non sarai qui, vero?' 'Penso di no.'

'Did you win?' '*I'm afraid not.*'
'Hai vinto?' 'Purtroppo no.'

b soggetto + *do not* + verbo + *so*

'You won't be here tomorrow.' '*I don't suppose so.*'
'Domani non sarai qui.' 'Penso di no.'

'Is he ready?' '*I don't think so.*'
'È pronto?' 'Penso di no.'

'Will it rain?' '*I don't expect so.*'
'Pioverà?' 'Penso di no.'

Hope e *afraid* si usano sempre nella costruzione (a). (Non si dice *I don't hope so* o *I'm not afraid so*.)
Di solito si usa *think* nella costruzione (b). (Non si dice spesso *I think not*.)

324 *so am I, so do I*, ecc.

Si usa *so* col significato di 'anche' in una costruzione particolare:

so + verbo ausiliare + soggetto

'*I'm* tired.' '*So am I.*'
'Sono stanco.' 'Anch'io.'

Louise **can** *dance beautifully, and* **so can** *her sister.*
Louise balla benissimo e anche sua sorella.

'*I've* lost the address.' '*So have I.*'
'Ho perso l'indirizzo.' 'Anch'io.'

In questa costruzione si possono usare i verbi *be* e *have,* anche quando non sono ausiliari.

I **was** *tired and* **so were** *the others.*
Io ero stanco e anche gli altri.

'*I* **have** *a headache.*' '*So have I.*'
'Ho mal di testa.' 'Anch'io.'

Dopo una frase senza ausiliare, si usa *do/did*.

'*I* **like** *whisky.*' '*So do I.*'
'Mi piace il whisky.' 'Anche a me.'

▶ Per le costruzioni negative *neither/nor am I*, ecc., cfr. 226.

325 come tradurre 'solo'

1 L'aggettivo 'solo' si può rendere in inglese con:

a **alone, lonely**
Significano 'senza compagnia'.

> *I like to be **alone** in the house during the day.*
> Mi piace stare a casa da solo durante il giorno.

> *They feel quite **lonely** when I'm away.*
> Si sentono molto soli quando io sono via.

Notare che *lonely* ha una connotazione di tristezza e solitudine.

b **only**
Significa 'unico'.

> *The **only** time I came to see her, she was out.*
> La sola volta che sono venuto a trovarla, lei era fuori.

c **mere**
Significa 'solo', 'nient'altro che'.

> *The **mere** thought of it makes him shake with fear.*
> Il solo pensiero lo fa tremare di paura.

2 L'avverbio 'solo' si può rendere con:

a **only**, **just**
Significano 'solo', 'soltanto'.

> *He **only** laughs at his own jokes.*
> Ride solo per le proprie battute.

> *I bought it **just** to please you.*
> L'ho comprato solo per farti piacere.

b Notare l'espressione *by oneself* = 'da solo'

> *I did it **(by) myself**.*
> L'ho fatto da solo.

326 *some* e *any*

1 *Some* e *any* sono dei determinanti (cfr. 97). Si usano prima dei nomi non numerabili o plurali. Davanti a un altro determinante o a un pronome, si usano *some of* e *any of*. Confrontare:

> *Would you like **some** ice-cream?*
> Vuoi un po' di gelato?

> *Would you like **some of this** ice-cream?*
> Vuoi un po' di questo gelato?

> *I can't find **any** cigarettes.*
> Non trovo delle sigarette.

> *I can't find **any of my** cigarettes.*
> Non trovo nessuna delle mie sigarette.

2 *Some* e *any* hanno significato analogo all'articolo indeterminativo *a/an* che si usa con i nomi singolari numerabili (cfr. 39), perché si riferiscono a un numero o a una quantità indeterminata. Confrontare:

> *Have you got **an** aspirin?* (nome numerabile singolare)
> Hai un'aspirina?

> *Have you got **any** aspirins?* (nome numerabile plurale)
> Hai delle aspirine?

> *I need **some** medicine.* (nome non numerabile)
> Ho bisogno di qualche medicina.

3 Di solito si usa *some* nelle frasi affermative e *any* nelle interrogative e negative. Confrontare:

> *I want **some** razor-blades.*
> Ho bisogno delle lamette da barba.

> *Have you got **any** razor-blades?*
> Hai delle lamette da barba?

> *Sorry, I have**n't** got **any** razor-blades.*
> Spiacente, non ho lamette da barba.

Si usa *some* nelle domande se ci si aspetta o si vuole che gli altri rispondano 'sì', per esempio nelle offerte e nelle richieste. Confrontare:

> *Would you like **some** more beer?*
> Vuoi ancora della birra?

> *Could I have **some** brown rice, please?*
> Potrei avere del riso integrale, per favore?

> *Have you got **some** glasses that you could lend me?*
> Hai dei bicchieri da prestarmi?

Si usa *any* dopo le parole che hanno un significato negativo, per esempio *never, hardly, without*. Spesso si usa *any* dopo *if*.

> *You **never** give me **any** help.*
> Non mi dai mai nessun aiuto.

> *We got there **without any** trouble.*
> Arrivammo senza alcun problema.

> *There's **hardly any** tea left.*
> Non c'è quasi più tè.

> ***If** you want **some/any** help, let me know.*
> Se vuoi aiuto, fammelo sapere.

4 Di solito, quando precede un nome, *some* si pronuncia come forma atona /səm/ (cfr. 296).

▶ Per altri usi di *any*, cfr. 33–4.
Per altri usi di *some*, cfr. 328.
Per *somebody* e *anybody*, *something* e *anything*, ecc., cfr. 329.
Per la differenza tra *some/any* . . . e i nomi senza articolo, cfr. 327.
Per *not . . . any, no* e *none*, cfr. 229, 231.

327 *some/any*: uso ed omissione

1. Si usano *some* e *any* quando ci si riferisce a numeri relativamente bassi e a quantità relativamente piccole; si usa soltanto il nome (senza articolo) quando si parla in generale. Confrontare:

    *Have you got **any** animals?* (NON *Have you got animals?*)
    Hai degli animali? (= qualche animale)

    Do you like animals?
    Ti piacciono gli animali? (= tutti gli animali)

2. *Some* e *any* si riferiscono a una quantità o a un numero che sono incerti, indeterminati o sconosciuti. Confrontare:

    *You've got **some** great CDs.*
    Hai dei bellissimi CD.

    You've got beautiful fingers. (NON *You've got some beautiful fingers.*)
    Hai delle belle dita. (Il numero delle dita è certo!)

    *Would you like **some** more beer?*
    Vuoi ancora della birra? (una quantità indeterminata)

    We need beer, sugar, eggs, butter, rice and toilet paper.
    Abbiamo bisogno di birra, zucchero, uova, burro, riso e carta igienica. (la solita quantità)

328 *some*: usi particolari

1. Si può usare *some* (con la pronuncia tonica /sʌm/) in contrasto con *others, all, enough*.

    ***Some** people like the sea; **others** prefer the mountains.*
    Ad alcuni piace il mare; altri preferiscono la montagna.

    ***Some** of us were late, but we were **all** there by ten o'clock.*
    Alcuni di noi erano in ritardo, ma per le dieci c'eravamo tutti.

    *I've got **some** money, but not **enough**.*
    Ho un po' di denaro, ma non abbastanza.

2. Si può usare *some* con i nomi singolari numerabili per parlare di una persona o di una cosa sconosciuta.

    *There must be **some** job I could do.*
    Ci deve essere qualche lavoro che io possa fare.

    *She's living in **some** village in Yorkshire.*
    Abita in un villaggio dello Yorkshire.

    Si può usare questa struttura per esprimere disinteresse o scarso apprezzamento per qualcuno o qualcosa.

    *Mary's gone to Australia to marry **some sheep farmer** or other.*
    Mary è andata in Australia per sposare un allevatore di pecore o qualcosa del genere.

    *I don't want to spend my life doing **some boring little office job**.*
    Non voglio passare la vita a fare qualche noioso lavoretto d'ufficio.

329 *somebody* e *anybody*, *something* e *anything*, ecc.

La differenza tra *somebody* e *anybody* (= 'qualcuno'), *someone* e *anyone* (= 'qualcuno'), *somewhere* e *anywhere* (= 'in qualche posto'), *something* e *anything* (= 'qualcosa') è la stessa che esiste tra *some* e *any* (cfr. 326). Generalmente si usano le forme con *some-* nelle frasi affermative e quelle con *any-* nelle interrogative e negative.

> *There's **someone** at the door.*
> C'è qualcuno (alla porta).
>
> *Did **anyone** telephone?*
> Ha telefonato qualcuno?
>
> *I don't think **anybody** telephoned.*
> Non penso che abbia telefonato nessuno.
>
> *Let's go **somewhere** nice for dinner.*
> Andiamo a cena in qualche bel posto.
>
> *Do you know **anywhere** nice?*
> Conosci qualche bel posto?
>
> *I don't want to go **anywhere** too expensive.*
> Non voglio andare in un posto troppo caro.

Somebody, something, anybody e *anything* sono forme singolari. Confrontare:

> ***There is somebody** waiting to see you.*
> C'è qualcuno che ti aspetta.
>
> ***There are some people** waiting to see you.*
> Ci sono delle persone che ti aspettano.

▶ Per l'uso di *they* riferito a *anybody*, cfr. 320.

330 *sound*

1. *Sound* è un verbo copulativo. Si usa con gli aggettivi e significa 'sembrare' riferito a un suono o un rumore.

    > *You **sound unhappy**. What's the matter?*
    > Dalla voce mi sembri triste. Che cos'hai?

2. Di solito non si usa alla forma progressiva.

    > *The car **sounds** a bit funny.* (NON *The car is sounding* . . .)
    > La macchina fa un rumore strano.

3. Notare la struttura *sound like*.

    > *That **sounds like** Arthur coming home.*
    > Questo sembra Arthur che torna a casa.

331 *still, yet* e *already*

1. *Still* (= 'ancora') indica un'azione o un avvenimento ancora in corso, non finito. Nella frase si trova in posizione intermedia (cfr. 55.2 o 56.8).

    *She's **still** asleep.*
    Dorme ancora.

    *It's **still** raining.*
    Sta ancora piovendo.

    *I **still** remember your first birthday.*
    Mi ricordo ancora il tuo primo compleanno.

2. *Yet* (= 'già') si usa nelle domande.

    *Has the postman come **yet**?*
    È già arrivato il postino?

    not . . . yet = 'non ancora'

    *'Has Sally arrived?' '**Not yet**.'*
    'È arrivata Sally?' 'Non ancora.'

    Di solito *yet* si trova alla fine della frase. Confrontare:

    *The postman hasn't come **yet**.*
    *The postman **still** hasn't come.*
    Il postino non è ancora arrivato.

    Nell'inglese britannico si usa spesso *yet* col **present perfect**; invece, nell'inglese americano, si può usare il **simple past**.

    *The postman **hasn't come** yet.* (GB)
    *The mailman **didn't come** yet.* (US)

3. *Already* (= 'già') si usa nelle frasi affermative e interrogative: spesso indica che qualcosa è avvenuto prima di quanto ci si aspettasse. Nell'inglese britannico si usa, di solito, con un tempo presente o col **present perfect**.

    *'When's Sally going to come?' 'She's **already** here.'*
    'Quando viene Sally?' 'È già qui.'

    *Have you **already** forgotten?*
    Ti sei già dimenticato?

    Spesso *already* si mette in posizione intermedia (cfr. 56.8), ma si può trovare alla fine della frase con significato più forte.

    *When I was seventeen I **already** knew that I wanted to be a doctor.*
    Quando avevo diciassette anni sapevo già che volevo fare il medico.

    *Have you eaten it up **already**?* (Esprimo sorpresa.)
    L'hai già mangiato tutto?

▶ Per altri significati di *still* e *yet*, consultare un buon dizionario.
Per la traduzione di 'già', cfr. anche 158.

332 *such* e *so*

Si usa *such* davanti a un nome (con o senza un aggettivo). Se il nome è singolare, si usa *such a*.

> *such* (+ aggettivo) + nome

*She's **such a fool**.* (NON *She's a such fool*.)
È una tale idiota.

*He's got **such patience**.* (NON *... such a patience*.) (*patience* = non numerabile)
Ha una tale pazienza.

*I've never met **such nice people**.*
Non ho mai conosciuto delle persone così simpatiche.

*It was **such a good film** that I saw it twice.*
Era un film così bello che l'ho visto due volte.

Davanti a un aggettivo (non seguito da un nome) si usa *so*.

> *so* + aggettivo

*She's **so stupid**.*
È così stupida.

*He's **so patient** with her.*
È così paziente con lei.

*They are **so nice**.*
Sono così simpatici.

*The film was **so good** that I saw it twice.*
Il film era così bello che l'ho visto due volte.

Non si possono usare né *such* né *so* con *the* o con un possessivo.

I'm happy to visit your country — it's so beautiful.
(NON *... your so beautiful country*.)
Sono felice di visitare il tuo paese: è così bello.

So e *such* possono essere seguiti da una frase introdotta da *that*.

*It was **so** cold **that** we stopped playing.*
Faceva così freddo che smettemmo di giocare.

*It was **such** a cold afternoon **that** we stopped playing.*
(NON *It was a so cold afternoon ...*)
Era un pomeriggio così freddo che smettemmo di giocare.

333 *suggest*

Il verbo *suggest* non si usa con l'infinito. Può essere seguito da *should* + infinito senza *to* oppure dalla forma *-ing*.

*My uncle suggested that I **should** get a job in a bank.*
*My uncle suggested **getting** a job in a bank.*
(NON *My uncle suggested me to get ...*)
Mio zio mi suggerì di cercare un lavoro in banca.

334 *surely*

Surely non ha lo stesso significato di *certainly*. Confrontare:

*That's **certainly** a mouse.*
Quello è certamente un topo. (= So che quello è un topo: non ho dubbi.)

***Surely** that's a mouse?*
Ma è proprio un topo? (= Sembra un topo: incredibile!)

Surely esprime sorpresa.
Surely not esprime incredulità per qualcosa che non si può o non si vuole credere.

***Surely** you're **not** going to wear that hat?*
Non ti metterai davvero quel cappello?

335 *take*: significati principali

Take ha tre significati principali:

1 'Prendere' (opposto di *give* = 'dare')

   *She **took** my plate and gave me a clean one.*
   Prese il mio piatto e me ne diede uno pulito.

   *Who's **taken** my bicycle?*
   Chi ha preso la mia bicicletta?

   *You must **take** a number and wait your turn.*
   Devi prendere un numero e aspettare il tuo turno.

   'prendere da un posto' = *to take from, out of, off*
   'prendere da una persona' = *to take from*

   *Could you **take** some money **out of** my wallet?*
   Potresti prendere dei soldi dal mio portafoglio?

   *They **took** everything away **from** me.*
   Mi portarono via tutto.

2 'Togliere' (opposto di *put* = 'mettere')

   *I **took** off my coat and put on a dressing gown.*
   Mi tolsi la giacca e mi misi una vestaglia.

   ***Take** your books off the table — we're about to eat dinner.*
   Togli i tuoi libri dal tavolo: stiamo per cenare.

3 'Portare' (allontanandosi da chi parla e in altre direzioni; opposto di *bring*)

   *Can you **take** me to the station tomorrow morning?*
   Puoi portarmi alla stazione domattina?

   ***Take** this form to Mr Collins, ask him to sign it, and then bring it back.*
   Porta questo modulo a Mr Collins, chiedigli di firmarlo e poi riportalo qui.

▶ Per *take* nelle espressioni di tempo, cfr. 336.
Per la differenza tra *bring* e *take*, cfr. 276.1.

336 *take* (con espressioni di tempo)

Si può usare *take* per dire quanto tempo si impiega per fare qualcosa. Sono possibili tre costruzioni:

> persona + *take* + complemento di tempo + infinito

*I **took** three hours to get home last night.*
Ho impiegato tre ore per arrivare a casa ieri sera.

*She **takes** all day to wake up.*
Le ci vuole tutto il giorno per svegliarsi.

> attività + *take* (+ persona) + complemento di tempo

*The journey **took** me three hours.*   *Gardening **takes** a lot of time.*
Mi ci vollero tre ore di viaggio.   Curare il giardino prende molto tempo.

> *it* + *take* (+ persona) + complemento di tempo + infinito

*It **took** me three hours to get home last night.*
Mi ci sono volute tre ore per arrivare a casa ieri sera.

*It **takes** ages to do the shopping.*
Ci vogliono dei secoli per fare la spesa.

337 *tall* e *high*

1 Si usa *tall* per oggetti che hanno questa forma:

Si usa per persone, alberi e, talvolta, edifici.

> *How **tall** are you?* (NON *How high are you?*)
> Quanto sei alto?

> *There are some **tall** trees at the end of our garden.*
> Ci sono degli alberi alti in fondo al nostro giardino.

Non si usa *tall* per oggetti che hanno queste forme:

Si usa *high*.

> *Mont Blanc is the **highest** mountain in the Alps.*
> (NON *... the tallest mountain ...*)
> Il Monte Bianco è la montagna più alta delle Alpi.

> *It's a very **high** room.* (NON *... tall room.*)
> È una stanza molto alta.

2 Si usa *high* per indicare l'altezza come distanza da terra. Un bambino che sale su una sedia può arrivare *higher* (= 'più in alto') del padre, ma non essere *taller* (= 'più alto di statura').

338 *taste*

Il verbo *taste* si può usare in tre modi:

1. Come verbo copulativo (cfr. 352) seguito da un aggettivo, significa 'aver sapore di'. Si può anche usare con la preposizione *of* + nome. Non si usa alla forma progressiva.

   > *taste* + aggettivo

   *This **tastes nice**. What's in it?* (NON *This is tasting* . . .)
   Ha un buon sapore. Che cosa c'è dentro?

   *The wine **tasted horrible**.* (NON . . . *horribly*.)
   Il vino aveva un sapore terribile.

   > *taste of* + nome

   *The wine **tasted of cork**.*
   Il vino sapeva di tappo.

2. Con un soggetto personale, significa 'sentir sapore di'. Non si usa alla forma progressiva. Si usa spesso *can taste* (cfr. 80).

   *I **can taste** garlic and mint in the sauce.* (NON *I am tasting* . . .)
   Sento sapore di aglio e di menta nella salsa.

3. Può anche significare 'assaggiare' e, in questo caso, si può usare alla forma progressiva.

   *'Stop eating the cake.' 'I'm just **tasting** it to see if it's OK.'*
   'Smetti di mangiare la torta.' 'Sto solo assaggiando se va bene.'

339 le telefonate

1. Di solito, si risponde così a un telefono privato:

   Hello. Abingdon three seven eight double two (= 37822)

   Alcuni dicono il proprio nome.

   Hello. Albert Packard.

2. Per chiedere di parlare con una persona, si dice così:

   Could I speak to Jane Horrabin?
   Potrei parlare con Jane Horrabin?

3. Per dire chi parla, si usa la parola *speaking*.

   *'Could I speak to Jane Horrabin?' '**Speaking**.'*
   'Potrei parlare con Jane Horrabin?' 'Sono io.'

4. Notare la differenza tra *this* (chi parla) e *that* (chi ascolta).

   ***This** is Corinne. Is **that** Susie?*
   Sono Corinne. Sei Susie?

   (Gli americani, spesso, usano *this* per entrambi.)

5 Per chiedere un numero di telefono, si dice così:

Could I have Bristol three seven eight seven eight?
Mi dà Bristol 37878?

Could I have extension two oh four six?
Mi dà l'interno 2046?

6 Il/la centralinista può rispondere:

One moment, please. *Hold on a moment, please.*
Un momento, per favore. Resti in linea.

Trying to connect you. (The number's) ringing for you.
Sto cercando di darLe la linea. Sta suonando.

Putting you through now.
Le dò la linea.

I'm afraid this number is engaged/busy.
Mi dispiace, il numero è occupato.

I'm afraid this number is not answering / there's no reply from this extension.
Mi dispiace, il numero non risponde / l'interno non risponde.

Will you hold?
Resta in linea?

Una possibile risposta all'ultima domanda:

No, I'll ring again later. OPPURE *I'll ring back later.*
No, richiamerò più tardi.

7 Se la persona che si cerca non c'è:

I'm afraid she's not in at the moment. Can I take a message?
Mi dispiace, in questo momento non c'è. Vuole lasciare un messaggio?

Yes, could you ask her to ring me back this evening?
Sì, può dirle di richiamarmi stasera?

8 Altre espressioni:

I'm afraid you've got the wrong number.
Mi dispiace, ha sbagliato numero.

I'm sorry. I've got the wrong number.
Scusi. Ho sbagliato numero.

Could you speak louder? It's a bad line.
Può parlare più forte? La linea è disturbata.

Could I possibly use your phone?
Potrei usare il suo telefono?

What's the code for London?
Qual è il prefisso per Londra?

How do I call the operator?
Come faccio a chiamare il centralino?

I'd like to make a reversed charge call / transferred charge call to Washington 3486767.
Vorrei fare una telefonata a carico del destinatario al numero: Washington 3486767.

(Gli americani chiamano questa telefonata *a collect call*.)

340 i tempi nelle frasi dipendenti

1 Nelle frasi dipendenti (introdotte da una congiunzione), spesso si usano i tempi in modo particolare. Si usano dei tempi presenti con significato di futuro e dei tempi passati con significato di congiuntivo.
Ciò accade dopo *if*; dopo congiunzioni di tempo come *when, until, after, before, as soon as*; dopo *as, than, whether, where*; dopo i pronomi relativi e nel discorso indiretto.

> presente con significato di futuro
>
> *She'll be happy if you **telephone** her.* (NON . . . *if you will telephone her.*)
> Sarà felice se le telefoni.
>
> *I'll write to her when I **have** time.* (NON . . . *when I will have time.*)
> Le scriverò quando avrò tempo.
>
> *I'll stay here until the plane **takes** off.*
> Starò qui finché l'aereo decolla.
>
> *She'll be on the same train as I **am** tomorrow.*
> Lei sarà sullo stesso treno su cui sarò io domani.
>
> *We'll get there sooner than you **do**.*
> Ci arriveremo prima di te.
>
> *I'll ask him whether he **wants** to go.*
> Gli chiederò se vuole andare.
>
> *I'll go where you **go**.*
> Andrò dove andrai tu.
>
> *I'll give a pound to anybody who **finds** my pen.*
> Darò una sterlina a chi troverà la mia penna.
>
> *One day the government will really ask people what they **want**.*
> Un giorno il governo chiederà davvero alla gente che cosa vuole.

> passato con significato di congiuntivo
>
> *If I had lots of money, I'd give some to anybody who **asked** for it.*
> (NON . . . *who would ask for it.*)
> Se avessi molto denaro, ne darei a chiunque lo chiedesse.
>
> *Would you follow me wherever I **went**?*
> Mi seguiresti dovunque io andassi?
>
> *In a perfect world, you could say exactly what you **thought**.*
> In un mondo perfetto potresti dire esattamente quel che pensi.

2 Talvolta si usa un tempo futuro in una frase dipendente. Ciò accade se la frase principale non si riferisce al futuro. Confrontare:

> *I'll tell you when **I arrive**.*
> Ti dirò quando arrivo.
>
> *I wonder when **I'll arrive**.*
> Mi chiedo quando arriverò.
>
> *I don't know if **I'll be** here tomorrow.*
> Non so se sarò qui domani.

341 *that*: omissione

Spesso si può omettere *that*, sia congiunzione che pronome relativo, specialmente nello stile informale.

1 pronome relativo

Si può omettere il pronome relativo *that* quando è complemento oggetto della frase relativa.

*Look! There are the people (**that**) we met in Brighton.*
Guarda! Ci sono le persone che abbiamo conosciuto a Brighton.

2 discorso indiretto

Si può tralasciare *that* dopo i verbi più comuni (*say, tell*, ecc.). Confrontare:

*James said (**that**) he was feeling better.*
James disse che si sentiva meglio.

*James replied **that** he was feeling better.* (NON *James replied he was* . . .)
James rispose che si sentiva meglio.

3 dopo gli aggettivi

Dopo alcuni aggettivi si può usare una costruzione con *that*. La congiunzione *that* si può omettere nelle espressioni d'uso corrente.

*I'm glad (**that**) you're all right.*
Sono felice che tu stia bene.

*It's funny (**that**) he hasn't written.*
È strano che non abbia scritto.

4 dopo *so* e *such*

Talvolta si omette *that* dopo *so* e *such*.

*I came to see you so (**that**) you would know the truth.*
Sono venuto a trovarti in modo che sapessi la verità.

*I was having such a nice time (**that**) I didn't want to leave.*
Mi trovavo così bene che non volevo partire.

342 *there is*

Si usa la costruzione *there is* (= 'c'è')/*there are* (= 'ci sono') con un soggetto indeterminato, per esempio: nomi preceduti da *a/an, some, any, no*; nomi senza articolo; *somebody, anything, nothing*.

***There's some beer** in the fridge.*
C'è della birra nel frigo.

***Are there tigers** in South America?*
Ci sono le tigri nell'America del sud?

***There's somebody** at the door.*
C'è qualcuno alla porta.

Non si usa, invece, questa costruzione quando ci si riferisce a cose o persone determinate.

> *Your breakfast is in the kitchen.* (NON ~~There's your breakfast in the kitchen.~~)
> La tua colazione è in cucina. / C'è la tua colazione in cucina.
>
> *I went to the meeting, but Bob was not there.* (NON. . . ~~but Bob there wasn't.~~)
> Sono andato alla riunione, ma Bob non c'era.

2 Si può usare questa costruzione con tutti i tempi del verbo *be*.

> ***There has been*** *nothing in the newspaper about the accident.*
> Non c'è stato nulla sul giornale riguardo all'incidente.
>
> ***There will be*** *snow on high ground.*
> Ci sarà neve sui rilievi.

Sono anche possibili le costruzioni *there may be, there might be, there can be*, ecc.

> ***There might be*** *rain later.*   ***There must be*** *some mistake.*
> Potrebbe piovere più tardi.   Ci dev'essere un errore.

3 Dopo alcuni verbi e aggettivi si usa l'infinito *there to be*.

> *I don't want* ***there to be*** *any trouble.*
> Non voglio che ci siano dei guai.
>
> *It's important for* ***there to be*** *a meeting soon.*
> È importante che si faccia presto una riunione.

4 Si può usare *there* per introdurre dei soggetti indeterminati seguiti dalla forma *-ing*.

> ***There's a man standing*** *in the garden.*
> C'è un uomo nel giardino.
>
> ***There was somebody looking*** *at her.*
> C'era qualcuno che la guardava.

5 Notare l'espressione *there's no need to*.

> ***There's no need to*** *worry — everything will be all right.*
> Non c'è di che preoccuparsi: andrà tutto bene.

343 *think*

1 *Think* può significare 'avere un'opinione'. In questo caso, non si usa alla forma progressiva.

> ***I don't think*** *much of his latest book.*
> Non reputo molto buono il suo ultimo libro.
>
> *Who* ***do you think*** *will win the election?*
> Chi pensi che vincerà le elezioni?

2 Quando si attribuiscono a *think* altri significati (per esempio 'programmare', 'meditare'), si può usare alla forma progressiva.

> *I'm* ***thinking*** *of changing my job.*
> Sto pensando di cambiare lavoro.
>
> *What* ***are*** *you* ***thinking*** *about?*
> A che cosa stai pensando?

3   Quando *think* serve per introdurre un'idea negativa, di solito, si usa la costruzione *I do not think* e non *I think . . . not*. (Cfr. 143.7.)

   I don't think *it will rain.*
   Non penso che pioverà. / Penso che non pioverà.

   Mary doesn't think *she can come.*
   Mary non pensa di poter venire. / Mary pensa di non poter venire.

▶ Per *I think so, I don't think so,* cfr. 323.

344 *this* e *that*

1   *This* (= 'questo/a') e *that* (= 'quello/a') hanno una forma plurale *these* (= 'questi/e') e *those* (= 'quelli/e').

   I don't know what I'm doing in **this** *country.*
   Non so che cosa sto facendo in questo paese.

   What flowers are **these**?
   Che fiori sono questi?

   That'*s Mrs Walker on the bus.*
   Quella sull'autobus è Mrs Walker.

   Are **those** *shoes yours?*
   Sono tue quelle scarpe?

2   Si usano *the one, the ones* invece di *that* e *those* quando accompagnano un aggettivo o una frase relativa (cfr. 238).

   '*Which apples do you want?*' '**The** *red* **ones**.' (NON *Those reds*.)
   'Quali mele vuoi?' 'Quelle rosse.'

   '*Do you like these biscuits?*' '**The one** *I tried was delicious.*'
   (NON *That I tried* . . .)
   'Ti piacciono questi biscotti?' 'Quello che ho assaggiato era squisito.'

3   *This* e *these* si usano in riferimento a fatti presenti o futuri, mentre si usano *that* e *those* per il passato.

   I like **this** *music. What is it?*
   Mi piace questa musica. Che cos'è?

   Listen to this. You'll like it.
   Ascolta. Ti piacerà.

   That *was nice. What was it?*
   Quello era buono. Che cos'era?

   Who said **that**?
   Chi l'ha detto?

4   Al telefono, gli inglesi usano *this* per chi chiama e *that* per chi riceve.

   Hello. **This** *is Elizabeth. Is* **that** *Ruth?*
   Pronto. Sono Elizabeth. Sei Ruth?

   Gli americani, spesso, usano *this* in entrambi i casi.

345 titoli di cortesia

1. L'equivalente inglese di 'signor', 'signora', ecc. davanti a un cognome è:

   Mr /ˈmɪstə(r)/ = signor
   Mrs /ˈmɪsɪz/ = signora
   Miss /mɪs/ = signorina
   Ms /mɪz, məz/ = signora, signorina

   Ms si usa quando non si sa o non si vuole specificare se una donna è sposata o no. Notare che nell'inglese britannico *Mr*, *Mrs* e *Miss* non sono seguiti dal punto.

2. Di solito *Mr*, *Mrs*, ecc. si usano davanti ai cognomi, come in italiano. Ma, a differenza dell'italiano, non si usano da soli.

   *Good morning **Mr** Williamson.*
   Buongiorno signor Williamson.

   Excuse me. Could you tell me the time? (NON *Excuse me Mrs* . . .)
   Scusi, (signora). Può dirmi l'ora?

   Sir e *madam* sono espressioni di grande rispetto. Nell'inglese odierno li usano soprattutto i negozianti nei confronti dei clienti. Spesso, a scuola i ragazzi si rivolgono ai loro insegnanti usando *sir* o *miss*.
   Dear Sir e *Dear Madam* si usano spesso all'inizio di lettere ufficiali o commerciali.

3. Di solito, parlando di persone di cui non si conosce il nome, si dice *man* o *woman*.

   *Why don't you ask that **man**?* (NON . . . *that sir/that Mr?*)
   Perché non lo chiedi a quel signore?

   *I met a young **woman** in the street who asked me the time.*
   (NON . . . *a young miss* . . .)
   Ho incontrato per la strada una giovane donna che mi ha chiesto l'ora.

4. Notare che nell'inglese britannico *Professor* si usa soltanto per quei professori universitari che sono anche capi di dipartimento.

346 *too*

Oltre che alla congiunzione 'anche' (cfr. 24), *too* corrisponde all'italiano 'troppo'.

1. Dopo *too* si può usare una costruzione con l'infinito.

   | *too* + aggettivo/avverbio + infinito |

   *He's **too old to work**.* (NON . . . *for to work*.)
   È troppo vecchio per lavorare.

   *It's **too cold to play** tennis.*
   Fa troppo freddo per giocare a tennis.

   *We arrived **too late to have** dinner.*
   Siamo arrivati troppo tardi per cenare.

Si può anche usare una costruzione con *for* + oggetto + infinito.

> *too* + aggettivo/avverbio + *for* + oggetto + infinito

*It's **too late for the pubs to be** open.*
È troppo tardi perché i pub siano aperti.

*The runway's **too short for the planes to land**.*
La pista è troppo corta perché gli aerei possano atterrare.

2 Si può modificare *too* con *much, a lot, far, a little, a bit* o *rather*.

much too old	**a little too** confident
di gran lunga troppo vecchio	un po' troppo sicuro di sé
a lot too big	**a bit too** soon
di gran lunga troppo grosso	un po' troppo presto
far too young	**rather too** often
di gran lunga troppo giovane	un po' troppo spesso

3 Non si devono confondere *too* e *too much*. *Too* si usa davanti agli aggettivi senza nome e agli avverbi; *too much*, invece, si usa davanti ai nomi. Confrontare:

*You are **too kind** to me.* (NON *. . . too much kind . . .*)
Sei troppo gentile con me.

*I arrived **too early**.* (NON *. . . too much early.*)
Sono arrivato troppo presto.

*I've eaten **too much bread**.* (NON *. . . too bread.*)
Ho mangiato troppo pane.

4 *Too much* (= 'troppo') e *too many* (= 'troppi') si possono anche usare da soli, senza un nome.

*That's **too much**!*	*Would you like some raspberries? We've got **too many**.*
Questo è troppo!	Vuoi dei lamponi? Noi ne abbiamo troppi.

L'opposto di *too much* è *too little* (= 'troppo poco') e l'opposto di *too many* è *too few* (= 'troppo pochi').

347 *travel, journey* e *trip*

1 *Travel* indica i viaggi in generale. Non è numerabile (cfr. 235).

*My interests are music and **travel**.*
I miei interessi sono la musica e i viaggi.

2 *Journey* è un viaggio in particolare.

*Did you have a good **journey**?* (NON *. . . a good travel?*)
Hai fatto buon viaggio?

3 *Trip* indica un viaggio e la sua motivazione.

*I'm going on a **business trip** next week.*
Farò un viaggio d'affari la prossima settimana.

Non si usa *trip* per viaggi molti lunghi.

4 Per altri tipi di viaggio, esistono termini particolari a seconda del mezzo di trasporto.

voyage = viaggio per mare
flight = viaggio in aereo
drive = viaggio in macchina
tour = viaggio turistico

348 *unless* e *if not*

Spesso si può usare *unless* col significato di *if . . . not*.

*Come tomorrow **if** I **don't** phone / **unless** I phone.*
Vieni domani se non ti telefono / a meno che ti telefoni.

*I'll take the job **if** the pay's **not** too low / **unless** the pay's too low.*
Accetterò il lavoro se la paga non è / a meno che la paga sia troppo bassa.

Ma ciò non è sempre possibile:

a Se la frase significa 'A accadrà se B non lo impedisce', si può usare *if . . . not* oppure *unless*.

*I'll come back tomorrow **if** there's **not** a plane strike.*
(OPPURE *. . . **unless** there's a plane strike.*)
Ritornerò domani se non c'è sciopero degli aerei.

*Let's have dinner out — **if** you're **not** too tired.*
(OPPURE *. . . **unless** you're too tired.*)
Andiamo a mangiar fuori, se non sei troppo stanco.

b Se la frase significa 'A accadrà perché non avviene B', si può usare *if . . . not*, ma non *unless*.

*I'll be glad **if** she **doesn't** come this evening.*
(NON ~~I'll be glad unless she comes this evening~~.)
Sarò felice se lei non viene stasera.

*She'd be pretty **if** she **didn't** wear so much make-up.*
(NON *. . .* ~~unless she wore so much make-up~~.)
Sarebbe carina se non si mettesse tanto trucco.

349 *used to*

1 La forma *used to* + infinito si usa soltanto al passato: non ha la forma presente. Si usa per parlare di stati e abitudini del passato che ora sono finiti. In italiano, la stessa idea si esprime con l'imperfetto.

*I **used to smoke**, but I've stopped.*   *She **used to be** very shy.*
Una volta fumavo, ma ho smesso.   Una volta era molto timida.

*I **used to live** in Chester years ago.*
Anni fa vivevo a Chester.

Per parlare di abitudini e stati presenti, si usa di solito il **simple present** (cfr. 287).

*He **smokes**.* (NON ~~He uses to smoke~~.)   *Her sister **is** still very shy.*
Lui fuma.   Sua sorella è ancora molto timida.

2 Nello stile formale, *used to* può avere la costruzione di un verbo modale ausiliare (forma interrogativa e negativa senza *do*).

> ***Did you use to*** *play football at school?* (informale)
> ***Used you to*** *play football at school?* (formale)
> Giocavi a calcio a scuola?
>
> ***I didn't use to*** *like opera, but now I do.* (informale)
> ***I used not to*** *like opera, but now I do.* (formale)
> Una volta non mi piaceva l'opera, ma ora sì.

È possibile una forma contratta negativa *I usedn't to like . . .*

3 Notare la pronuncia di *used* /juːst/ e *use* /juːs/ in questa costruzione.

4 Non confondere ⟨*used to* + infinito⟩ con ⟨*be used to* + *-ing*⟩ (cfr. 350). Le due costruzioni hanno un significato molto diverso.

350 *(be) used to* + nome o *-ing*

Dopo *be used to* si usa un nome oppure la forma *-ing*. Il significato è molto diverso da *used to* + infinito (cfr. 349) e corrisponde all'italiano 'essere abituati a'.

⟨*be used to* + nome⟩

> ***I'm used to*** *London traffic — I've lived here for six years.*
> Io sono abituato al traffico di Londra: vivo qui da sei anni.
>
> *At the beginning, I couldn't understand the Londoners, because I **wasn't used to** their accent.*
> All'inizio non capivo i londinesi, perché non era abituato al loro accento.

Dopo *be used to* si può usare la forma *-ing*, ma non l'infinito.

⟨*be used to* + *-ing*⟩

> ***I'm used to driving*** *in London now, but it was hard at the beginning.*
> (NON *I'm used to drive . . .*)
> Adesso sono abituato a guidare a Londra, ma all'inizio è stato difficile.
>
> *It was a long time before she **was** completely **used to working** with old people.*
> Passò molto tempo prima che si abituasse del tutto a lavorare con gli anziani.

Get used to significa 'abituarsi a'.

> *You'll soon **get used to living** in the country.*
> Ti abituerai presto a vivere in campagna.

▶ Per maggiori particolari sulle costruzioni con *to* + *-ing*, cfr. 137.

351 il verbo (1): introduzione

I verbi inglesi sono di due tipi: regolari e irregolari.
Nei verbi regolari tutte le forme si costruiscono dall'infinito.

(to) walk: he walks, we walked, walking, ecc.

I verbi irregolari hanno forme particolari per il passato e il participio passato (cfr. 353).

(to) drink: *drank* (passato), *drunk* (participio passato)

All'interno di un tempo, il verbo rimane generalmente invariato per tutte le persone (ad eccezione del verbo *be* e della terza persona del **present simple**). Quindi è necessario usare sempre il soggetto per capire chi fa l'azione.

I went	(io) andai
you went	(tu) andasti
he/she/it went	(egli/ella) andò
we went	(noi) andammo
you went	(voi) andaste
they went	(essi) andarono

I verbi ausiliari comprendono *be, have, do* e i verbi modali (cfr. 354).
In inglese ci sono solo due tempi verbali semplici, il **simple present** e il **simple past**. Tutti gli altri tempi sono composti:

have + participio passato = tempi **perfect**
be + participio passato = forma passiva
be + forma *-ing* = forma progressiva
modale + infinito senza *to* = futuro, condizionale, ecc.

Segue un elenco di tutte le forme affermative attive dell'indicativo di un verbo regolare inglese, con i loro nomi.

simple present: *I work,* ecc. = lavoro, ecc.

present progressive: *I am working,* ecc. = lavoro/sto lavorando, ecc.

present perfect simple: *I have worked,* ecc. = ho lavorato/lavoro (da . . .), ecc.

present perfect progressive: *I have been working,* ecc. = ho lavorato/lavoro (da . . .), ecc.

simple past: *I worked,* ecc. = ho lavorato/lavorai/lavoravo, ecc.

past progressive: *I was working,* ecc. = lavoravo/stavo lavorando, ecc.

past perfect simple: *I had worked,* ecc. = avevo lavorato/lavoravo (da . . .), ecc.

past perfect progressive: *I had been working,* ecc. = avevo lavorato/lavoravo (da . . .), ecc.

future: *I will/shall work,* ecc. = lavorerò, ecc.

future progressive: *I will/shall be working,* ecc. = starò lavorando, ecc.

future perfect simple: *I will/shall have worked,* ecc. = avrò lavorato, ecc.

future perfect progressive: *I will/shall have been working,* ecc. = avrò lavorato, ecc.

infinitives:	*(to) work*	*(to) be working*
	= lavorare	= stare lavorando
	(to) have worked / have been working	
	= aver lavorato	
participles:	*working*	*worked*
	= lavorando / che lavora	=lavorato
	having worked	
	= avendo lavorato	

Notare che si può fare il futuro anche con la costruzione *going to* invece che con *will*. (Per la differenza, cfr. 147.)

I'm going to work	*I'm going to be working*	*I'm going to have worked*
= lavorerò	= starò lavorando	= avrò lavorato

▶ Per le forme interrogative, cfr. 138.
Per le forme negative, cfr. 143.
Per maggiori particolari sulle varie forme e sui loro usi, vedere le rispettive sezioni.

352 il verbo (2): verbi copulativi

I verbi copulativi sono dei verbi che uniscono un aggettivo al soggetto. I più frequenti sono:

be look seem appear sound smell taste feel

*She **is** nice.*	*She **looks** nice.*
È simpatica.	Ha l'aria simpatica.
*She **seems** nice.*	*Her perfume **smells** nice.*
Sembra simpatica.	Il suo profumo è buono.
*Her voice **sounds** nice.*	*Her skin **feels** nice.*
Ha una bella voce.	Ha la pelle morbida.

Alcuni verbi copulativi si usano per indicare un cambiamento. I più frequenti sono *become, get, grow, go* e *turn*.

*It's **becoming** colder.   It's **getting** colder.* (informale)
*It's **growing** colder.* (letterario)
Si sta facendo freddo.

*The leaves are **going** brown.* (informale)
*The leaves are **turning** brown.* (formale)
Le foglie stanno diventando marroni.

Per *go* con significato di 'diventare', cfr. 160.

Altri verbi copulativi indicano che qualcosa non cambia. I più frequenti sono *stay, remain* e *keep*.

*How does she **stay** so young?*
Come fa a mantenersi così giovane?

*I hope you will always **remain** so charming.*
Spero che tu resti sempre così affascinante.

***Keep** calm.*
Stai calmo.

353 il verbo (3): verbi irregolari

1. Questo è un elenco dei verbi irregolari inglesi di uso più frequente. Può essere opportuno impararli a memoria.

Infinito	Passato	Participio Passato	Italiano
arise	*arose*	*arisen*	alzarsi, sorgere
awake	*awoke*	*awoken*	svegliare, svegliarsi
be	*was/were*	*been*	essere, stare
beat	*beat*	*beaten*	battere, picchiare
become	*became*	*become*	diventare
begin	*began*	*begun*	cominciare
bend	*bent*	*bent*	piegare, piegarsi
bite	*bit*	*bitten*	mordere
bleed	*bled*	*bled*	sanguinare
blow	*blew*	*blown*	soffiare
break	*broke*	*broken*	rompere
bring	*brought*	*brought*	portare
build	*built*	*built*	costruire
burn	*burnt/burned*	*burnt/burned*	bruciare, scottarsi
buy	*bought*	*bought*	comprare
can	*could*	*been able*	potere, saper (fare)
catch	*caught*	*caught*	prendere, afferrare
choose	*chose*	*chosen*	scegliere
come	*came*	*come*	venire
cost	*cost*	*cost*	costare
cut	*cut*	*cut*	tagliare
deal /diːl/	*dealt* /delt/	*dealt* /delt/	trattare
dig	*dug*	*dug*	scavare, zappare
do	*did*	*done*	fare
draw	*drew*	*drawn*	disegnare, tirare
dream	*dreamt* /dremt/ *dreamed* /driːmd/	*dreamt* /dremt/ *dreamed* /driːmd/	sognare
drink	*drank*	*drunk*	bere
drive	*drove*	*driven*	guidare
eat /iːt/	*ate* /et/	*eaten* /'iːtn/	mangiare
fall	*fell*	*fallen*	cadere
feel	*felt*	*felt*	sentire, sentirsi
fight	*fought*	*fought*	combattere, lottare
find	*found*	*found*	trovare
fly	*flew*	*flown*	volare
forget	*forgot*	*forgotten*	dimenticare, dimenticarsi
forgive	*forgave*	*forgiven*	perdonare
freeze	*froze*	*frozen*	congelare
get	*got*	*got*	ottenere, ricevere
give	*gave*	*given*	dare
go	*went*	*gone/been*	andare

grow	grew	grown	crescere
hang	hung	hung	appendere, pendere
have	had	had	avere
hear /hɪə(r)/	heard /hɜːd/	heard /hɜːd/	sentire, udire
hide	hid	hidden	nascondere, nascondersi
hit	hit	hit	colpire, picchiare
hold	held	held	tenere
hurt	hurt	hurt	ferire, far male
keep	kept	kept	tenere, mantenere
know	knew	known	sapere, conoscere
lay	laid	laid	porre, distendere
lead	led	led	guidare, condurre
learn	learnt/learned	learnt/learned	imparare
leave	left	left	lasciare, partire
lend	lent	lent	prestare
let	let	let	permettere, lasciare
lie	lay	lain	giacere, star sdraiati
light	lit/lighted	lit/lighted	accendere
lose	lost	lost	perdere
make	made	made	fare, creare
mean /miːn/	meant /ment/	meant /ment/	significare, voler dire
meet	met	met	incontrare, conoscere
pay	paid	paid	pagare
put	put	put	mettere
read /riːd/	read /red/	read /red/	leggere
ride	rode	ridden	cavalcare
ring	rang	rung	suonare
rise	rose	risen	alzarsi, sorgere, salire
run	ran	run	correre
say /seɪ/	said /sed/	said /sed/	dire
see	saw	seen	vedere
sell	sold	sold	vendere
send	sent	sent	mandare, spedire
set	set	set	mettere, sistemare
shake	shook	shaken	agitare, tremare
shine /ʃaɪn/	shone /ʃɒn/	shone /ʃɒn/	brillare
shoot	shot	shot	sparare
show	showed	shown	mostrare, far vedere
shut	shut	shut	chiudere
sing	sang	sung	cantare
sit	sat	sat	sedere, sedersi
sleep	slept	slept	dormire
smell	smelt/smelled	smelt/smelled	sentire, annusare
speak	spoke	spoken	parlare
spell	spelt/spelled	spelt/spelled	scomporre in lettere
spend	spent	spent	spendere
stand	stood	stood	stare in piedi
steal	stole	stolen	rubare

stick	stuck	stuck	attaccare, attaccarsi
strike	struck	struck	colpire
swim	swam	swum	nuotare
take	took	taken	prendere, portare (via)
teach	taught	taught	insegnare
tear	tore	torn	strappare
tell	told	told	dire, raccontare
think	thought	thought	pensare
throw	threw	thrown	lanciare, tirare
understand	understood	understood	capire
wake	woke	woken	svegliare, svegliarsi
wear	wore	worn	indossare, portare
win	won	won	vincere
write	wrote	written	scrivere

2 Verbi che si confondono facilmente:

Infinito	Passato	Participio Passato	Italiano
fall	fell	fallen	cadere
feel	felt	felt	sentire, sentirsi
fill	filled	filled	riempire
lay	laid	laid	porre, distendere
lie	lay	lain	giacere, star sdraiati
lie	lied	lied	mentire
leave	left	left	lasciare, partire
live	lived	lived	vivere, abitare
raise	raised	raised	alzare, sollevare
rise	rose	risen	alzarsi, sorgere, salire

354 il verbo (4): verbi modali

1 forme

I verbi ausiliari modali sono: *can, could, may, might, must, will, would, shall, should, ought, dare* e *need*.
I verbi modali non hanno la *-s* alla terza persona singolare.

> She **might** know his address. (NON *She mights* . . .)
> Potrebbe sapere il suo indirizzo.

Le frasi interrogative e negative si costruiscono senza *do*.

> **Can you** swim? (NON *Do you can swim?*)
> Sai nuotare?

> You **shouldn't** do that. (NON *You don't should do that*.)
> Non dovresti farlo.

Dopo i verbi modali si usa l'infinito senza *to*. (*Ought* è un'eccezione, cfr. 253.)

2 significato

Non si usano i verbi modali per situazioni certe o per fatti che si sa essere avvenuti. Si usano, per esempio, per parlare di cose che ci si aspetta, che sono possibili, che si ritengono necessarie, di cui non si è certi o che non sono accadute.

*She **will** be here tomorrow.*
Sarà qui domani.

*I **may** come tomorrow if I have time.*
Può darsi che venga domani, se ho tempo.

*She **could** be in London or Paris or Tokyo — nobody knows.*
Potrebbe essere a Londra, o a Parigi, o a Tokyo: nessuno lo sa.

*You **must** come and have dinner with us sometime.*
Una volta dovete venire a cena da noi.

*What **would** you do if you had a free year?*
Che cosa faresti se avessi un anno libero?

*She **should** have seen a doctor when she first felt ill.*
Sarebbe dovuta andare dal medico la prima volta che si è sentita male.

3 verbo modale + infinito passato

Si usa la costruzione verbo modale + infinito passato (per esempio *must have seen, should have said*) per parlare del passato; per fare congetture su ciò che può essere accaduto o su come sarebbero potute andare le cose.

verbo modale + *have* + participio passato

*She's two hours late. What **can have happened**?*
È in ritardo di due ore. Cosa può essere successo?

*You **could have told** me you were coming.*
Avresti potuto dirmi che venivi.

*The potatoes **would have been** better with more salt.*
Le patate sarebbero state migliori con più sale.

*The plant's dead. You **should have given** it more water.*
La pianta è morta. Avresti dovuto darle più acqua.

▶ Per maggiori particolari, vedere le sezioni relative a *can, may*, ecc.
Dare e *need* si possono usare in due modi: come ausiliari modali o come gli altri verbi, cfr. 95 e 224.
Per informazioni sulla pronuncia degli ausiliari modali, cfr. 296.
Per le forme contratte, cfr. 92.

355 il verbo (5): verbi composti

Molti verbi inglesi sono composti di due parti: un verbo base come *bring, come, sit, break* e un'altra parola come *in, down, up*.

*Could you **bring in** the coffee?*
Potresti portare il caffè?

Come in and sit down.
Entra e siediti.

*He **broke up** a piece of bread and threw the bits to the birds.*
Fece a pezzi il pane e lo diede agli uccelli.

La seconda parte del verbo a volte è una preposizione, a volte è un avverbio (**adverb particle**). Cfr. 285.

Quando questi verbi hanno un complemento oggetto, la costruzione della frase varia a seconda del tipo di verbo.

Verbo + preposizione

> verbo + preposizione + nome

She **ran down** the road.
Corse giù per la strada.

He **sat on** the table.
Si sedette sul tavolo.

> verbo + preposizione + pronome

She **ran down** it.

He **sat on** it.

Verbo + avverbio

> verbo + avverbio + nome

She **threw down** the paper.
She **threw** the paper **down**.
Gettò a terra il giornale.

He **put on** his coat.
He **put** his coat **on**.
Si infilò il cappotto.

> verbo + pronome + avverbio

She **threw** it **down**.
(NON *She threw down it*.)

He **put** it **on**. (NON *He put on it*.)

Per informazioni dettagliate su questi verbi composti, consultare *Oxford Dictionary of Current Idiomatic English, Volume 1* o *Longman Dictionary of English Idioms*.

356 il verbo (6): verbi con due oggetti

1   Molti verbi si usano con due oggetti: un oggetto diretto e un oggetto indiretto (che in italiano corrisponde, grosso modo, a un complemento di termine). Generalmente l'oggetto indiretto è una persona e precede l'altro.

> verbo + oggetto indiretto + oggetto diretto

*He **gave his wife a camera** for Christmas.*
Per Natale ha regalato a sua moglie una macchina fotografica.

*Can you **send me the bill**?   I'll **lend you some**.*
Può mandarmi il conto?   Te ne presterò qualcuno.

I verbi usati più frequentemente con due oggetti sono:

bring	lend	pay	show
buy	make	promise	take
cost	offer	read	tell
give	owe	refuse	write
leave	pass	send	

2   Talvolta l'oggetto indiretto è posto dopo l'oggetto diretto con una preposizione (di solito *to* o *for*). Questo accade quando l'oggetto diretto è molto più breve dell'altro, o quando gli si vuole dare particolare rilievo.

> verbo + oggetto diretto + preposizione + oggetto indiretto

*I **took it to the policeman**.*
L'ho portato al poliziotto.

*She **sent some flowers to the nurse** who was looking after her daughter.*
Mandò dei fiori all'infermiera che si occupava di sua figlia.

*Mother **bought the ice-cream for you**, not for me.*
La mamma ha comprato il gelato per te, non per me.

3   Quando i due oggetti sono pronomi personali, è più frequente mettere prima quello diretto.

*Give **it to me**.* (Ma è anche possibile *Give it me*.)
Dammelo.

*Send **them to her**.* (Ma è anche possibile *Send her them*.)
Mandaglieli.

4   Nelle frasi passive il soggetto è generalmente la persona (non la cosa che viene mandata, data, ecc.).

I've just been given a lovely picture.
Mi è appena stato regalato un quadro delizioso.

***You** were paid three hundred pounds last month.*
Ti sono state pagate trecento sterline il mese scorso.

Ma, se necessario, la cosa data, ecc. può diventare soggetto.
'*What happened to the picture?*' '***It** was sent to Mr Dunn.*'
'Che cosa accadde al quadro?' 'Venne spedito a Mr Dunn.'

5   Con i verbi *explain, propose, suggest, mention, describe, say* l'oggetto diretto precede sempre quello indiretto.

*Can you explain **your decision** to us?* (NON *Can you explain us your decision?*)
Puoi spiegarci la tua decisione?

*Can you suggest **a good dentist** to me?* (NON *Can you suggest me . . ?*)
Puoi consigliarmi un buon dentista?

*Please describe **your wife** to us.* (NON *Please describe us your wife*.)
Per favore, ci descriva sua moglie.

6   Quando *write* non ha un oggetto diretto, l'oggetto indiretto è preceduto da *to*. Confrontare:

Write me a letter.
Scrivimi una lettera.

*Write **to** me.* (*Write me* non è consueto nell'inglese britannico.)
Scrivimi.

▶ Per costruzioni come *They made him captain*, cfr. 357.2.

357   il verbo (7): verbi seguiti dal complemento predicativo dell'oggetto

1   Alcuni verbi possono essere seguiti da complemento oggetto + aggettivo. Generalmente indicano il cambiamento di qualcosa.

verbo + oggetto + aggettivo

*The rain **made** the grass wet.*
La pioggia ha bagnato l'erba. (= ha reso l'erba bagnata)

*Let's **paint** the door red.*   *Try to **get** it clean.*
Dipingiamo la porta di rosso.   Cerca di pulirlo. (= farlo pulito)

***Cut** the bread thin.*
Taglia il pane sottile.

Keep (= 'tenere') e *leave* (= 'lasciare') indicano, invece, come una cosa non sia cambiata.

Keep him warm.   You **left** the house dirty.
Tienilo caldo.   Hai lasciato la casa sporca.

2 Altri verbi si usano con complemento oggetto + nome.

verbo + oggetto + nome

*They **elected** him President.*
Lo hanno eletto Presidente.

*You have **made** me a very happy man.*
Hai fatto di me un uomo molto felice.

*Why do you **call** your brother 'Piggy'?*
Perché chiami tuo fratello 'Piggy'?

358 come tradurre 'volere'

Il verbo 'volere' si può rendere in inglese con:

1 *want* (+ infinito o oggetto)

Si riferisce alla volontà di qualcuno.

*I **want** my money back.*
Voglio indietro i miei soldi.

*Someone **wants** to speak to you on the phone.*
Qualcuno vuole parlare con te al telefono.

*Do you **want** to know the truth?*
Vuoi sapere la verità?

2 *like*

Si usa nelle espressioni *as you like* e *if you like*.

*Do **as you like**!* (NON *Do as you want!*)   *I'll call you tomorrow **if you like**.*
Fai come vuoi!   Se vuoi, ti chiamo domani.

3 *would like* (+ infinito o oggetto)

Ha lo stesso significato di *want*, ma è una forma più gentile.

*I'd **like** my money back, please.*
Vorrei indietro i miei soldi, per piacere.

La forma interrogativa *would you like . . ?* si usa nelle offerte.

***Would you like** a cup of tea?*
Vuoi una tazza di tè?

4 *will* (+ infinito senza *to*)

Si usa per esprimere una richiesta, un'offerta o un rifiuto.

***Will** you marry me?*   ***Will** you have a cup of tea?*
Vuoi sposarmi?   Vuoi una tazza di tè?

*The car **won't/wouldn't** start.*
La macchina non vuole/voleva partire.

5 **wish** (+ infinito o tempo passato)

È una forma più formale di *would like*.

*I **wish** to speak to the manager.*
Vorrei parlare col direttore.

Col passato, esprime un desiderio irrealizzabile.

*I **wish** I could help you.*   *I **wish** I were rich.*
Vorrei poterti aiutare.   Vorrei essere ricco.

Per maggiori particolari su *wish,* cfr. 368.

6 **take/need** (+ infinito o oggetto)

Per le espressioni impersonali 'ci vuole/ci vogliono', ecc., si usano *take,* con riferimento al tempo (cfr. 336), e *need,* con riferimento ad altro.

*How long does it **take** to get from London to Gatwick by car?*
*(**It takes**) an hour.*
Quanto ci vuole in macchina da Londra a Gatwick?
(Ci vuole) un'ora.

*How many eggs do you **need** to make the cake?*
Quante uova ci vogliono per fare la torta?

7

Notare la traduzione di queste espressioni con 'volere':

I could do with a cold beer.
(Quel che) ci vorrebbe (è) una birra fresca.

Do you love me?
Mi vuoi bene?

What do you mean?
Cosa vorresti dire?

▶ Per la costruzione *want/wish/like* + persona + infinito, cfr 189.3.

359 *way*

1

Quando significa 'modo', 'maniera', *way* si usa spesso senza preposizione.

*You're doing it (in) **the wrong way**.*
Lo stai facendo nel modo sbagliato.

*You put in the cassette **this way**.*
La cassetta si inserisce così.

*Do it **any way** you like.*
Fallo nel modo che vuoi / come preferisci.

Nelle costruzioni relative si usa spesso *the way that . . . .*

*I don't like **the way (that)** you're doing it.*
Non mi piace il modo in cui lo stai facendo.

2

Dopo *way,* si può usare una costruzione con l'infinito oppure *of* + *-ing.* Non c'è molta differenza tra le due costruzioni.

*There's no **way to prove / of proving** that he was stealing.*
Non c'è nessun modo di dimostrare che stava rubando.

3   *Way* può anche significare 'cammino', 'direzione'.

> *Let's go this **way**!*
> Andiamo in questa direzione!

Non confondere *in the way* (= 'essere di intralcio') con *on the way* (= 'lungo la via', 'per strada', 'in arrivo').

> *Please don't stand in the kitchen door — you're **in the way**.*
> Per favore non stare sulla porta della cucina: mi intralci il passaggio.
>
> *We'll have lunch **on the way**.*
> Pranzeremo strada facendo.
>
> *Spring is **on the way**.*
> La primavera è in arrivo.

▶ Per *by the way*, cfr. 307.1.
Per *road, street* e *way*, cfr. 302.

360 *well*

1   L'avverbio *well* significa 'bene' e corrisponde all'aggettivo *good* (= 'buono'). Confrontare:

> *She speaks **good** English.*
> Parla un buon inglese.
>
> *She speaks English **well**.* (NON *She speaks English good*.)
> Parla bene l'inglese.

Notare che non si può dire *She speaks well English* perché gli avverbi non possono stare tra il verbo e il complemento oggetto (cfr. 55.1).

2   *Well* è anche aggettivo e significa 'in buona salute'.

> *'How are you?' 'Quite **well**, thanks.'*
> 'Come stai?' 'Abbastanza bene, grazie.'
>
> *I don't feel very **well**.*
> Non mi sento molto bene.

Di solito *well* non si usa davanti a un nome. Si può dire *She's well,* ma non *a well girl.*

▶ Per *ill* e *sick*, cfr. 183.

361 *what* (nelle frasi interrogative)

1   Davanti a un nome, *what* significa 'che', 'quale', 'che tipo di'.

> ***What** countries would you like to visit?*
> Quali paesi vorresti visitare?

Notare le espressioni con *colour, size* e *time*.

> ***What colour** is your cat?*   ***What size** is it?*
> Di che colore è il tuo gatto?   (Di) che taglia è?
>
> ***What time** did you arrive?*
> A che ora sei arrivato?

2 Come pronome, *what* significa 'che cosa'.

> ***What** did you say?*
> Che cosa hai detto?

Se c'è una preposizione, generalmente si mette alla fine della frase.

> ***What** are you waiting **for**?*
> Che cosa aspetti?
>
> ***What** are you thinking **about**?*
> A che cosa stai pensando?

Notare la domanda *What . . . like?* per chiedere la descrizione di una persona, di un luogo, ecc. o le condizioni del tempo.

> ***What's** your boyfriend **like**?*
> Com'è il tuo ragazzo?
>
> ***What** was the weather **like**?*
> Com'era il tempo?

▶ Per la differenza tra *what*, *which* e *who*, cfr. 364.
Per il pronome relativo *what*, cfr. 292.

362 *whether* e *if*

1 Per fare le domande nel discorso indiretto (cfr. 100), si possono usare sia *whether* che *if*.

> *I'm not sure **whether/if** I'll have time.*
> Non sono sicuro se avrò tempo.
>
> *I asked **whether/if** she had any letters for me.*
> Le chiesi se aveva delle lettere per me.

Si preferisce *whether* prima di *or*, specialmente nello stile formale.

> *Let me know **whether** you can come **or** not.*
> Fammi sapere se puoi venire o no.
> (. . . *if* . . . si può usare nello stile informale.)

2 Dopo *discuss* si può solo usare *whether*.

> *We **discussed whether** we should close the shop.* (NON *We discussed if . . .*)
> Discutemmo se chiudere il negozio.

363 *whether . . . or . . .*

Si può usare *whether . . . or . . .* come una congiunzione, col significato di 'non importa se . . . o . . . no'.
La frase dipendente con *whether . . . or . . .* può precedere o seguire quella principale.

> ***Whether** you like it **or** not, you'll have to pay.*
> *You'll have to pay, **whether** you like it **or** not.*
> Che ti piaccia o no, dovrai pagare.

364 *which*, *what* e *who* nelle frasi interrogative

1 **determinanti**

Which e *what* (= 'che', 'quale') si possono usare davanti ai nomi, riferiti a persone o cose.

Which teacher do you like best?
Quale insegnante ti piace di più?

Which colour do you want — green, red, yellow or brown?
Quale colore vuoi: verde, rosso, giallo o marrone?

What writers do you like?
Quali scrittori ti piacciono?

What colour are your girlfriend's eyes?
Di che colore sono gli occhi della tua ragazza?

Di solito si usa *which* quando si sceglie tra un numero limitato e *what* quando si sceglie tra un numero più grande di cose o persone.
Prima di un altro determinante (per esempio *the, my, these*) o di un pronome, si usa *which of*.

Which of your teachers do you like best?
Quale dei tuoi insegnanti preferisci?

Which of them is your brother?
Quale di loro è tuo fratello?

2 **pronomi**

Which (= 'quale'), *what* (= 'che cosa') e *who* (= 'chi') si possono usare come pronomi, senza nomi. Per le persone si usa *who*, non *which*.

Who won — Smith or Fitzgibbon?
Chi ha vinto: Smith o Fitzgibbon?

Which would you prefer — wine or beer?
Cosa preferisci: vino o birra?

What would you like to eat?
Che cosa vorresti mangiare?

Di solito si usa *who*, e non *whom*, come complemento oggetto.

Who do you like best — your father or your mother?
Chi preferisci: tuo padre o tua madre?
(*Whom do you like best . . ?* è molto formale.)

▶ Per maggiori particolari su *what*, cfr. 361.
Per l'uso di *who* e *which* come pronomi relativi, cfr. 291.
Per il pronome relativo *what*, cfr. 292.

365 who ever, what ever, how ever, ecc.

Queste espressioni esprimono sorpresa o incredulità.

Who ever *is that girl with the green hair?*
Chi è mai quella ragazza coi capelli verdi?

What ever *are you doing?*
Che diavolo stai facendo?

How ever *did you manage to start the car?*
Come diavolo sei riuscito a far partire la macchina?

When ever *will I have time to write some letters?*
Quando mai avrò il tempo di scrivere delle lettere?

Where ever *have you been?*
Dove diavolo sei stato?

Why ever *didn't you tell me you were coming?*
Perché mai non mi hai detto che venivi?

▶ Per *whoever, whatever*, ecc., cfr. 366.

366 whoever, whatever, whichever, however, whenever e wherever

Queste parole significano 'chiunque', 'qualunque cosa', 'quello che' ('qualsiasi'), 'per quanto', 'ogni volta che' e 'ovunque'.
Whoever, whatever e *whichever* possono essere il soggetto o il complemento oggetto di una frase dipendente.

> whoever, ecc. + frase + frase
> frase + whoever, ecc. + frase

Whoever *telephones, tell them I'm out.*
Chiunque telefoni, digli che sono fuori.

I'm not opening the door, ***whoever*** *you are.*
Non aprirò la porta, chiunque Lei sia.

Whatever *you do, I'll always love you.*
Qualunque cosa tu faccia, ti amerò sempre.

Keep calm, ***whatever*** *happens.*
Stai calmo, qualunque cosa succeda.

'Which is my bed?' 'You can have ***whichever*** *you like.'*
'Qual è il mio letto?' 'Puoi prendere quello che ti pare.'

However *much he eats, he never gets fat.*
Per quanto mangi, non ingrassa mai.

People always want more, ***however*** *rich they are.*
La gente vuole sempre di più, per quanto ricca sia.

Whenever *I go to London, I visit the National Gallery.*
Ogni volta che vado a Londra, vado a visitare la National Gallery.

You can come ***whenever*** *you like.*
Puoi venire ogni volta che vuoi.

***Wherever** you go, you'll find Coca-Cola.*
Ovunque tu vada, troverai la Coca-Cola.

*The people were friendly **wherever** we went.*
Ovunque siamo stati, la gente era cordiale.

367 will

1 forme

Will è un verbo ausiliare modale (cfr. 354). Non ha la *-s* alla terza persona singolare; le frasi interrogative e negative si costruiscono senza *do*; dopo *will* si usa l'infinito senza *to*.

***Will** the train be on time?*
Il treno sarà in orario?

Le forme contratte sono *'ll* e *won't* rispettivamente per le frasi affermative e negative.

*Do you think it**'ll** rain? It **won't** rain.*
Pensi che pioverà? Non pioverà.

2 futuro

Si può usare *will* come verbo ausiliare per formare un futuro. Per la prima persona singolare e plurale (*I, we*) si possono usare *will* e *shall* indifferentemente.

*I **will/shall** be happy when this is finished.*
Sarò felice quando ciò sarà finito.

*What **will** you do when you leave school?*
Cosa farai quando finirai la scuola?

Per le altre forme di futuro, cfr. 147–53.

3 disponibilità e intenzione

Si può usare *will* (ma non *shall*) per dire che si è disposti a fare qualcosa o per offrirsi di fare qualcosa.

*'Can somebody help me?' 'I **will**.' 'There's the doorbell.' 'I**'ll** go.'*
'Qualcuno può aiutarmi?' 'Io.' 'Hanno suonato.' 'Vado io.'

Will può anche esprimere una ferma intenzione, una promessa o una minaccia.

*I really **will** stop smoking. I**'ll** kill her for this!*
Smetterò veramente di fumare. L'ammazzo!

Si può usare la forma *won't* per esprimere un rifiuto.

*She **won't** open the door. 'Give me a kiss.' 'No, I **won't**.'*
Si rifiuta di aprire. 'Dammi un bacio.' 'No.'

*The car **won't** start.*
La macchina non vuol partire.

Si può usare *wouldn't* per un rifiuto nel passato.

*She **wouldn't** open the door. The car **wouldn't** start.*
Si rifiutava di aprire. La macchina non voleva partire.

4 richieste e ordini

Si può usare *Will you . . ?* per chiedere a qualcuno di fare qualcosa.

Will *you send me the bill, please?*
Può mandarmi il conto, per favore?

Will *you come this way?*
Prego, venga da questa parte.

La forma *Would you . . ?* è più cortese.

Would *you send me the bill, please?*
Would *you come this way?*

La forma *Will you have . . ?* si può usare per le offerte.

Will you have *some more potatoes?*
Vuoi ancora delle patate?

What **will you have** *to drink?*
Cosa prendi da bere?

5 abitudini e caratteristiche

Si può usare *will* per esprimere abitudini o comportamenti tipici.

She'll sit talking to herself for hours.
Sta seduta a parlare da sola per ore.

Per il passato si usa *would*.

On Saturdays, when I was a child, we **would** *all get up early and go fishing.*
Ogni sabato, quand'ero piccolo, ci svegliavamo tutti presto e andavamo a pescare.

368 wish

1 Si può usare *wish* + infinito con il significato di *want*. *Wish*, però, è più formale.

   I **wish to see** *the manager, please.*
   Vorrei vedere il direttore, per favore.

2 Si può anche usare *wish* per esprimere rammarico, cioè per dire che si preferirebbe che le cose fossero diverse. In questo caso, si usa il passato col significato di presente.

   | *I wish* + soggetto + passato |

   I wish I was *better-looking.*
   Vorrei essere più bello.

   I wish I spoke *French.*
   Vorrei (saper) parlare francese.

   I wish I had *a yacht.*
   Vorrei avere uno yacht.

   I wish it wasn't *raining.*
   Vorrei che non stesse piovendo.

   Nello stile formale, dopo *I wish* si può usare *were* invece di *was*.

   I wish I were *better-looking.* (formale)

Si può dire *I wish . . . would* (ma non *I wish . . . will*).

*I wish she **would** be quiet.* *I wish something interesting **would** happen.*
Vorrei che stesse zitta. Vorrei che accadesse qualcosa di interessante.

Per parlare del passato si usa il **past perfect** (*had* + participio passato).

> *I wish* + soggetto + **past perfect**

*I wish **I had gone** to university.*
Vorrei essere andato all'università.

*I wish **I hadn't said** that.*
Vorrei non averlo detto.

If only si usa allo stesso modo (cfr. 181). Per altri casi in cui si usa il passato col significato di presente o futuro, cfr. 267.

3 *Wish* non si usa alla forma progressiva.

***I wish** I knew why.* (NON *I am wishing . . .*)
Vorrei sapere perché.

369 worth + -ing

Si può usare *worth* + *-ing* (= 'vale la pena di . . .') con due costruzioni.

> *it is (not) worth* + *-ing* (+ oggetto)

*It isn't **worth** repairing the car.*
Non vale la pena di riparare la macchina.

*Is it **worth** visiting Leicester?*
Vale la pena di visitare Leicester?

*It's not **worth** getting angry with her.*
Non vale la pena di arrabbiarsi con lei.

> soggetto + *is (not) worth* + *-ing*

*The car isn't **worth** repairing.*
*Is Leicester **worth** visiting?*
*She's not **worth** getting angry at.*

370 would

1 forme

Would è un verbo ausiliare modale (cfr. 354). Non ha la *-s* alla terza persona singolare; nelle frasi interrogative e negative non si usa *do*; dopo *would* si usa l'infinito senza *to*.

2 significato

Would si usa come passato di *will* o come forma meno decisa e più cortese di *will* nelle richieste.

I'll be here at ten tomorrow.
Sarò qui alle dieci domani.

*I said I **would** be there at ten the next day.*
Dissi che sarei stato là alle dieci del giorno dopo.

*She **will** talk to herself for hours.* (abitudine presente)
Parla da sola per delle ore.

*She **would** talk to herself for hours.* (abitudine passata)
Parlava da sola per delle ore.

*He **won't** do his homework.* (rifiuto presente)
Non vuole fare i compiti.

*He **wouldn't** do his homework.* (rifiuto passato)
Non voleva fare i compiti.

***Will** you open the window, please?* (richiesta decisa)
Mi apri la finestra, per favore?

***Would** you open the window, please?* (richiesta meno decisa)
Mi apriresti la finestra, per favore?

Would è l'ausiliare che serve a formare il condizionale degli altri verbi (cfr. 90).

*I **would** tell you if I knew.*
Te lo direi se lo sapessi.

▶ Per la differenza tra *would* e *should*, cfr. 312.
Per maggiori particolari su *will*, cfr. 367.

371 *would rather*

1 *I/you*, ecc. + *would rather* significa 'preferirei/preferiresti', ecc. *Would rather* è seguito dall'infinito senza *to*.

> would rather + infinito senza *to*

***Would** you **rather** stay here or go home?*
Preferisci stare qui o andare a casa?

*'How about a drink?' 'I**'d rather** have something to eat.'*
'Qualcosa da bere?' 'Preferirei qualcosa da mangiare.'

2 Si può usare *would rather* per dire che si preferirebbe che qualcun altro facesse qualcosa. Si usa una costruzione particolare con il passato.

> would rather + soggetto + passato

*I**'d rather** you went home now.*
Preferirei che tu andassi a casa adesso.

*Tomorrow's difficult. I**'d rather** you came next weekend.*
Domani è difficile. Preferirei che tu venissi il prossimo fine settimana.

*My wife **would rather** we didn't see each other any more.*
Mia moglie preferirebbe che noi non ci vedessimo più.

*'Shall I open a window?' 'I**'d rather** you didn't.'*
'Apro una finestra?' 'Preferirei di no.'

▶ Per altri casi in cui il passato ha valore di presente o futuro, cfr. 267.
Per un altro modo di usare *rather*, cfr. 123.

Indice analitico

a e *an* 38, 39, 41.2, 42
   not a e *no* 231
   three times a day 283.3
a e *one* 39.1, 236.8
a bit + comparativo 88.2
a few e *a little* 130
a great deal 218.3
a group of + plurale 318.3
a large number 218.3
a little 130
   + comparativo 88.2
a little e *a few* 130
a long time 216.4
   a long time e *long* 208
a long way e *far* 125
a lot 218
   + comparativo 88.2
a number of + plurale 318.3
abbastanza 113, 123
abbreviazioni 1
   il punto 245
ability: preposizione 281
able: be able to 76.2, 77.2,3
about e *(a)round* 37
about to 2
above, on e *over* 3
abusive: falso amico 124
accident: falso amico 124
accommodate: falso amico 124
accommodation : non numerabile 235.3
across (adverb particle) 285
   across, over e *through* 4
actual(ly) 307.13
   falso amico 124
adverb particles 285, 355
advertisement: falso amico 124
advice: falso amico 124
   non numerabile 235.3
advise: + oggetto + infinito 189.3
   falso amico 124
afford + infinito 189.2
afraid 5, 59
   + infinito o forma *-ing* 193.8
   afraid so/not 323
   be afraid 59
   I'm afraid 307.12
   posizione 12.3
after (congiunzione) 6
after (preposizione) e *afterwards* 7
after all 8
again 29.3
age senza preposizione 283.5
aggettivi 9–13
   + *for* + oggetto + infinito 134.1
   con *and* 30.1

   con *one, ones* 238
   comparativo e superlativo 85–6
   di nazionalità 234
   ordine nella frase 11
   posizione 12
   sostantivati (*the blind*, ecc.) 13
   terminanti in *-ly* 10
agree 14
   preposizione 281
ain't 92.4
alive: posizione 12.3
alive, living, lively e *live* 15
all 16–17
   con i verbi 17
   con nomi e pronomi 16
   senza preposizione 52.6
   senza *the* 42.2
all e *all of* 16, 97.3
all e *every* 19
all, everybody e *everything* 18
all e *whole* 20
all right 21
all the same 307.4
allow: + infinito o forma *-ing* 193.5
   + oggetto + infinito 189.3
   be allowed to 214.3
allow, let e *leave* 22
almost: posizione 55.3, 56.5,11
almost e *nearly* 23
alone 325
   posizione 12.3
already 158.2
   col present perfect 263.4
   posizione 56.8
already, still e *yet* 331
also: posizione 24, 56.3
also, as well e *too* 24, 28
although e *though* 25
altro: traduzioni 26
always: con forma progressiva 146
   posizione 56.2
a m 240.2
am to, ecc. 60
among e *between* 27
anche: traduzioni 24, 28, 117, 324
ancient: falso amico 124
ancora: traduzioni 29
and 30
   + infinito senza *to* 192.4
   both . . . and 70
   dopo *try, wait, go*, ecc. 31
   nei numeri 236.7
   omissione di parole dopo *and* 110.2
angry: preposizione 281
annoy(ed): falso amico 124

Indice analitico

another 26.3, 32
anxious + *for* + oggetto + infinito 134.1
any = qualsiasi 33
   + comparativo 34, 88.2
   not any e *no* 231
   senza preposizione 52.6
any e *any of* 97.3, 326.1
any e *some* 326–8
any different/good/use 34
anybody 33, 329
   + *they/them/their* 320
   col verbo singolare 320
anybody e *somebody* 329
anyhow 307.5
anyone 33
   + *they/them/their* 320
   col verbo singolare 320
anyone e *someone* 329
anything 33, 329
anything e *something* 329
anyway 307.5
anywhere 33, 329
apologise for + *-ing* 115.5
apostrofo: uso 297.5
appear 35, 352
   + infinito 189.2
   non usato nelle forme progressive 145.3
appena 36
aren't I? 92.4, 142.4
argument: falso amico 124
around, round e *about* 37
arrange: + *for* + oggetto + infinito 134.4
   + infinito 189.2
arrive: preposizione 281
articoli 38–42
   vedi anche *the, a/an*
as + *me/I*, ecc. 290.3
as ... as 84
as, because e *since* 43
as e *like* 45
as far as 44.3, 132.2
as if e *as though* 46
as if e *like* dopo *look* 209.1
as long as 44.2, 132.3
as many ... as 47
as much ... as 47
as soon as 36.2, 340
as though e *as if* 46
as well, also e *too* 24
as well as 48
as, when e *while* 49
as you know, ecc. 44.1
ashamed: be ashamed 59
ask 50
   + *for* + oggetto + infinito 134.4
   + infinito 189.2
   + oggetto + infinito 189.3
   preposizione 281

asleep: posizione 12.3
assume: falso amico 124
at all 53
at any rate 307.5
at home 51.6, 175.1
at, in e *on* (luogo) 51
   tempo 52
at the end e *in the end* 282
(at) what time 240.3, 283.4
athletics: singolare 317
attack: falso amico 124
attempt + infinito o forma *-ing* 193.11
attend: falso amico 124
attic: falso amico 124
attitude: falso amico 124
audience: falso amico 124
auguri 115.4
ausiliari 54
   nelle question tags 142
   nelle risposte brevi 301
   omissione di parole 110.3
author: falso amico 124
avoid + forma *-ing* 136.3
avverbi: adverb particles e preposizioni 285, 355
   comparativo e superlativo 87
   posizione 55–6
   terminanti in *-ly*: ortografia 249
away (adverb particle) 285

back (adverb particle) 285
bad: preposizione 281
be: + infinito 60
   ausiliare 54
   do(n't) be 58
   età 116
   forma progressiva 59.4
   usi particolari 59
   verbo copulativo 352
be able to 76.2, 77.2,3
be afraid (of) 5.1, 59
   + infinito o forma *-ing* 193.8
be afraid so/not 5.2, 323
be allowed to 214.3
be born 67
be to ... 60
be used to ...ing 350
because 271.2
because, as e *since* 43
because e *because of* 61
become 352
bed: preposizione 51.6
been e *gone* 159
before (avverbio) 62, 158.3
   col present perfect 263.4
before (congiunzione) 63
before (preposizione), *in front of* e *opposite* 64
begin + infinito o forma *-ing* 193.11
begin e *start* 65

Indice analitico

believe: frase negativa 143.7
   non usato nelle forme progressive 145.3
   preposizione 281
believe so/not 323
belong non usato nelle forme progressive 145.3
beside e *besides* 255.1
best 85.2
better 85.2
   had better 162
between e *among* 27
big, *large* e *great* 66
billiards: singolare 317
blind: the blind 13
boring e *bored* 257.2
born 67
both 68–9
   con i verbi 69
   con nomi e pronomi 68
   senza *the* 42.2
both ... and 70
both e *both of* 68, 97.3
brave: falso amico 124
bring: costruzioni 356
bring e *take* 276.1
Britain, the United Kingdom, England, ecc. 71
broad e *wide* 72
business: non numerabile 235.3
but: omissione di parole 110.2
but (= *except*) 73
   + infinito senza *to* 192.4
   but me/I 290.3
buy: costruzioni 356
by con la forma passiva 268
by e *with* 74
by far + superlativo 88.4
by myself, ecc. 295.5, 325
by the way 307.1
by, within e *in* 75
bye 115.2

calcoli orali 236.14
call: + oggetto + nome 357.2
   preposizione 281
camera: falso amico 124
can (ausiliare) 54, 76–80
   capacità 77
   con *remember*, ecc. 80
   forme 76
   permesso, offerte, richieste e ordini 79
   possibilità e probabilità 78
can e *may* 214.3
can't e *mustn't* 223
can't bear: + infinito o forma *-ing* 193.11
   + oggetto + infinito 189.3
can't help ...ing 136.3, 172.3
can't stand ...ing 136.3
canteen: falso amico 124
card: falso amico 124

carry 276.2
casual: falso amico 124
cattle 275.2
cause + oggetto + infinito 189.3
cave: falso amico 124
certain + infinito o forma *-ing* 193.10
certainly: posizione 56.4
chairman/chairperson 154.3
che: traduzioni 81
cheers 115.2
church: preposizione 51.6
ciò che: traduzioni 292
class col verbo plurale 318
clever: preposizione 281
close e *closely* 57.2
close e *shut* 82
clothes e *cloths* 255.2
cold: be cold 59
college preposizione 51.6
colour senza preposizione 283.5
come: traduzioni 83
come and ... 31.2
comparativi 84–9
   avverbi 87
   comparativo di uguaglianza 84
   comparativo e superlativo degli aggettivi 85
   comparativo e superlativo: uso 86
   less, ecc. 89
   modificatori 88
complimenti 115.13
condizionale 90
   frasi condizionali 179–81
conference: falso amico 124
confidence: falso amico 124
congiuntivo 91
congratulate, congratulations: preposizione 281
consider + forma *-ing* 136.3
consistent: falso amico 124
contain non usato nelle forme progressive 145.3
continue + infinito o forma *-ing* 193.11
contrazioni 92
convenient: falso amico 124
cost: costruzioni 356
costruzione enfatica con gli avverbi 56.10
   con *it* e *what* 93
could 54, 76–80
   con *if* 180
   vedi anche *can*
could e *may* 214.3
country 94
cowardly 10.1
crash: preposizione 281
crude: falso amico 124
cut: + oggetto + aggettivo 357.1
   preposizione 185.2

Indice analitico

daily 10.2
dare = osare 95
   + infinito 189.2
date 96
dead: the dead 13
dead e *died* 255.3
deaf: the deaf 13
decide + infinito 189.2
decimali 236.2
decision + infinito 189.5
delay + forma *-ing* 136.3
delighted + *for* + oggetto + infinito 134.1
delude: falso amico 124
delusion: falso amico 124
demand: falso amico 124
depend on non usato nelle forme progressive 145.3
depend(ent): preposizione 281
describe: costruzioni 356.5
design: falso amico 124
determinanti (*my, some, every,* ecc.) 97
died e *dead* 255.3
different: preposizione 281
   any/no different 34.2
different, new e *other(s)* 26
difficulty: preposizione 281
disappointed: preposizione 281
discomfort: falso amico 124
discorso indiretto 98–101
   domande 100
   introduzione 98
   ordini, richieste, consigli, ecc. 101
   tempi verbali e avverbi 99
discuss whether 362.2
disgrace: falso amico 124
dislike: + forma *-ing* 136.3
   non usato nelle forme progressive 145.3
disposable: falso amico 124
distracted: falso amico 124
divert: falso amico 124
divide: preposizione 27, 281
divorce 211
do (ausiliare) 54, 102
   con *be* 58
   do ...ing 103
   domande 138
   negazione 143
do e *make* 104
domande 138–42
   domande orali 139
   forma interrogativa negativa 140
   forma interrogativa negativa nelle esclamazioni 114.3
   nel discorso indiretto 100
   question tags 142
   regole generali 138
   reply questions 141
dozen(s) 236.9

draughts: singolare 317
dream: preposizione 281
dress: preposizione 281
drive: preposizione 281

each 105
   senza preposizione 52.6
each e *each of* 97.3, 105.2
each e *every* 106
each other 295.6
each other e *one another* 107
early 10.2
   comparativo e superlativo dell'avverbio 87
easy + infinito 189.4
economic e *economical* 255.4
economics: singolare 317
editor: falso amico 124
educated: falso amico 124
egoistic: falso amico 124
exhibition: falso amico 124
either (avverbio): posizione 56.3
either (determinante) 108
either ... or 109
either e *either of* 97.3, 108.2
elder, eldest 85.2
   posizione 12.2
elder/eldest e *older/oldest* 255.5
elect + oggetto + nome 357.2
ellissi (omissione di parole) 110
else 26.5, 111
encourage + oggetto + infinito 189.3
end: preposizione 282
England, Britain, the United Kingdom, ecc. 71
English: non numerabile 235.2
   English e **British**, ecc. 71
enjoy 112
   + forma *-ing* 136.3
enough 113
   + *for* + oggetto + infinito 134.2
enough e *enough of* 97.3, 113.2
escaped 257.3
esclamazioni 114
espressioni tipiche della vita quotidiana e sociale 115
essential + *for* + oggetto + infinito 134.1
età 116
even 28.2, 117
   con i comparativi 29.5
   posizione 56.3,11
even so 117.4
even though/if 28.2, 117.3
eventual(ly): falso amico 124
   posizione 56.8
ever: posizione 56.2
   who ever, ecc. 365
ever e *never* 118
ever since 118.5
every senza preposizione 52.6

every e *all* 19
every e *each* 106
every e *every one (of)* 97.3, 119
everybody: + singolare 119.5, 320
   + *they/them/their* 320
everybody, everything e *all* 18
everyone + singolare 119.5, 320
   + *they/them/their* 320
everything + singolare 119.5
everything, everybody e *all* 18
except: + infinito senza *to* 192.4
   except me/I 290.3
except e *but* 73
except e *except for* 120
exciting e *excited* 257.2
excuse + forma *-ing* 136.3
excuse me, pardon e *sorry* 115.15
exhibition: falso amico 124
expect: + infinito 189.2
   + oggetto + infinito 189.3
expect so/not 323
expect, wait e *look forward* 121
explain 122
   costruzioni 356.5
   preposizione 281
extravagant: falso amico 124

fabric: falso amico 124
factory: falso amico 124
fail + infinito 189.2
fairly, quite, rather e *pretty* 123
fall, feel e *fill* 353.2
fallen 257.3
falsi amici 124
family col verbo plurale 318
far 216.2
   + comparativo 88.1
   comparativo e superlativo dell'avverbio 87
far e *a long way* 125
fare: traduzioni 126
farther, farthest 85.2
farther e *further* 127
fast: aggettivo o avverbio 128
   comparativo e superlativo dell'avverbio 87
fastidious: falso amico 124
feel 129, 308.3, 352
   + oggetto + infinito senza *to* 192.2
   can feel 80
   non usato nelle forme progressive 145.3
feel, fall e *fill* 353.2
feel like + forma *-ing* 136.3
female e *feminine* 255.6
femminile (professioni) 154.3
fetch 276.3
few e *few of* 97.3
few e *little* 130
fewer e *less* 131
fill, fall e *feel* 353.2

finché: traduzioni 132
fine: falso amico 124
finish + forma *-ing* 136.3
fino a, fin(o) da traduzioni 132
firm: falso amico 124
first of all 307.3
firstly, secondly, ecc. 307.3
foot e *feet* (misura) 236.10
for: + oggetto + infinito 134
   + oggetto + infinito dopo *too* 346.1
   col present perfect 263.6, 264.3
   scopo 133
for e *since* 264.3
for, since e *from* 135
forever 118.5
forget + infinito o forma *-ing* 193.1
forgive + forma *-ing* 136.3
forma *-ing* 136
   dopo *after* 6.4
   dopo *as well as* 48.2
   dopo *before* 63.2
   dopo *do* 103
   dopo *enjoy* 112
   dopo *for* 133.2
   dopo *to* 137
   dopo *worth* 369
   forma *-ing* negativa 143.3
   forma *-ing* o infinito 193
   participio presente 256–8
   usato come aggettivo 257
forma interrogativa 138–42
   domande orali 139
   forma interrogativa negativa 140
   forma interrogativa negativa nelle esclamazioni 114.3
   question tags 142
   regole generali 138
   reply questions 141
forma negativa 143
   doppia negazione 144
forma progressiva 145
   con *always* 146
   future progressive 153
   past progressive 262
   present progressive 288
frasi condizionali 179
   if ... could/might 180
   if only 181
frazioni 236.1
frequently: posizione 56.2
friendly 10.1
from, since e *for* 135
furniture: non numerabile 235.3
further, furthest 85.2
further e *farther* 127
future in the past 90.2
future perfect 152
future progressive 153

Indice analitico

futuro 147–53
  about to 2
  future in the past 90.2
  future perfect 152
  future progressive 153
  I am to 60
  introduzione 147
  nelle frasi dipendenti 340.2
  present progressive e *going to* 148
  shall e *will* (previsioni) 149
  shall e *will* (rapporti interpersonali) 150
  simple present 151
  tempo presente con *after* 6.2

game e *play* 272
genere 154
genial: falso amico 124
gentle: falso amico 124
gerundio 136
get 155–7, 352
  + oggetto + aggettivo 357.1
  + oggetto + verbo 156, 189.3
  have got 167, 170
  preposizione 281
get dressed/engaged/married 155.3
get divorced 211.2,3
get e *go* 157
get married 211.2,3
get used to ...ing 350
già: traduzioni 158
give: costruzioni 356
give up + forma *-ing* 136.3
go: + forma *-ing* 136.3, 161
  = **diventare** 160, 352
  been e *gone* 159
go and ... 31.2
go e *get* 157
go on + infinito o forma *-ing* 193.3
going to (futuro) 148
gone = finito/sparito 159
gone e *been* 159
good: any/no good 34.3
  good at + forma *-ing* 136.5
  it's no good ...ing 136.6
  preposizione 281
got: have got 167, 170
gotten 194.1
government col verbo plurale 318
grand: falso amico 124
grapes: numerabile 235
Great Britain, the United Kingdom, ecc. 71
great deal 218
great, large e *big* 66
group col verbo plurale 318
grow = **diventare** 352
guard: falso amico 124
guess so/not 323

had better 162
hair: non numerabile 235.3,4
half e *half of* 97.3, 163
happen 164
  + infinito 189.2
hard 216.4
  comparativo e superlativo dell'avverbio 87
hard e *hardly* 57.2, 255.7
hardly 36.3, 57.2, 255.7
  inversione 196.4
  posizione 56.5
hardly ... at all 53.2
hardly any 326.3
hardly ever 143.5
hate: + infinito o forma *-ing* 193.11
  + oggetto + infinito 189.3
  non usato nelle forme progressive 145.3
have 165–70
  + oggetto + verbo 169
  azioni 168
  introduzione 165
  possesso, relazioni, ecc. 167
  verbo ausiliare 54, 166
have breakfast, a bath, ecc. 168
have got 167
have (got) to 170
have (got) to e *must* 222
he 289
he e *him* 290
he, she e *it* 154, 289.2
health: non numerabile 235.2
hear 308.1
  + infinito o forma *-ing* 193.6
  + oggetto + infinito senza *to* 192.2
  can hear 80
  non usato nelle forme progressive 145.3
hear e *listen (to)* 171
help 172
  + infinito 189.2
  + oggetto + infinito 189.3
  can't help ...ing 136.3, 172.3
her: possessivo 279–80
her: pronome personale 289
her e *she* 290
here: inversione 197.1
here e *there* 173
high e *highly* 57.2
high e *tall* 337
him 289
him e *he* 290
his 279–80
holiday e *holidays* 174
home con e senza preposizione 51.6, 175.1, 283.7
home e *house* 175
homework non numerabile 235.3
hope: + *for* + oggetto + infinito 134.4
  + infinito 189.2

frase negativa 176.2
hope so/not 323
hospital: preposizione 51.6
hot: be hot 59.1,4
hour, time, weather e **tense** 177
house e **home** 175
how: + infinito 190
   nelle esclamazioni 114.1
how about 178.5
How are you? e **How do you do?** 115
how e **what ... like** 178
how ever 365
how far 125
how far/long/much/many/often 178.5
how long 135.2
how should ... 313
however 307.4, 366
hundred(s) 236.9
hungry: be hungry 59
hurt: falso amico 124

I dare say 95.3
I, me, ecc. 289–90
I mean 307.7
I suppose 307.11
I'm afraid 5.2, 307.12
idea: + *for* + oggetto + infinito 134.3
   preposizione 281
if 179–82
   discorso indiretto 100.2
   frasi condizionali 179
   omissione e inversione 196.2
if ... at all 53.2
if ... could/might 180
if e *whether* 362
If I were you, I should ... 314
if not e *unless* 348
if only 181
if so/not 182
il che: traduzioni 292
ill: posizione 12.3
   preposizione 281
ill e *sick* 183
imagine: + forma *-ing* 136.3
   frase negativa 143.7
   non usato nelle forme progressive 145.3
imagine so/not 323
imperativo 184
important + *for* + oggetto + infinito 134.1
impressed: preposizione 281
in a suit, hat, ecc. 282
in a ... voice 282
in, at e *on* (luogo) 51
   tempo 52
in case 186
in e *into* 185
in front of, opposite e *before* 64
in order to 191

in pen, pencil, ecc. 282
in the end e *at the end* 282
in the rain, snow, ecc. 282
in the way e *on the way* 359.3
in time e *on time* 282
in, within e *by* 75
include non usato nelle forme progressive 145.3
inconvenient: falso amico 124
indeed 187
independent: preposizione 281
indirizzi: preposizioni 51.5
infinito 188–93
   di scopo 133.1, 191
   discorso indiretto 101
   dopo *ask* 50.3
   dopo certi aggettivi 189.4
   dopo certi nomi 189.5
   dopo certi verbi 189.2
   dopo *enough* 113.3
   dopo *seem* 306.3
   dopo *too* 346.1
   dopo *wait* e *expect* 121
   dopo *who, what, how,* ecc. 190
   for + oggetto + infinito 134
   I am to ..., ecc. 60
   infinito negativo, progressivo, passato, passivo 188
   infinito o forma *-ing* 193
   infinito senza *to* 192
   infinito senza *to* dopo *but* e *except* 73.3
   oggetto + infinito dopo certi verbi 189.3
   oggetto + infinito dopo *get* 156.1
   oggetto + infinito dopo *have* 169.1
   oggetto + infinito dopo *help* 172.1
   oggetto + infinito dopo *wait* e *expect* 121.2
   omissione dell'infinito dopo *to* 110.5
   uso dell'infinito 189
information: non numerabile 235.3
ingenuity: falso amico 124
inglese americano e inglese britannico 194
injury: falso amico 124
ink: preposizione 282
insist: preposizione 281
instead e *instead of* 195
intend + infinito o forma *-ing* 193.11
interested: preposizione 281
   interested in + forma *-ing* 136.5
interested e *interesting* 257
interesting + infinito 189.4
into e *in* 185
inversione 196–7
invite + oggetto + infinito 189.3
inviti 115.8
it: + forma *-ing* 136.6
   anticipatore del soggetto 198
   anticipatore dell'oggetto 199
   costruzione enfatica 93.1
   pronome personale 154, 289

Indice analitico

it, he e *she* 154, 289
it's no good/use + forma *-ing* 136.6
it's time 200
its e *it's* 92.4

joke: falso amico 124
jolly: falso amico 124
journey, travel e *trip* 347
jump: preposizione 185.2
just (avverbio) 36.1, 201, 325
    posizione 56.3,8,11
just e *justly* 57.2
just in case 186
just now 201.3

keep: + forma *-ing* 136.3
    + oggetto + aggettivo 357.1
    verbo copulativo 352
kind: preposizione 281
kind of 307.8
know: non usato nelle forme progressive 145.3
    I know e *I know it* 289
knowledge: non numerabile 235

lack senza preposizione 283.1
large: falso amico 124
large, big e *great* 66
large number 218
lasciare: traduzioni 22
last senza preposizione 52.6
last e *latest* 255.8
last e *the last* 202
late: comparativo e superlativo dell'avverbio 87
late e *lately* 57.2
latest e *last* 255.8
laugh: preposizione 281
lay e *lie* 353.2
learn + infinito 189.2
least 85.2, 89
leave: + oggetto + aggettivo 357.1
    con due oggetti 356
leave, allow e *let* 22
leave e *live* 353.2
lecture: falso amico 124
left 203
left: preposizione 51.6
lend: costruzioni 356
less 85.2, 89
less e *fewer* 131
less e *less of* 97.3
let + oggetto + infinito senza *to* 192.2
let, allow e *leave* 22
let me see 307.9
let's 204
lettere 205
library: falso amico 124
license: falso amico 124
lie e *lay* 353.2

lightning: non numerabile 235.3
like 206, 358.2
    + infinito o forma *-ing* 193.11
    + oggetto + infinito 189.3
    non usato nelle forme progressive 145.3
    would like 90.2
like e *as* 45
    seem like 306.3
like e *as if/though* 46.3
like e *as if* dopo *look* 209.1
likely 10.1, 207
listen: preposizione 281
listen (to) e *hear* 171
little (aggettivo): posizione 12.2
little (determinante) e *little of* 97.3
little e *few* 130
little e *small* 321
live e *leave* 353.2
live, lively, living e *alive* 15
local: falso amico 124
lonely 10.1, 325
long (avverbio): comparativo e superlativo 87
long (tempo) 216.4
long e *a long time* 208
longer (tempo) 29.4
    no longer, not any longer, ecc. 232
look 209, 352
    preposizione 281
look after e *look for* 255.9
look as if 209.1
look (at) e *watch* 210
look forward, expect e *wait* 121
look forward to ...ing 137
look like 46.3, 209
lose e *loose* 255.10
lot: a lot 218
    + comparativo 88.2
lots 218
loud: comparativo e superlativo dell'avverbio 87
loud e *loudly* 57.3
love (tennis) 236.3
love: + infinito o forma *-ing* 193.11
    non usato nelle forme progressive 145.3
lovely 10.1
luggage: non numerabile 235.3
lunatic: falso amico 124

madam 345.2
magazine falso amico 124
maiuscole (iniziali) 241
make: + oggetto + aggettivo 357.1
    + oggetto + infinito senza *to* 192.2
    + oggetto + nome 357.2
    con due oggetti 356
make e *do* 104
male e *masculine* 255.6
manage + infinito 189.2
many e *many of* 97.3, 219

Indice analitico

many, *much*, *a lot*, ecc. 218
   as much/many as 47
marmalade: falso amico 124
marriage: preposizione 281
married: preposizione 281
marry 211
   senza preposizione 283.1
masculine e *male* 255.6
mathematics: singolare 317
matter non usato nelle forme progressive 145.3
may 54, 212–14
   forme 212
   permesso 214
   probabilità 213
may e *can* 78.2, 79.1
me 289
me e *I* 290
mean: + infinito 189.2
   + oggetto + infinito 189.3
   I mean 92.7
   non usato nelle forme progressive 145.3
measles: singolare 317
mention: costruzioni 356.5
mere 325
might 54, 212–14
   con *if* 180
   forme 212
   might e *can* 78.2, 79.1
   permesso 214
   probabilità 213
million(s) 236.9
mind 215
   + forma *-ing* 136.3
mind you 307.6
mine e *my*, ecc. 279–80
   a friend of mine, ecc. 279
miser: falso amico 124
miserable: falso amico 124
Miss 345
miss + forma *-ing* 136.3
misure 236.10,12
   posizione dell'aggettivo 12.4
modali 354
molto: traduzioni 216
money: non numerabile 235.3
monthly 10.2
morbid: falso amico 124
more and more 86.4
more con i comparativi 85.3, 87
more e *more of* 97.3, 217
more, *other*, ecc. (quantità) 26.3, 29.4
more than one + singolare 319
most con i superlativi 85.3, 87
most e *most of* 97.3, 217
most e *mostly* 57.2
Mr, *Mrs*, ecc. 345
   senza punto 1.1, 245

much 216.2,3
   + comparativo 88.1, 216.2
   as much as 84
much e *much of* 97.3, 219
much, *many*, *a lot*, ecc. 218
must 54, 220–3
   dovere 221
   forme 220
must e *have to* 222
must, *should* e *ought* 311
mustn't e *can't* 223
mustn't, *haven't got to*, *needn't*, ecc. 222
my e *mine*, ecc. 279–80
myself, ecc. 295

nazionalità 234
neanche: traduzioni 28
near: comparativo e superlativo dell'avverbio 87
near e *nearly* 57.2
nearly: posizione 56.5
nearly e *almost* 23
necessary + *for* + oggetto + infinito 134.1
need 224, 358.6
   + forma *-ing* (significato passivo) 136.4
   + oggetto + infinito 189.3
   non usato nelle forme progressive 145.3
needn't, *mustn't*, *haven't got to*, ecc. 222
negazione 143-4
   due negazioni 144
   forma interrogativa negativa 140
   no e *not* 230
neither: inversione 196.3
   posizione 56.3
neither am I, *neither do I*, ecc. 28.4
neither e *neither of* 97.3, 225
neither ... nor 227
neither, *nor* e *not ... either* 226
never 143.5
   col present perfect 263.4
   posizione 56.2
never e *ever* 118
new, *different* e *other(s)* 26
news: non numerabile, singolare 235.3, 317
newspaper: preposizione 51.6
next senza preposizione 52.6
next but one, ecc. 73.4
next e *the next* 228
nice: preposizione 281
nil 236.3
no con i comparativi 34, 88.2
no different/good/use 34
no e *none of* 97.3, 229
no e *not* 230
no e *not a / not any* 231
no e *not all* 19.4
no / not any longer, *no / not any more* 232
nobody, *no-one* + *they/them/their* 320
   col verbo singolare 320

Indice analitico

nome + nome 233
nomi di nazionalità 234
nomi numerabili e non numerabili 235
none of e *no* 229
nor: inversione 196.3
   neither ... nor 227
nor am I, nor do I, ecc. 28.4
nor, neither e *not ... either* 226
normal + for + oggetto + infinito 134.1
not: con *hope, believe,* ecc. 323
   forma negativa 143-4
   if not 182
not a / not any e *no* 231
not all e *no* 19.4
not any longer/more 232
not at all 53, 115.12
not e *no* 230
not ... either, neither e *nor* 226
not even 28.2
not so/as ... as 84.3
nothing but 26.6, 73.3
notice: + oggetto + infinito senza *to* 192.2
   falso amico 124
nought 236.3
novel: falso amico 124
number: a number of + plurale 318
numeri 236

occasionally: falso amico 124
   posizione 56.2
occur: falso amico 124
of dopo *some, every, most,* ecc. 97.3
off (adverb particle) 285
off e *on* 51.4
offer: + infinito 189.2
   con due oggetti 356
   costruzione personale nel passivo 270
often: posizione 56.2
old: the old 13
omissione di parole 110
on (adverb particle) 285
on, above e *over* 3
on, at e *in* (luogo) 51
   tempo 52
on holiday 174
on the other hand 307.4
on the way e *in the way* 359
on time e *in time* 282
once 237
one e *a* 39.1, 236.8
   one senza preposizione 52.6
one and a half 163.3
one: pronome personale indefinito 239
one's 280.1
one(s): al posto di un nome 238
one another e *each other* 107
one day e *once* 237
only 325

if only 181
   inversione 196.5
   posizione 56.3,11
opposite, in front of e *before* 64
or: + infinito senza *to* 192.4
   omissione di parole 110.2
or else 111.3
order + oggetto + infinito 189.3
ordine delle parole con *and* 30.2
   con *enough* 113
   con *quite* 298.2
   con *such* 332
   discorso indiretto 100
   domande 138, 139
   esclamazioni 114
   forma interrogativa negativa 140
   inversione 196-7
   posizione degli avverbi 55-6
   preposizioni in fine di frase 284
ore 240
ortografia 241-51
   britannica e americana 194.3
ostrich: falso amico 124
other e *others* 252
other(s), different e *new* 26
ought 54, 253
ought, should e *must* 311
our, ours 279-80
out (adverb particle) 285
over (adverb particle) 285
over, above e *on* 3
over, across e *through* 4
owe con due oggetti 356
   non usato nelle forme progressive 145.3
own (aggettivo) 254
own (verbo) non usato nelle forme progressive 145.3

page: preposizione 51.6
pain: falso amico 124
paint + oggetto + aggettivo 357.1
pardon, excuse me e *sorry* 115.15
parent: falso amico 124
parole simili 255
part: falso amico 124
participi 256-8
   nelle frasi dipendenti 258
   participio passato 256.2
   participio presente 256.1
   usati come aggettivi 257
pass: costruzioni 356
passato: tempi passati e present perfect 259-67
   con significato di congiuntivo 340.1
   con valore di presente o futuro 267
   vedi anche **simple past, past progressive,** ecc.

passivo 268–70
  costruzione personale (verbi con due oggetti) 270, 356.4
  forme verbali 269
  introduzione 268
past (adverb particle) 285
past perfect 265
  con *after* 6.3
  con *before* 62.2
  con *if* 179.4
  con *if only* 181
  con *this is the first time*, ecc. 266
  con *wish* 368.2
past progressive 259, 262
  con *as, when* e *while* 49
past simple vedi **simple past**
pavement: falso amico 124
pay: con due oggetti 356
  con *for* + oggetto + infinito 134.4
  preposizione 281
pen, pencil: preposizione 282
people 275.2
perché: traduzioni 271
perhaps: posizione 56.4
persuade + oggetto + infinito 189.3
petrol: falso amico 124
phonetics: singolare 317
picture: falso amico 124
più di: traduzioni 3
play: can play 80
play e *game* 272
please (richieste) 115.11
please (verbo) non usato nelle forme progressive 145.3
pleased: + infinito 189.4
  preposizione 281
plenty 218.3
plurale dei nomi 273–5, 317–20
  + verbo singolare 319
  forme irregolari 275
  ortografia 273
  plurale senza -*s* nei numeri 236.9,11,12
  pronuncia 274
  vedi anche **singolare e plurale**
p m 240.2
police 275.2
polite: preposizione 281
politics: singolare 317
poor: the poor 13
portare: traduzioni 276
possess non usato nelle forme progressive 145.3
possessivi 277–80
  a friend of mine, ecc. 279
  my e *mine*, ecc. 280
  nome + *'s:* costruzione 277
  nome + *'s:* uso 278

possible: as much/many as possible 47
practise + forma -*ing* 136.3
prefer: + infinito o forma -*ing* 193.11
  + oggetto + infinito 189.3
  non usato nelle forme progressive 145.3
  would prefer 90.2
preoccupied: falso amico 124
prepare + infinito 189.2
preposizioni 281–5
  + forma -*ing* 136.5
  davanti a parole ed espressioni particolari 282
  dopo parole ed espressioni particolari 281
  e avverbi (adverb particles) 285, 355
  espressioni in cui si possono omettere 283
  in fine di frase 284
  luogo 51
  tempo 52
present perfect 259, 263-4, 266
  con *after* 6.3
  con *already* 331.3
  con *before* 62.1
  con *ever* 118.3
  con *for* 135.2, 135.4
  con *just* 201.1
  con *since* 135.4
  con *yet* 331.2
  present perfect progressive 259, 264
  present perfect simple 259, 263
present progressive 286, 288
  con *for* 135.2
  significato futuro 148
present simple vedi **simple present**
presentazioni 115.1
presente 286–8
  con significato di futuro 340.1
  introduzione 286
  present progressive 288
  simple present 287
presently e *at present* 255.11
pretend: + infinito 189.2
  falso amico 124
pretty, fairly, quite e *rather* 123
prevent: preposizione 281
price e *prize* 255.12
principal: falso amico 124
principal e *principle* 255.13
prison: preposizione 51.6
prize e *price* 255.12
probably: posizione 56.4
professor 345.4
progress: non numerabile 235.3
promise: + infinito 189.2
  con due oggetti 356
pronomi personali 289–90
  me, ecc. dopo *as* 84.2, 86.3
  me, ecc. dopo *but* e *except* 73.2

Indice analitico

pronomi relativi 291–4
   come tradurre **ciò che**, **il che** 292
   frasi attributive e appositive 294
   regole generali 291
   whose 293
pronomi riflessivi 295
pronuncia: desinenza *-ed* 261
   forme toniche e forme atone 296
   plurali 274
   pronuncia e ortografia 251
proof: preposizione 281
propose: costruzioni 356.5
public school: falso amico 124
punteggiatura 297
   nelle abbreviazioni 1.1, 245
punto e virgola: uso 297.3
push: preposizione 185.2
put: preposizione 185.2
put off + forma *-ing* 136.3

question tags 142
quick: comparativo e superlativo dell'avverbio 87
quite 298
   posizione 56.5
quite e *quiet* 255.14
quite, *fairly*, *rather* e *pretty* 123

rabies: singolare 317
radio: preposizione 282
rain : preposizione 51.6, 282
raise e *rise* 353.2
rape: falso amico 124
rarely 143.5
   posizione 56.2
rate: falso amico 124
rather + comparativo 88.2
   would rather 267.2, 371
rather, *fairly*, *quite* e *pretty* 123
read: costruzioni 356
realise non usato nelle forme progressive 145.3
really: posizione 56.4,11
reason: preposizione 281
reckon so/not 323
recognise non usato nelle forme progressive 145.3
record: falso amico 124
recover: falso amico 124
refuse: + infinito 189.2
   con due oggetti 356
regard: falso amico 124
regret + infinito o forma *-ing* 193.4
relevant: falso amico 124
remember + infinito o forma *-ing* 193.1, 299.1
   can remember 80
   non usato nelle forme progressive 145.3
remember e *remind* 299

remind: + oggetto + infinito 189.3, 299.2
   preposizione 281, 299.2
   remind e *remember* 299
reply questions 141
research: non numerabile 235.3
responsibility: preposizione 281
responsible: preposizione 281
retain: falso amico 124
retired 257.3
rich: the rich 13
richieste 115.11, 300
   nel discorso indiretto 101
right: preposizione 51.6
   be right 59
ringraziamenti 115.12
rise e *raise* 353.2
risk + forma *-ing* 136.3
risposte brevi 301
road, *street* e *way* 302
round, *around* e *about* 37
rubbish: non numerabile 235.3
rude: falso amico 124
   preposizione 281
rumour: falso amico 124
run: preposizione 281

's (possessivo) 277–8
   articolo 42.3
   costruzione 277
   uso 278
saluti 115.2
same 303
sane: falso amico 124
say e *tell* 304
scarcely 36.3
   posizione 56.5
scholar: falso amico 124
school: preposizione 51.6
scope: falso amico 124
Scotch, ***Scots*** e ***Scottish*** 234
scuse 115.15
search: preposizione 281
see 305
   + infinito o forma *-ing* 193.6
   + oggetto + infinito senza *to* 192.2
   can see 80
   non usato nelle forme progressive 145.3
seem 306, 352
   + infinito 189.2
   non usato nelle forme progressive 145.3
segnali del discorso 307
seldom 143.5
   posizione 56.2
send: costruzioni 356
   costruzione personale nel passivo 270
sensible: falso amico 124
sensible e *sensitive* 255.15
sentire: traduzioni 308

several e *several of* 97.3
shade e *shadow* 255.16
shall 54, 149–50, 309
shall e *will* 149–50
she 289
she e *her* 290
she, *he* e *it* 154
shocked: preposizione 281
short answers 301
should 54, 90, 310–14
   condizionale 90
   dopo *in case* 186
   dopo *why* e *how* 313
   If I were you, I should ... 314
   regole generali 310
should e *would* 312
should, *ought* e *must* 311
shout: preposizione 281
show: costruzioni 356
shut e *close* 82
si: traduzioni 239, 315
sick: the sick 13
sick e *ill* 183
signor, *signora*: traduzioni 345
silly 10.1
simple past 259–61
simple present 286–8
   significato futuro 151
since, *as* e *because* 43
since: col present perfect 263.6, 264.3, 316
   tempi verbali 316
since e *for* 264.3
since, *for* e *from* 135
singolare e plurale 317–20
   anybody, ecc. 320
   dopo i possessivi 280.5
   espressioni plurali con verbi singolari 319
   nomi singolari col verbo plurale 318
   nomi singolari terminanti in -s 317
   vedi anche **plurale**
sir 345.2
sit down: preposizione 185.2
size senza preposizione 283.5
sky: preposizione 51.6
sleeping e *asleep* 12
sleepy: be sleepy 59
slow: comparativo e superlativo dell'avverbio 87
slow e *slowly* 57.3
small e *little* 12.3, 321
smell 308.2, 322, 352
   can smell 80
   non usato nelle forme progressive 145.3
smile: preposizione 281
snow: preposizione 282
so: con *hope*, *believe*, ecc. 323
   if so 182
   I'm afraid so 5.2
   inversione 196.3

not so ... as 84.3
so am I, so do I, ecc. 28.3, 324
so as to 191, 271.3
so e *such* 332
so far 125
so much that 132.3
so that 271.2
soldi 236.11
solo: traduzioni 325
some 326–8
   senza preposizione 52.6
some e *any* 326–7
some e *some of* 97.3, 326.1
some more 26.3, 29.4
somebody, *someone* 329
   + *they/them/their* 320
   col verbo singolare 320
somebody/someone e *anybody/anyone* 329
something 329
something e *anything* 329
sometime e *sometimes* 255.17
sometimes: posizione 56.2
somewhere 329
soon (avverbio): comparativo e superlativo 87
sopra: traduzioni 3
sorry: + infinito o forma *-ing* 193.9
   preposizione 281
sorry, *excuse me* e *pardon* 115.15
sort of 307.8
sound 330, 352
   non usato nelle forme progressive 145.3
spade: falso amico 124
spaghetti: non numerabile 235.3
speak: can speak 80
spend time/money + forma *-ing* 136.3
stamp: falso amico 124
start + infinito o forma *-ing* 193.11
start e *begin* 65
stay 352
stay and 31
still 29.1
   nei comparativi 29.5
   posizione 56.8
   segnale del discorso 307.4
still, *yet* e *already* 331
stop + infinito o forma *-ing* 193.2
stranger: falso amico 124
street: preposizione 51.6
street, *road* e *way* 302
su: traduzioni 3
succeed in + forma *-ing* 136.5
such as 83.2
such e *so* 332
suffer: preposizione 281
suggest 333
   + forma *-ing* 136.3
   costruzioni 356.5
sun: preposizione 51.6, 282

Indice analitico

superlativi 85–9
   + present/past perfect 266
   vedi anche **comparativi**
support: falso amico 124
suppose: frase negativa 143.7
   I suppose 307.11
   non usato nelle forme progressive 145.3
suppose so/not 323
sure + infinito o forma *-ing* 193.10
surely 334
surprise non usato nelle forme progressive 145.3
surprised: + infinito 189.4
   preposizione 281
sympathetic: falso amico 124

tag questions vedi **question tags**
take 335–6, 358.6
   costruzioni 356
   take (time) + *for* + oggetto + infinito 134.4
take e *bring* 276.1
take part: preposizione 281
talking about ... 307.2
tall e *high* 337
taste 338, 352
  can taste 80
  falso amico 124
  non usato nelle forme progressive 145.3
teach + oggetto + infinito 189.3
team col verbo plurale 318
telefonate 339
tell: + oggetto + infinito 189.3
   con due oggetti 356
tell e *say* 304
tempi: introduzione 351
   nel discorso indiretto 99
   nelle altre frasi dipendenti 340
   vedi anche **presente, passato**, ecc.
tense, time, hour e *weather* 177
than: + infinito senza *to* 192.4
   dopo comparativo 86.2
than ever 118.4
than me/I, ecc. 290.3
thank you 115.12
that: omissione 341
   pronome relativo 291, 293, 294
that e *this* 344
   al telefono 339
the 40–2
   + aggettivo (*the blind*, ecc.) 13
   con comparativo 86.7
   con le abbreviazioni 1.2
   con nome + *'s* 277.3
   pronuncia 38
the ... the con i comparativi 86.5
the last e *last* 202
the next e *next* 228
the same 303
The United Kingdom, Britain, England, ecc. 71

their, theirs 279–80
there: inversione 197.1
there e *here* 173
there is 342
   nelle question tags 142.4
   there are + numero 236.13
they, them 289–90
they/them/their con *anybody, somebody*, ecc. 320
think 343
   costruzione negativa 143.7, 343.3
   forma progressiva 343.2
   non usato nelle forme progressive 145.3
   preposizione 281
think of + forma *-ing* 136.5
think so/not 323
thirsty: be thirsty 59
this senza preposizione 52.6
this e *that* 344
   al telefono 339
though e *although* 25
thought: preposizione 281
thousand(s) 236.9
through (adverb particle) 285
through, across e *over* 4
throw: preposizione 185.2, 281
thunder: non numerabile 235.3
till 132.1,3
time: preposizione 282
   it's time 200, 267.2
   time + *for* + oggetto + infinito 134.3
time, hour, weather e *tense* 177
tiring e *tired* 257.2
titoli di cortesia 345
to (luogo) 132.2
   to + forma *-ing* 137
to: invece dell'infinito 110.5
too = **troppo** 346
   too ... + *for* + oggetto + infinito 134.2
too, also e *as well* 24
too e *too much* 346.3
too far 125
too much/many/little/few 346.4
trattino 246, 297.4
travel: non numerabile 235.3
travel, journey e *trip* 347
trivial: falso amico 124
try + infinito o forma *-ing* 193.7
try and ... 31.1
turn = **diventare** 352
tutto, tutti: traduzioni 18–19
TV: preposizione 282
typical: preposizione 281

ugly 10.1
ultimately: falso amico 124
under (adverb particle) 285
understand: + forma *-ing* 136.3

can understand 80
   non usato nelle forme progressive 145.3
United Kingdom, *Britain*, ecc. 71
university: preposizione 51.6
unless e *if not* 348
unlikely 10.1, 207
until 132.1,3
up (adverb particle) 285
up to/till 132.2
us 289
us e *we* 290
use: any/no use 34.3
   it's no use ...ing 136.6
used to: + infinito 349
   be/get used to ...ing 350
usual: + *for* + oggetto + infinito 134.1
usually: posizione 56.2

verbi 351–7
   introduzione 351
   verbi composti 355
   verbi con due oggetti 356
   verbi copulativi 352
   verbi irregolari 353
   verbi modali 354
   verbo + oggetto + aggettivo/nome 357
very 216.1
   + superlativo 88.4
very ... indeed 187
very much 216.4
   con i comparativi 88
   posizione 55.1
vicious: falso amico 124
virgola: uso 297.1,2
voice: preposizione 282
volere: traduzioni 358

wait + *for* + oggetto + infinito 134.4
wait and ... 31.1
wait, *expect* e *look forward* 121
want 358.1
   + forma *-ing* (significato passivo) 136.4
   + infinito 189.2
   + oggetto + infinito 189.3
   non usato nelle forme progressive 145.3
want, *will* e *wish* 358
warn + oggetto + infinito 189.3
watch: + infinito o forma *-ing* 193.6
   + oggetto + infinito senza *to* 192.2
watch e *look (at)* 210
way 359
   senza preposizione 283.6
way, *road* e *street* 302
we 289
we e *us* 290
wear 276.4
weather: non numerabile 235.2
weather, *hour*, *time* e *tense* 177

weekly 10.2
weigh non usato nelle forme progressive 145.3
well 360
   comparativo e superlativo dell'avverbio 87
   posizione 12.3, 55.1, 56.6
   segnale del discorso 307.9,10
were dopo *if* e *wish* 91.2
what: + infinito 190
   costruzione enfatica 93.2
   frase interrogativa 361, 364
   nelle esclamazioni 114.1
   pronome relativo 291–2
what e *that* (relativi) 292
what e *which* (relativi) 292
what, *which* e *who* frasi interrogative 364
what ever 365
what ... like e *how* 178
what time: senza preposizione 240.3, 283.4
whatever 366
when: + infinito 190
   avverbio relativo 291.5
when, *while* e *as* 49
when ever 365
whenever 366
where: + infinito 190
   avverbio relativo 291.5
where ever 365
wherever 366
whether: + infinito 190
   discorso indiretto 100.2
whether e *if* 362
whether ... or 362
which e *which of* 97.3
which, *what* e *who* (frasi interrogative) 364
which (pronome relativo) 291, 293, 294
whichever 366
while, *when* e *as* 49
who + infinito 190
who (pronome relativo) 291, 294
who e *whom* 290.2
who ever 365
who, *which* e *what* (frasi interrogative) 364
whoever 366
whole e *all* 20
whom (pronome relativo) 291, 294
whose (determinante/pronome interrogativo) 280.3
whose (pronome relativo) 291, 293, 294
why 271
   why (not) + infinito senza *to* 192.3
why ever 365
why should ... 313
wide e *broad* 72
wide e *widely* 57.2
will 54, 149–50, 358, 367
will e *shall* 149–50
will, *want* e *wish* 358

Indice analitico

wish 267.2, 358.5, 368
   + infinito 189.2,3,5
   + oggetto + infinito 189.3
   non usato nelle forme progressive 145.3
with e *by* 74
within, *in* e *by* 75
work: non numerabile 235.3
   preposizione 51.6
worse, worst 85.2
worth ...ing 369
would 54, 370
   condizionale 90
would e *should* 90, 312
would like 90, 193.11, 206, 358.3
would rather 371
write: costruzioni 356
wrong: preposizione 281
   be wrong 59

yearly 10.2
yet 29.2, 158.1
   segnale del discorso 307.4
yet, *still* e *already* 331
you 289–90
   pronome personale indefinito 239
your, yours 279–80
young: the young 13

zero 236.3